高等院校人文素质教育系列教材

校园文化教程
(第 2 版)

王新庆　主　编
康　勇　柴瑞帅　王建强　副主编

清华大学出版社
北京

内容简介

作为学校和教师最好的教育方式是引领。我们需要在新生入学时就给予积极引导，帮助学生顺利适应大学生活。古人云："非学无以广才，非志无以成学。"莘莘学子笃志好学，创新求实；大师学者辛勤耕耘，传道授业。而入学教育，恰是新生开启人生征途的起点，也是高校思想政治教育的焦点。

本书面向大学入学新生，目的是帮助新生尽快了解并适应大学生活，较快地实现从中学生活向大学生活的转变，教育他们树立坚定而正确的政治方向和远大理想，引导他们热爱学校和所学专业，自觉遵守校纪校规，争做合格大学生，提高成才起点。

本书以河南经贸职业学院为例，针对大一新生即将面临的常见问题讲解，内容覆盖学院文化、大学生军训、奖助学金、学生社团、学业规划、校园文化活动、网络学习和安全教育等方面，以帮助学生解决实际问题为出发点，用深入浅出的理论分析，现身说法的案例讲述，给予新生科学的学习指导、生活辅导、职业引导，帮助学生完成角色转变，适应大学环境，走向学业成功。

本书封面贴有清华大学出版社防伪标签，无标签者不得销售。
版权所有，侵权必究。举报：010-62782989，beiqinquan@tup.tsinghua.edu.cn。

图书在版编目(CIP)数据

校园文化教程/王新庆主编. —2版. —北京：清华大学出版社，2023.9(2024.8重印)
高等院校人文素质教育系列教材
ISBN 978-7-302-64584-9

Ⅰ.①校… Ⅱ.①王… Ⅲ.①校园文化—高等学校—教材 Ⅳ.①G647

中国国家版本馆CIP数据核字(2023)第168575号

责任编辑：陈冬梅
装帧设计：李　坤
责任校对：马素伟
责任印制：刘海龙

出版发行：清华大学出版社
网　　址：https://www.tup.com.cn，https://www.wqxuetang.com
地　　址：北京清华大学学研大厦A座　　邮　编：100084
社 总 机：010-83470000　　邮　购：010-62786544
投稿与读者服务：010-62776969，c-service@tup.tsinghua.edu.cn
质量反馈：010-62772015，zhiliang@tup.tsinghua.edu.cn
课件下载：https://www.tup.com.cn，010-62791865

印 装 者：天津安泰印刷有限公司
经　　销：全国新华书店
开　　本：185mm×260mm　　印　张：15　　字　数：365千字
版　　次：2019年9月第1版　2023年9月第2版　印　次：2024年8月第3次印刷
定　　价：45.00元

产品编号：101827-01

前　言

　　大学是一个人塑造自己的世界观、人生观、价值观的关键时期，是学习知识技能、丰富人生经历、成熟个人心智的重要阶段，是每个人一生中最宝贵的时期。我们编写这本书，主要是为了让同学们对学校有一个全面深入的了解，并在此基础上过好大学生活，提升文化素养，为将来的精彩人生做好准备。

　　首先，谈谈学校的育人目标，也就是我们对同学们的希望。国家提倡大学要培养有理想、有道德、有文化、有纪律的"四有"新人，让学生成为社会主义事业的可靠接班人与合格建设者。我们学校的育人目标有以下四个方面。

　　第一是有理想。我们要培养有理想的人，什么是理想？理想和幻想有什么区别？理想是有理论依据的思想。首先理想是崇高的，中国梦是我们全社会的理想，要国家富强、民族振兴、人民幸福，这个理想具有崇高性，我们青年就是要树立崇高的理想。其次，理想还应该有可行性，不然那就不叫理想了。我们的教育方针是为人民服务，为中国共产党治国理政服务，为巩固和发展中国特色社会主义制度服务、为改革开放和社会主义现代化建设服务，我们的教育要培养社会主义事业的合格建设者和可靠接班人。只有沿着这些要求去做，我们的理想才有可行性。

　　河南经贸职业学院的校训是"砺志、敬业、致能、乐群"，第一个词叫"砺志"，立志成才，奉献社会，我们的理想才有可行性。我们学校的精神是"脚踏实地，追求卓越"。追求卓越是我们的理想，如何去践行？只有脚踏实地，一步一个脚印。理想的力量也是巨大的，中国共产党人经历了土地革命战争、抗日战争、解放战争、社会主义革命和建设、改革开放，如果没有理想的支撑，那会是多么的艰难。人活着总要有点价值，为了实现自己的理想去奋斗，那么每一天都是充实的、幸福的。在理想的旗帜下，凝聚力是很强的，我们中国共产党人靠的是什么？一靠理想，二靠纪律，我们团结一致克服了一个又一个困难。

　　第二是有道德。河南经贸职业学院的校风是"明德日新，知行合一"，第一个词就是明德，就是要让同学们都养成并且践行美好的品德，要注重在精神层面每天进步一点点。河南经贸职业学院的校训第二个词是"敬业"。敬业是职业道德的基本要求，靠敬业来获利，这是市场经济的基本法则。每个人都要发展，靠敬业来发展是现代社会职业精神的基石。

　　第三是有文化。文化与知识有什么区别？文化重在化，内化于心，外化于行，这就是化。有文化就是要行动，要让自己的内心丰盈，并且让自己的行动符合一定的道德标准，这就是有文化。什么是有知识？要多读书，同时要有自己的见识，形成自己的观点和看法，希望我们都成为既学富五车又身体力行的人。一个人如果真有文化，要去帮助弱者，而不是以强凌弱。真正的文明是强者有责任保护弱者。作为一个人应该奉献社会，应该在自己的人生中有所作为，这才是真正有文化的人。我们学校在培养人的时候也注重两个方面，我们有学业积分和荣誉积分，学业积分是学知识，荣誉积分注重日常表现。希望大家在各方面都有所作为、有所表现，既把专业知识学好，又把日常生活过好，做一个合格的大学生，把生活过得有意义。

河南经贸职业学院的学风是"求是力行"。"求是"就是认真地去探求，去学习知识、探究规律；"力行"是去做，知道就要去做。大学之道里讲了八个条目：格物致知，诚意正心，修身齐家，治国平天下。前段"格物致知，诚意正心"为求是，后面"修身齐家，治国平天下"为力行。我们校训的第三个词叫"致能"，就是要提高学习知识、运用知识的能力，不仅要学习，还要会运用知识。河南经贸职业学院的校风中有"知行合一"，知道了就要去做，这叫知行合一，才是真正的有知识。我们学校要求干净、安静、有序、健康，这是一个文明校园的标准，希望每个人都能努力为争创文明校园出一份力，做一个文明的大学生。

第四是有纪律。我们培养的是有纪律的人，纪律就是规则意识。我们现在提倡依法治国，对学校来说是依法治校。讲道德是自律，守纪律是他律。同学们以后将成为职业人，到了企业里，就要成为按规矩办事的员工，要按规则去生产产品，提供符合规则的服务，在学校期间，我们就要养成守规矩、守规则、守纪律的习惯。

河南经贸职业学院的学生工作和教学工作有一个理念是"严管厚爱"，严管和厚爱这两个词有没有矛盾？一点都没有。学校不会有意去害同学们，老师们所做的事情都是为了学生好，我们严格贯彻厚爱这种理念。教师对学生有仁爱之心，为什么是仁爱而不是溺爱呢？溺爱是没有原则的爱。严管厚爱，正是有仁爱之心的体现。在规矩面前，我们都要有敬畏之心。我们的校训里面有一个词是"乐群"，意思就是在群体中快乐地生活。如何才能够在群体生活中感到快乐？要守纪律，尊重他人，让规则管理的地方成为一个积极向上、守序奋进的乐园。

本书共有十二章，分初入大学、读大学的方法论、大学军训、养成教育、学生资助、青春修炼手册、学生社团、大学学业规划、校园文化活动、网络学习、心理健康、平安是福等十二个部分详细展开阐述，相信能够为同学们开启全新的大学生活奠定良好的基础，也希望本书能使刚入学的新生不再迷茫，对同学们的学习、生活、职业规划等方面起到指导和启发作用。

本书编写分工为：柴瑞帅(第一章、第二章)、杜炜威(第三章)、王建强(第四章)、李莉(第五章)、康勇(第六章)、乔捷(第七章、第九章)、谢冰(第八章)、王玉冰(第十章)、樊红燕(第十一章)、史永进(第十二章)。本书由王新庆教授任主编，康勇、柴瑞帅、王建强任副主编。王新庆教授负责统稿和最终定稿工作。

本书在编写过程中，参考和借鉴了相关的论文、著作，吸收了一些专家学者的研究成果，得到了有关部门和同志的大力支持，在此一并表示衷心的感谢！书中难免存在疏漏与不足，恳请读者提出宝贵意见和建议。

编　者

目 录

第一章　初入大学 1
 第一节　认识大学 1
  一、大学印象 1
  二、大学的概念 2
  三、大学的使命 3
  四、教育的目的 4
 第二节　大学文化 5
  一、主要特点 5
  二、核心作用 6
 第三节　要读大学的原因 8
  一、人生的意义 8
  二、读大学的意义 8
 第四节　河南经贸职业学院 10
  一、学校简介 10
  二、经贸文化 13

第二章　读大学的方法论 19
 第一节　解读当代大学生 19
  一、大学生应该具备的基本素质 19
  二、行为准则 22
 第二节　当代大学生的成才目标 23
  一、河南经贸职业学院的成长计划 23
  二、中国学生发展核心素养 24
 第三节　度过大学时光 27
  一、习近平总书记寄语大学生 28
  二、清晨之美 31
 第四节　青年人生导师的大学时代 37
  一、他们的大学时光 37
  二、来自学长学姐的十五条经典寄语 39

第三章　大学军训 49
 第一节　国防概述 49
  一、国防的含义 49
  二、国防的基本类型 50
  三、国防的基本要素 51
  四、国防的目的 53
  五、现代国防的基本特征 54
 第二节　军训的必要性 55
  一、我国对军训的政策要求 56
  二、军训的目的和意义 58
 第三节　军训内容 59
  一、军事理论课的内容和教学目标 59
  二、军事技能训练的主要内容和教学目标 60
  三、科目训练要求 61
  四、军训需注意的事项 62
  五、河南经贸职业学院军训理念及特色 63

第四章　养成教育 67
 第一节　养成教育成就精彩人生 67
  一、认识"养成教育" 67
  二、养成教育的作用 67
 第二节　当前养成教育的新认识 68
  一、大学生养成教育存在的问题 68
  二、大学生养成教育缺失的原因分析 70
 第三节　养成教育促进全面成长 71
  一、加强大学生养成教育的现实意义 71
  二、大学生养成教育的重点 72
 第四节　优秀大学生的养成之路 75
  一、日常行为习惯养成教育贯穿学习、生活全过程 75
  二、学习习惯养成教育纵横全学科 75
  三、语言习惯养成教育遍布全角度 76
  四、思维习惯养成教育网罗全方位 77

第五章　学生资助 79
 第一节　国家奖助学金 79

一、家庭经济困难学生认定...............79
二、国家奖学金...........................84
三、国家励志奖学金.....................86
四、国家助学金...........................88
第二节 国家助学贷款.........................90
一、国家助学贷款说明...................90
二、校园地国家助学贷款...............91
三、生源地信用助学贷款...............93
四、高校国家助学贷款学生在线服务
系统介绍.................................96
第三节 服兵役国家教育资助...............99
一、总则.....................................99
二、受助标准及年限...................100
三、申请、审核和发放...............100
四、管理...................................101
第四节 河南经贸职业学院校内
奖助学金.............................102
一、校内奖学金评定办法(试行)....102
二、志愿服务奖励发放办法
(试行)..................................104
三、大学生特困补助(精准资助)管理
办法(试行)...........................104
四、大学生临时困难补助管理办法
(试行)..................................106
五、河南经贸职业学院勤工助学管理
办法(试行).............................107
第五节 资助育人活动........................110
一、"诚信校园行"系列活动.........110
二、"助学·筑梦·铸人"主题作品
征集活动.............................112

第六章 青春修炼手册..........................114

第一节 学生干部..............................114
一、对学生干部的认知...............114
二、学生干部应具备的基本素质....115
三、如何成为学生干部...............116
四、学生干部的任用...................117
五、学生干部的作风及任务.........117
六、学生干部工作管理的原则....118

七、学生干部应避免的问题.........120
第二节 河南经贸职业学院学生会........121
一、经贸学生会的基本情况.........121
二、经贸学生会的组织文化.........122
三、学生组织工作人员的选拔
与聘用.................................123
四、学生组织工作人员的培养....126

第七章 学生社团..................................130

第一节 学生社团概述........................130
一、学生社团内涵......................130
二、要加入学生社团的原因.........131
三、学生社团的选择..................131
四、河南经贸职业学院社团信息....132
第二节 社团招新与社团成员...............134
一、社团招新............................134
二、社团成员............................134
第三节 学生社团的成立、年审
及变更.................................135
一、学生社团的成立..................135
二、学生社团的年审..................137
三、学生社团的变更..................137
第四节 学生社团活动........................137
一、学生社团活动的意义...........137
二、学生社团开展活动应遵循的
原则.....................................138
三、学生社团举办讲座、报告应遵守
的规定.................................138
四、学生社团网站、新媒体平台、
刊物管理规定.......................138
第五节 学生社团管理........................139
一、管理的意义........................139
二、日常管理............................139
三、学生社团财务管理与监督....139
第六节 社团与社员荣誉.....................140
一、社团荣誉............................140
二、优秀社团的评选办法...........140
三、社员荣誉............................141

第八章　大学学业规划 144

第一节　了解学业规划 144
一、学业规划的含义 144
二、大学生进行学业规划的
　　重要性 144
三、大学生学业规划的意义 146

第二节　制定学业规划 147
一、学业规划的特点 147
二、制定学业生涯规划需要遵循的
　　原则 148
三、大学生学业规划的五大步骤 148

第三节　河南经贸职业学院学业规划 149
一、河南经贸职业学院学业规划
　　路线图 149
二、大学生学业规划指导策略 150
三、大学生学业规划制定方向 153
四、大学生学业规划实施路径 153

第四节　大学常用学习方法 154
一、端正学习态度 154
二、巧用高效学习技巧 154
三、善用校内学习资源 154
四、推荐十大学习方法 155

第五节　树立正确学习观念 157
一、完成大学学业，需要树立正确
　　学业观 157
二、人生继续发展，需要树立终身
　　学习观 158

第六节　创造性学习 159
第七节　课外阅读 160

第九章　校园文化活动 162

第一节　校园文化简述 162
一、关于校园文化 162
二、校园文化现状 165
三、校园文化建设 165
四、校园文化建设的必要性 166

第二节　河南经贸职业学院校园文化
　　　　活动 167
一、校园文化活动路线图 168
二、校园文化建设的途径与措施 170

第三节　我参加过的校园文化活动 174

第十章　网络学习 182

第一节　网络学习的特点 183
一、国家和高校大力支持网络
　　学习 183
二、互联网为网络学习提供了
　　平台 183
三、网络学习课程广泛、资源
　　丰富 184
四、网络学习灵活性强、
　　自由度高 184

第二节　大学生在网络学习中存在的
　　　　问题 185
一、大学生网络学习资源利用率
　　不高 185
二、大学生网络学习主观能动性
　　不强 186

第三节　如何培养大学生网络学习的
　　　　能力 188
一、转变学习观念、增强内驱
　　动力 188
二、制定学习计划、优化学习
　　方法 189
三、强化过程监督、注重自我
　　评价 189
四、及时反思巩固、提高学习
　　质量 190

第十一章　心理健康 194

第一节　健康与心理健康 194
一、健康与心理健康新概念 194
二、心理健康状态自我评估 195
三、心理健康的标准 195

第二节　常见的心理困扰及求助方法 197
一、轻度心理困扰问题(轻度
　　抑郁症) 197
二、中度心理困扰问题(中度
　　抑郁症) 198

三、严重心理困扰问题(严重
　　　　抑郁症)..................................199
第三节　疫情后大学生常见的心理
　　　　问题..200
第四节　心理健康自我调适方法............202

第十二章　平安是福..................................210
第一节　政治安全..210
　　一、维护国家安全，人人有责..........210
　　二、认清邪教本质，正确对待宗教
　　　　信仰..212
　　三、注重网络安全，做文明网民......214
第二节　人身安全..216
　　一、交通安全..................................217
　　二、消防安全..................................217
第三节　财产安全..219
　　一、防盗窃......................................219
　　二、防诈骗......................................221
　　三、防传销......................................225

参考文献..231

第一章 初入大学

　　同学们，你们进入大学已经有几天了吧，在这几天的了解中，你们对大学也有了一个初步的印象，你心目中的大学是什么样的呢？或者说什么是大学呢？也许有人会说大学是一个进行专业性学习的学校，有人会说大学是一个让人学会自主、自由、自立的地方。那么你的心里是否有自己的答案呢？如果你的答案不明确，那就让我们走进第一章的学习，一起探究什么是大学。

第一节 认识大学

一、大学印象

　　在高三那些艰苦却又充满希望的日子里，大学一直是一个灿烂而又美好的字眼，是同学们的信念，大学这一美妙的词汇既是大家的压力，也是鼓舞大家前进的动力，它汇集了太多让大家心醉的词汇——青春、自由、梦想……这些字眼一直激励并且引领着同学们。

　　当同学们踏入了自己梦寐以求的大学，或许发现学校没有那么理想，或许与大家的期待背道而驰，但最终大家踏入了"学府天堂"。现在回想起来，高三的日子虽然每天很疲惫，但却过得很充实；虽然每天有做不完的习题，永远睡不够的觉，但却笑得真、哭得真；虽然每天被老师、家长管束，但却收获了一群最真诚的朋友。高三，爱过恨过后悔过，哭过笑过奋斗过。值得回味的高中生活，值得怀念的高三岁月。同学们怀念高中生活，喜欢高中，不仅仅是因为很喜欢那种一直领跑的感觉，它让大家看到了努力与付出换回来的结果，更是因为高中是充实的、简单的，每天只有一个目标，不用选择，也从不迷茫。

　　步入大学，同学们可能会兴奋地去报名参加各种社团，像一只只自由快乐的小鸟，为终于可以做自己喜欢的事而感到高兴；为可以独立生活、自己做主，终于摆脱父母、老师的束缚而兴奋；为即将开启的新旅程而充满期待。可是当同学们的热情退却，大家又会变得茫然，变得不知所措，当同学们真正置身于那个曾经让大家魂牵梦绕的大学校园时，曾经的美好词汇却变得有些陌生——生活突然变了，自己好像瞬间被抛上了一个舞台，却没有预先准备好台词，也没有人告诉我们下一个表情、下一句台词——那个同学们追了12年的再熟悉不过的形象，如今却异常陌生。其实，大家都明白，自己并不喜欢这样的生活。大家不喜欢浑浑噩噩、一事无成，也不喜欢庸庸碌碌、漫无目的。一连串简单却从未被同学们认真思考过的问题此刻强烈地占据着大家的脑海：一种真正的大学生活到底是怎样的？大学的作用与目的究竟是什么？同学们为什么要上大学？

　　同学们的成长是一个不断被教育、被规划的过程，不断地接受外界赋予的标准。父母的期望、社会的习俗和同龄人的压力，将大家牢牢束缚在了牢笼里。可是当你们一旦踏入大学校门，没有了这些条条框框的束缚，你们中的一部分人便开始迷茫、不知所措。想要克服迷茫，要从了解自己开始：你们要清楚地、明确地知道自己想要什么、适合什么、爱好什么、想做什么、能做什么、想要成为什么样的人、目标是什么等诸如此类的问题，给自己一个明确的定位，你才能在迷茫的时候不至于迷失自我，才能更好地规划好三年的大学时光，脚踏实地地实现自己的目标。这时你们才会意识到，大学不是想象中的世外桃源，它是人生中真实而又重要的三年——一个从无知迈向成熟的三年，一个在年轻的时候拥有自由时间最多的三年，一个大家起点相近、毕业时却千差万别的三年。

大学是人一生中最为关键的阶段。从入学的第一天起，你就应当对大学三年有一个正确的认识和规划。为了在学习中享受到最大的快乐，为了在毕业时找到自己最喜爱的工作，每一个刚进入大学校园的人都应当掌握七项学习内容：学习自修之道、掌握基础知识、培养实践贯通、培养兴趣方向、树立积极态度、树立时间观念、学习为人处世。只要做好了这七点，大学生临到毕业时的最大收获就绝不会是"对什么都没有忍耐和适应"，而应当是"对什么都可以有自信和渴望"。只要做好了这七点，你就能成为一个有潜力、有思想、有价值、有前途的快乐的大学生。

二、大学的概念

大学，学名为普通高等学校，是一种功能独特的文化机构，是与社会的经济和政治机构既相互关联又鼎足而立的能够传承、研究、融合和创新文化与学术的高等学府。它不仅是人类文化发展到一定阶段的产物，它还在长期办学实践的基础上，经过历史的积淀、自身的努力和外部环境的影响，逐步形成了一种独特的大学文化。

(一)理念发展

中国现代大学起源于西方，现代的西方大学又是从欧洲中世纪大学、英国大学、德国大学到美国大学这样逐渐演化过来的。欧洲中世纪大学的产生与当时的宗教教育有着密切的联系，它的理念是追求一种超国界的精神世界，以教化人的心灵为目的。英国大学的理念也主要是以培养有教养的绅士为目的。在19世纪中叶的英国教育家约翰·亨利·纽曼(John Henry Newman)的眼中，大学的目的在于"传授"学问而不在于"发展"知识，即大学是一个"教学机构"，而这种学问传授的目的在于培养绅士，主要培养人的价值观。在英国发展大学的同时，德国也开始发展大学教育，以德国著名学者威廉·冯·洪堡(Wilhelm von Humboldt)等人为代表的学者认为，大学不仅是传授知识，即培养人的价值观，而且还应该"发展"知识，也就是说教师的首要任务是自由地从事"创造性的学问"。这就是德国大学的教育理念，相比起英国大学的理念更具有先进性。到20世纪30年代，在美国大学的先驱者，美国著名教育批评家和改革者亚伯拉罕·弗莱克斯纳(Abraham Flexner)的努力下，英国大学和德国大学的传统在美国得到了发扬，而美国大学的理念则发展为人才培养、科学研究和社会服务。

(二)国际学者论述

威廉·冯·洪堡把大学界定为以纯知识为对象的学术研究机构。而纯学术的研究活动正是大学孤寂和自由的存在形式的内在依据。据此，大学应有一种精神贵族的气质和对纯粹学术的强烈追求，而不考虑社会经济、职业等种种实际需要。而弗莱克斯纳认为，我一向主张大学与现实世界保持接触，同时继续保持不承担责任，工业界已经发展了利用纯科学研究的方式，因此它不需要大学的实用性，如果社会科学要作为科学来发展，它们就必须脱离商业行为、政治行为以及这样那样的改革。英国教育家纽曼认为，大学教育应提供普遍性的知识(具有普遍意义的真理)和完整的知识，而不是狭隘的专业知识。他所说的知识既包括具体的科学真理，也包括经过抽象、被科学化了的哲学知识。

三、大学的使命

在大学理念支配下的大学使命要求大学培养的学生首先是有高尚品格的、有教养的人，这完全符合大学的本质。这个使命是指培养学生具有完整的人格，能够净化学生的心灵、提升学生的品行、锻炼学生对事物进行批判的能力，而不是仅仅对学生进行专业教育。

正如英国著名教育理论家约翰·亨利·纽曼所认识的，从功利派的论点中看到了真正教育的死敌。新大学在功利派理论的指导下，更看重的是专业培训而不是文化要求，是考试及结果而不是心理过程，是对事实的被动获取而不是心智的一般活动。约翰·亨利·纽曼所指的"新大学"，是违背了大学的逻辑而按市场经济的逻辑和政治的逻辑来当作它的使命而运行的大学。近代大学在 900 多年前无声无息地出现，如今已经走过近千年的历史，大学已经成为科学技术发展的引擎、社会文明进步的象征、国家实力增强的根基。千年沧桑，几乎所有的社会机构、社会组织都发生了革命性变化，存亡兴替，此消彼长，唯有大学的组织形态基本保持稳定，这充分反映了大学的社会意义和不可动摇的历史地位。据统计，全世界总共有各类大学约 3 万所，在校的大学生约 1.7 亿人。

约翰·亨利·纽曼在《大学的理念》一书中，对大学的功能下了这样一个定义：大学"是一个传授普遍知识的场所"，大学是学者、教师和学生共同追求真理的社区。约翰·亨利·纽曼甚至指出，所有的大学都是教学机构，强调的是"知识的传播与延伸而非发展"。在他看来，"在教学与研究之间"没有必然的联系。约翰·亨利·纽曼对大学功能的概括，成为大学的箴言甚至信仰，所以后来不管大学怎么变化，培养人才始终是大学基本的和最重要的功能。19 世纪—20 世纪是大学在世界各国蓬勃发展的时期，同时对于大学本质研究的著作也越来越多。其中，比较有代表性的有德国哲学家卡尔·雅斯贝尔斯(Karl Jaspers)于 1945 年出版的《大学的理念》一书中提到，大学是一个由学者与学生组成的、致力于寻求真理之事业的共同体。学术自由是一项特权，它使得传授真理成为一种义不容辞的职责，它使得大学可以横眉冷对大学内外一切试图剥夺这项自由的人。阿弗烈·怀特海(Alfred North Whitehead)是英国数学家和哲学家，他对教育问题有深刻的洞察。

德国古典哲学创始人伊曼努尔·康德(Immanuel Kant)，不仅是近现代哲学家第一人，而且也是第一个回答大学是什么的人。他说："大学是一个学术共同体，它的品行是独立追求真理和学术自由。"关于这一点基本上获得了教育界的共识，也是由"大学之母"(意大利)博洛尼亚大学关于"大学是学生和教师共同体"演变而来的。这个定义从形式与内容上统一起来了，共同体是教师与学生组成的形式，而联结两者之间的纽带是学术，追求真理则是他们共同的目的。

19 世纪末，欧洲现代意义上的大学开始传播到我国，于 1898 年创办的京师大学堂，应当是无可争议的中国第一所大学。辛亥革命后，1912 年京师大学堂更名为北京大学。蔡元培于 1916 年 12 月就任北京大学第 14 任校长，他受命于危难之际，先后任职 10 年，无论是在他个人人生中还是在北大校史上，都是最为辉煌的时期。他在就职典礼上说到，诸君来此求学，必有一定宗旨，欲求宗旨之正大与否，必先知大学之性质。今人肄业专门学校，学成任事，此固势所必然。而在大学则不然，大学者，研究高深学问也。在民国时期的清华大学和抗战时期的西南联大，梅贻琦校长亦秉承这一办学宗旨，所以造就了我国高教史上的奇迹。在当代，我国教育界的学者亦有不少人论述大学的性质，例如，丁学良的《什么是世界一流大学》，张维迎的《大学之道》，黄达人等的《大学的根本》和徐平的《大学的真谛》等。概括起来关于大学的本质或性质的各种观点有："大学是教授全面知识的机构""大学者，智识之府也""大学是学术共同体""大学是学术之公器""大学者，研究高深学问也""大学是一个知识社会"等。

习近平总书记在中国共产党第二十次全国代表大会上的报告中明确指出，要办好人民满意的教育，全面贯彻党的教育方针，落实立德树人根本任务，培养德智体美劳全面发展的社会主义建设者和接班人，加快建设高质量教育体系，发展素质教育，促进教育公平。

四、教育的目的

大学教育的目的是什么？是获得知识？掌握技能？取得成功？赢得尊重？还是享受乐趣？关于教育的目的许多教育大师都有比较权威的解释。

古希腊伟大的哲学家柏拉图认为，什么是教育？教育是为了以后的生活所进行的训练，它能使人变善，从而高尚地行动。"我们可以断言教育不是像有些人所说的，他们可以把知识装进空无所有的心灵里，仿佛他们可以把视觉装进盲者的眼里。""教育是心灵的转向"。美国实用主义哲学家、教育家和心理学家杜威说："教育即生活""教育即生长""教育即经验的改造""从做中学"。美国教育家理查德·查尔斯·莱文(Richard Charles Levin)曾在 1993—2013 年任耶鲁大学校长，他说："教育不教知识和技能，却能让人胜任任何学科和职业。"哈佛大学风靡全球的《幸福课》教授泰勒·本·沙哈尔(Tal Ben Shahar)认为，教育能让你幸福，幸福取决于有意识的思维方式。英国著名教育家、数学家、哲学家怀特海在《教育的目的》一书中写道，教育是激发和引导他们的自我发展之路。马克思主张教育是培养人的活动，教育的目的要考虑人的身心发展的各个要素，给予个体充分自由的发展，并予以高度重视；把个体的发展放在一定的历史范围之内，放在各种社会关系中考察。

在中国，关于教育的目的也有许多著名的论述，《孟子》记载，"夏曰校""殷曰序""周曰庠""学则三代共知之，皆所以明人伦也"。《大学》中有语，大学之道，在明明德，在亲民，在止于至善。《中庸》提出，格物、致知、诚意、正心、修身、齐家、治国、平天下。唐朝文学家、教育家韩愈认为学者必有师，师之任务为"传道、授业、解惑""道之所存，师之所存"。宋代理学之集大成者朱熹提出了"知先于行""行重于知""知行相须"的知行观，并以"博学之，审问之，慎思之，明辨之，笃行之"作为教育之次序。中国近代民主革命家、教育家蔡元培提出了著名的自由主义和谐发展的教育方针，认为要培养"健全的人格"，强调发展个性，崇尚自然，主张"思想自由、学术自由、兼容并包"的办学思想。中国近代教育家陶行知系统地提出了生活教育理论的基本观点："生活即教育，社会即学校""教学做合一"等。我国现代有名的民主主义战士、职业教育的积极倡导者、教育家黄炎培，在《实施实业教学要览》一书中给职业教育下的定义是："凡用教育方法，使人人获得生活的供给及乐趣，一面尽其对群众之义务，此教育名曰职业教育。"黄炎培把"尊重劳动"作为职业教育所奉行的重要信条，把"劳工神圣、敬业乐群"作为中华职业学校的校训，注意学和用的联系。

这些国内外历代教育家们的教育思想从不同的角度阐述了教育的目的。其实，教育归根到底是人学，教育是对人的研究，"人"是教育的根本目的。教育使人认识自我、认识生命、认识生活、认识成长。只有认识了自我，才能够真正认识他人、认识社会。我们接受教育，就是为了更好地认识自己，发现未知的自己，成为理想中的自己。教育不是单向的输送过程，而是双向互动的过程，更是受教育者积极参与的过程。

第二节 大 学 文 化

一、主要特点

(一)大学文化是大学在长期办学实践的基础上逐步形成的

人类最早的大学可以追溯到中国的先秦时期和西方的古希腊、古罗马，距今已有 2500 多年。中国先秦时期《大学》倡导的"大学之道"与西方柏拉图倡导的"哲人治国"理念、亚里士多德倡导的"自由教育"思想，共同开创了人类探索大学理念及其办学规律的先河。西方最早的近现代大学是 1088 年建立于意大利的博洛尼亚大学，西方近现代大学从英国纽曼"崇尚人文，注重理性"的大学理想，到德国洪堡"教学与研究相统一"的崭新理念，到美国"融入社会，多元开放"的理念创新，再到联合国教科文组织"着眼未来，引领社会"的新理念，经历了一个文化上不断觉醒和理念上不断创新的过程。

(二)大学文化是以大学人为主体积淀和创造的

大学文化的形成是人类文化的历史积淀和外部环境深刻影响的结果，但大学文化主要是以大学领导、教师、学生和管理人员为主体的大学人在长期的办学实践中经过不懈的努力积淀和创造的。其中，最主要的是由具有人格魅力、学术造诣深厚、善于治学育人的学术大师和具有远见卓识、独到办学理念、善于科学管理的优秀校长创造的。无数实践已经证明，学术大师和优秀的校长是大学文化人格化的象征。

(三)大学文化以知识及其学科(专业)为基础

知识及其学科(专业)是大学存在的组织基础，这是大学区别于其他社会组织的一个根本特征,也是大学文化区别于其他社会组织文化的一个根本特征。以知识及其学科(专业)为存在的组织基础这一根本特征,决定了大学办学的两个重要特征:

(1) 从内部来说,要求大学以着眼未来和探究真理为己任,成为高度分权的有机体,以文化(学术)机制作为自己运行的主导机制,以理性和学术价值作为自身追求的基本价值。

(2) 从外部来说,要求大学以学术自由作为维持其活力的源泉,应当比社会上的其他部门享有更高的自治权力,而大学组织内部比较松散的结合正是其生存和发展的重要条件。

(四)大学文化是本土文化与国际文化相互交融的结果

大学,这个词从其本义来说就是"普遍""整个""世界""宇宙",大学从它诞生之日起其精神气质就是海纳百川和多元文化的交融,大学正是在这种多元文化的相互交融中不断地向前发展着。当今世界,文化与经济、政治的相互融合,促使文化的力量越来越深地熔铸于民族的生命力、创造力和凝聚力之中,文化在综合国力中的地位和作用越来越突出。因此,在当代,大学文化必然是本土文化与国际文化相互交融的结果,是本土性与国际性的辩证统一。

二、核心作用

国家的兴衰与大学的兴衰是紧密相关的。一个国家的实力有两个方面,一方面是"硬实力",另一方面是"软实力","软实力"的核心和重点就是大学的兴衰。在当代,没有众多高水平的大学就不可能成为世界级大国,没有一批世界级大学就不可能成为世界级强国。历史还反复证明另一个真理,世界级大学是在竞争中拼搏出来的。尤其是 20 世纪 90 年代中期以来,人类社会正在逐步进入以政治多极化、经济全球化、文化多元化和信息网络化为主要特征的崭新时代。在这个新的时代背景下,世界范围内掀起了新一轮高等教育国际化的浪潮,要求各国大学进一步走向世界,在本土化的基础上通过竞争加速实现国际化的进程,普遍提高众多大学的文化品位、办学水平和教育质量,创建一批世界级大学。这种状况表明,当今世界各国大学正处于激烈竞争的环境之中,这场竞争是在世界范围内进行的。

作为一所大学,它的竞争力可以分解为众多因素,如办学理念、课程和学科(专业)设置、教师素质、学生来源、硬件设施、管理制度、校园环境、资金投入、贡献大小、社会声誉等。如果对这些因素做进一步的分析,主要凝聚在大学拥有的深厚的文化底蕴之中的大学文化是大学核心竞争力之所在,是大学赖以生存、发展、办学和承担重大社会责任的根本。具体地说,大学文化核心作用主要包括以下几方面。

(一)凝聚力

由于知识及其学科(专业)是大学存在的组织基础,大学的这一根本特征决定了大学是一个高度分权的有机体,它是"高度分权"的,以学术权力为基础,是一个"有机体",在"高度分权"的基础上形成一个有机的整体。因此,作为人类文明的精神家园,大学办学需要一种崇高的精神境界,有一个共同信奉并付诸实践的价值理念,它集中地体现在大学的办学理念和价值追求之中。这是一种巨大的精神力量,是大学发展的灵魂,它必将把学生、教职员工凝聚成为一个坚强有力的整体，为实现大学的崇高理想而顽强奋斗。

(二)教育力

大学从它诞生之日起就把教育责任作为自己必须承担的、永恒的第一社会责任，教育的本质是通过大学文化的科学内涵使个体社会化的活动，"以人为本"是一种教育哲学观，使个体社会化，在个性得到充分发展的基础上使作为个体的人实现社会化，成为社会所需要的人是教育活动的基本要求，文化的传承、内化和创新是教育使个体社会化的基础，文化育人是教育本质的核心和一个复杂的心理发展过程，教育活动的崇高目标是促使作为个体的人和作为整体的社会得到全面、和谐、可持续的发展。由此可见，大学的教育力主要来自"以人为本"的教育哲学观、"文化育人"的科学理念、大学拥有的深厚的文化底蕴和通过文化内化实现文化的传承、创新过程之中。

(三)创造力

作为思想最活跃、最富有创造力的学术殿堂和新思想、新知识、新文化的策源地，在传承文化的基础上创新文化是大学的本质要求。大学创造力的主体是教师和学生，大学的创造力主要来自一种超凡脱俗的文化品位、独立品格和价值追求、求真务实的科学精神、以学术自由和文化机制为主导的运行机制，以及在多元文化相互交融的基础上进行的文化传承和创新活动。在当代，大学的创造力不仅应当表现在大学培养的具有全球意识、较高文化品位和较强国际竞争能力的创造型人才上，还应当表现在把大学建设成为为人类社会解决面临的重大课题提供科学依据、将科学技术成果转化为现实生产力和国际多元文化相互交融的重要基地上。

(四)影响力

作为一种功能独特的文化机构，大学与社会的经济和政治机构既相互关联又鼎足而立。在当代，大学不仅应当走出"象牙塔"，走多元化的发展道路，积极主动地满足文明社会众多领域不同层次的广泛需求，服务于社会，更应当超越"象牙塔"，发扬着眼未来和探究真理的批判精神，以自己创造的新思想、新知识和新文化代表"社会的良心"，给予社会发展以正确的价值导向，引领社会前进。大学要求生存，求发展，办好学，承担重大的社会责任，要创建一批世界级大学，最根本的是必须全面加强以大学人为主体和以知识及其学科(专业)为基础的大学文化建设，努力提升大学拥有的深厚的文化底蕴的水平和品位，不断提高大学的核心竞争力。

综上所述，大学文化是大学在长期办学实践的基础上，经过历史的积淀、自身的努力和外部环境的影响，逐步形成的一种独特的社会文化形态。它以大学人为主体和以知识及其学科(专业)为基础，主要凝聚在大学拥有的深厚的文化底蕴之中，是大学精神文化、物质文化、制度文化和环境文化的总和，是大学作为人类社会知识权威的文化基础，是人类先进文化的重要组成部分。

第三节　要读大学的原因

一、人生的意义

在解析为什么要读大学之前，我们先来说说人生的意义。

著名作家毕淑敏在一次演讲中提到关于人生意义的话题，她说："人生是没有意义的，这不错，但我们每个人都要为自己确立一个意义。"是的，每个人要为自己确立一个人生意义，这是我们形成正确的人生价值观的核心。

我们每个人从幼儿园、小学、初中、高中到大学，甚至到研究生，在学校度过了将近20年的时间，那么有一些问题，我们都需要去思考：我们为什么要上学？为什么要好好学习？是为了光耀门楣？是为了家长的期望？是为了自己的人生志向？是为了将来有份好工作？是为了"中华之崛起"？还是因为其他？我想先来引用两位名人的话来回答这些问题。英国文艺复兴时期散文家、哲学家弗朗西斯·培根说：书是人类进步的阶梯。是的，读史使人明智，读诗使人灵秀，数学使人周密，科学使人深刻，伦理学使人庄重，逻辑修辞学使人善辩，凡有所学，皆成性格。中国当代著名学者、作家、哲学研究者周国平关于人生的意义是这样说的："一个人能够用自己的精神追求延续人类精神生活的传统，这就是他存在的最大价值。"

二、读大学的意义

培根和周国平这两位名人的话能否让你明白为什么要上学、为什么要好好学习这两个问题呢？大家应该能够从中得到一些启示，接下来让我们来看个故事。

【案例故事】

前段时间，微信中流行着这样一段父子对话：

"爸爸，我为什么要上学呢？"上学不久的儿子问爸爸。

爸爸说："儿子，你知道吗？一棵小树苗长1年的话，只能用来做篱笆，或者当柴烧。长10年的话可以做檩条。长20年的话用处就大了，可以盖房子，可以做家具，还可以做玩具……一个小孩子如果不上学，他7岁的时候就可以放羊了，长大了能放一大群羊，可是他除了放羊，其他的事情基本干不了。如果上6年小学，毕业了，在农村他可以用新的技术来种地，在城里可以去打工，做保安，也可以当个小商贩，小学的知识就够用了。如果上9年，初中毕业后，他就可以学习一些机械的操作了。如果上12年，高中毕业后，他就可以学习很多机械的修理技术了。如果大学毕业，他就可以设计高楼、铁路、桥梁。如果他硕士、博士毕业，他就可能发明出许多我们原来没有的东西。知道了吗？"

儿子："知道了。"

爸爸问："那放羊、种地、当保安，丢人不？"

儿子："丢人。"

爸爸说："儿子，不丢人。他们不偷不抢，凭本事赚钱，养活自己的家，一点也不丢人。不是说不上学，或上学少就没用。就像一年的小树一样，有用，但用处不如大树多。对社会的贡献少，他们赚的钱就少。读书多，花的钱也多，用的时间也多，但是贡献大。"

　　看完了培根和周国平的话，再读过了上面这段父子对话的故事，我们可以基本得出这样的结论，上学并努力学习是为了尊严、为了生活、为了未来。这三个方面既是对上学的理解，也是对同学们树立正确的人生价值观的理解。下面我们就从上学的这三层意义来聊聊为什么要读大学这件事。

(一)为了尊严

　　先说说为了尊严。什么是尊严？尊严是我们精神需要的一种底色。为了这份尊严，我们来到了学校。为了尊严，我们在学校要学会这三种能力：第一，要有选择的能力。要学会选择，就要懂得是与非，懂得正与误；要懂得你所需要的，懂得你所拒绝的。只有拥有选择的能力，你才会拥有选择的机会，有选择的机会，你才真正拥有选择的权利。人生，与其说是成功，倒不如说是你会选择，你能选择，你能做出正确的选择。第二，要有在社会上得到公正对待的能力。为了你在社会上得到公正对待，你首先要学会公正地对待别人，公正地对待社会，公正地对待生活，公正地对待自己，公正地对待成功，公正地对待失误，公正地对待进步，公正地对待落后。要用一颗人本性的、善良的、通融的、同理的心来公正地对待别人。第三，要学会优雅地生活。假如只有一碗水，要用半碗水来洗脸，另外半碗水来喝。什么是优雅？优雅就是一种对美好的向往和追求，当你向往美好，你的举止言行就一定是优雅的。做到了以上三点，你也就拥有了尊严。

(二)为了生活

　　接着说说为了生活。教育的最终目的是提高人的生命境界，提高人的生活质量。人类追求的终极目标和教育的终极目标是一致的，那就是为了幸福，为了拥有一生幸福的能力。第一，树立明确的目标。当你们初中毕业、高中毕业、大学毕业、10 年之后、15 年之后，你在做什么？20 年后你拥有什么？30 年之后你能否达到人生巅峰？当你迟暮之年，你生命的能量有没有被你最大限度地激发？你的思维创造有没有达到力所能及的最高点？做任何事情必须有目标，只有目标明确，你的努力才会有方向，生活才会有意义，时间才会有价值，前进才会充满动力。第二，养成良好的习惯。生活的好习惯会让你享受生活、享受生命。讲卫生，不吃垃圾食品，不喝碳酸饮料，按时午休，早睡早起。有效控制管理自己的欲望和时间，少玩手机，事前计划，事后总结，珍惜每一分钟，锁定目标，不断前进。还要有勤于思考的习惯，只有勤于动脑，才能善于动脑。每天晚上、午休入睡之前，想想自己做了什么，还有哪些事情没有完成。通过这些习惯搞好自我管理。第三，内心善良。善良是一个人的立命之本，善良是一个人在社会上立足的基石。古人云："仁者不忧，仁者无敌。"只要内心善良，你的天是蓝的，你的地是平的，你的心是静的，你的胸怀是宽的。你有了这些生活的能力，你的生活一定幸福，你的人生一定多彩。

(三)为了未来

　　最后同样重要的是，为了未来。同学们，未来有着巨大的不确定性，我们来到学校就是为未来的不确定性做好我们能力范围之内的准备。第一,要有强大的思维能力、学习能力。今天所学的知识学完考完就基本没有显性用处了,但是我们还必须把知识学好,因为通过学习知识可以让你认知过去和今天的世界,通过学习知识可以培养思维能力、学习能力,用这个能力来面对未知的世界,学习的真谛是为了培养终身学习、自我教育的能力。学习的目的不是知识本身,而是为了学会思考、学会学习,来应对明天未知的世界。第二,要有强大的内心。今天所有的学习都是为明天做准备,在未来的生活中,你会遇到很多挑战、很多困难,只要有了强大的内心,你就能够正确面对所遇到的一切困难,就能够发现希望,就能够应对突变,就能够坚定信念,调整自己,管理自己,实现自我超越。第三,要有强健的体魄。一个伟大的灵魂需要强健的体魄来支撑。只有灵魂高贵,肢体强健,你才会成为一个幸福的人。无论是在学校还是将来步入职场,你们每天要保证运动1~2小时,每个人都要掌握 2~3 项终身锻炼身体的体育项目,只有这样才能保持一个好的身材、好的情绪、好的身体。

同学们,尊重、真诚、责任、秩序、公正、宽容、友爱、合作,这些都是正确的人生价值观的主要内容,都是可以通过接受教育去培养的。趁青春还在,把握当下,因为将来的你一定会感激现在拼命的自己!

读书,不是为了拿文凭或发财,而是为了成为一个有温度、懂情趣、会思考的人。大学将赋予你足够的时间和实践去认真思考怎样的人生才是有意义的人生;将重新树立你的价值观、人生观、世界观,让你有机会释放自己的能力,用实践去检验你大胆、新奇甚至疯狂的猜想;要知道做个任何人都不得罪的人并非好事,有人反对,有人支持,然后自己做出决定才是精彩的人生;需要能够集中解决很多困惑,从而形成自己的原则,开始学会拒绝;明白世界上有很多优秀的人,你开始有靠近的动力;懂得再好的大学也有渣滓,再烂的大学也能出人才。不是大学决定你的未来,而是无论在什么样的大学,什么样的环境,你都知道你要成为哪种人。面对不公平的东西,需要明白抱怨无用,努力奋斗找到自己最合适的公平才是真的。所以全力以赴去读大学吧,通过这个过程你能够离你的目标、你想要的生活、你梦想的人生更近一点。

第四节　河南经贸职业学院

一、学校简介

河南经贸职业学院,前身是河南省商业干部学校(1950 年创建于开封市学院门街)和河南省商业学校(1960 年创建于郑州市节俭街),1990 年两校在郑州市农业路 36 号合署办公;2001 年与河南财经政法大学(原河南财经学院)联合办学;2004 年独立升格为河南经贸职业学院。2019 年 6 月,被教育部认定为国家级优质专科高等职业院校;2020 年 8 月,成为河南省"双高工程"立项建设单位。学校坚持以习近平新时代中国特色社会主义思想为指导,深入推动"六大工程",长期建设"文明经贸""和谐经贸""美丽经贸""智慧经贸""优质经贸""幸福经贸",荣获全国教育系统先进集体、全国职业教育先进集体、全国模范职工之家、河南省文明校园标兵等荣誉称号百余项;获批河南省首批示范性高职院校、河南省智慧校园建设试点单位、河南省园林单位、省级平安校园、河南省现代学校制度建设试点单位等。

学校分布式办学布局包括龙子湖主校区、农业路校区、白杨路校区。主校区坐落在龙子湖高校园区龙子湖北路58号，现设有金融学院、会计学院、商务学院、管理学院、外语旅游学院、物联网学院、计算机工程学院、艺术设计学院、工程经济学院、智能财经学院、文化教育学院等11个二级学院，马克思主义学院(养成教育学院)、国际(继续)教育学院、图书馆、创新创业学院、产教融合推广中心、心理健康教育中心、现代教育信息中心、体育教学部等8个教辅部门。学校立足职教改革"三个转变"，坚持"四个面向、四个紧盯"，强化"校内外一切资源都是教学资源"共识，确立"立足龙子湖、拥抱湖心岛、服务大中原"发展路径，"一带一路"产业学院校区设在郑州航空港和南阳保税区，食品产业学院校区设在郑州航空港区，文化创意产业学院校区设在郑州国际文化创意产业园；鲲鹏产业学院、正保科技审计学院规范运行；卓越众创空间、校园大职场、龙子湖商圈相映成辉。另设有河南省示范性软件职业技术学院1个，中外国际合作办学项目4个，与华北水利水电大学联合举办应用型本科专业3个。目前在校生22000余人，年终就业率一直保持在98%以上，高质量就业、高质量培养和高质量招生实现良性循环。

针对经济新常态和供给侧结构性改革带来的新机遇，学校以"突出商科、非商融商"为办学特色，开设专业注重"厚基强技、数智赋能"，形成了以商科类为主，经、管、工、文、艺多科类协调发展，培养高素质技术技能人才、能工巧匠、大国工匠。高起点开办财经商贸大类、电子与信息大类、土木建筑大类、文化艺术大类、教育与体育大类、公共管理与服务大类、新闻传播大类、旅游大类、交通运输大类、食品药品与粮食大类10大类专业，高标准建设10大专业群(会计专业群、电子商务专业群、金融管理专业群、工商企业管理专业群、大数据技术专业群、物联网专业群、旅游管理专业群、视觉传播设计专业群、工程造价专业群、学前教育专业群)，高质量发展4个国家级骨干专业(大数据与财务管理、网络营销与直播电商、物联网应用技术、计算机应用技术)、13个省级特色示范或骨干专业。高起点建设餐饮业职业经理人孵化中心、数字经济共享人才孵化中心、鸿蒙智能应用协同创新中心，以实体化运作带动实训基地整体跃升，以数字化改造引领所有专业转型发展，以逻辑班方式组建方向班和工坊班引领相关专业做大做强。

学校突出专业技术岗位的技术含量、学术水平，突出有组织、应用性科研，拥有一支同时具备理论教学和实践教学能力的教师队伍，一批高水平职业院校教师教学创新团队，示范引领高素质"双师型"教师争做"四有"好老师。会计学院教工第一党支部获评全国党建工作样板支部培育创建单位，管理学(会计)教学团队被教育部授予全国高校黄大年式教师团队，电子商务教学团队为首批国家级职业教育教师教学创新团队，另有省级教学团队9支。现有教授33名，副高级职称160名，省政府特殊津贴专家3人、省学术技术带头人1人、省职教专家8人、中原名师2人、省教学名师2人、厅学术技术带头人22人等38名。

学校硬件设施完备、教学实训条件优越，空调、电梯实现教室和宿舍全覆盖。拥有功能齐全的综合教学楼、实训楼、图书馆、学术报告厅、阶梯教室等；建有计算机校园网、多媒体教学网、电子阅览室和计算机中心等现代化设施等。学校动态优化调整实训室整体结构和功能布局，先后成立创新创业仿真综合实训中心、河南省电子商务虚拟产业园河南经贸职业学院分园、信息技术校企合作专业实训中心、财经校企共享实训中心、物联网技术实训中心、BIM 校企协同创新中心、多模态外语实训中心、数智化财务产教融合实训中心、智慧物流虚拟仿真实训中心、智慧商业协同育人中心、茶文化活动中心、鲲鹏产业学院协同创新中心等 18 个高水平实训中心，建设了涵盖学校所有专业的现代化实训室 134 间。现有国家级企业运营管理创新协同中心、国家级生产性实训基地 2 个。牵头组建河南财经商贸骨干职业教育集团、跨境电子商务综合试验区职教集团、新一代信息技术职教集团、文化创意职教集团。卓越众创空间获评河南省大学生创新创业示范基地、郑州市众创空间、河南省众创空间和高校众创空间。智慧型、研究型图书馆建筑面积 4.1 万 m^2，设有阅览座位 5200 余个，藏书 100 余万册，数据库 20 个；开展"送书到师""藏书于生""耕读杯讲座"等系列服务活动，实现了"线上线下"深度融合新突破，构建了全媒体时代阅读推广新策略，增强了数据的开放性，提升了服务平台的灵活性，丰富了文化育人的新内涵，彰显了"文化茶歇"的新特色。

学校以"人在干、数在转、领导看、专家赞"为目标，打通信息孤岛，实现"师生服务一网通办、学校治理一网通管、办学数据一网通享"，推动决策由经验驱动向数据驱动转变，管理由单向管理向协同治理转变、服务由被动响应向主动服务转变，打造无处不在的网络学习环境、融合创新的网络科研平台、透明高效的校务治理手段、丰富多彩的校园文化活动以及方便快捷的校园生活条件。拥有全省面积最大、工位最多的理实一体教室，寓智慧管、智慧教、智慧学、智慧评于一体的全省一流智慧教学楼。

学校坚持"以人为本、质量为先、就业导向、技能立身"的办学理念，以培养具有劳动精神、劳模精神、工匠精神的知识型、技能型、创新型、复合型"三精四型"人才为目标，凸显职业教育类型特征；着眼教会、勤练、常赛，形成了"常态化、全员化、精英化、届次化"特色技能竞赛机制。近五年来学生在技能竞赛中荣获 1100 余个奖项，2021 年荣获全国一等奖三项、三等奖两项，会计技能赛项三连冠，会计技能、云计算赛项荣膺一等奖第一名；2022 年荣获首届世界职业院校技能大赛金牌；全国大赛一等奖 1 个，二等奖 5 个，三等奖 4 个，获奖数量、质量、层次不断实现历史新突破。

学校坚持培育优秀准职业人的精神气质和出彩"职业人"，牢固树立一切为了学生、为了一切学生、为了学生一切、一切依靠学生、一切由学生来检验"五个一切"理念，秉承"砺志、敬业、致能、乐群"的校训精神，坚决贯彻"严管厚爱、习惯养成"管理理念，注重扬长教育，尊重个体差异，关爱"四困生"，以让一切学生满意，让学生满意一切"两个满意"为标准，形成了"学习型、服务型、务实型、创新型、安全型"五型智慧学生工作新模式，打造了"双百工程""两操一舞""毕业生唱毕业歌""财金演说家""牢记初心使命 激发青春力量"等 5 个有影响力的学生工作品牌。以"方圆"商文化建设为抓手，深挖优秀商文化精神内涵，荣获河南省首届"大美学工"先进集体、"五四红旗团委"、工人先锋号、优秀校园文化建设成果一等奖等多项荣誉称号。

学校积极推动国际合作与交流，大力开展与"一带一路"沿线国家合作办学，培养知华、爱华、友华的来华青年人才。自 2015 年起，学校先后与加拿大北方应用理工学院合办会计专业、市场营销专业；与澳大利亚精英高等教育学院合办会计专业；与马来西亚世纪大学合办人力资源管理专业、工商企业管理专业；2017 年，承办中华人民共和国商务部援南苏丹 IT 技术培训班，为刚经历战火的南苏丹重建培养紧缺人才；2018 年成功获批国际留学生招生资格并实现招生,从巴基斯坦等"一带一路"沿线国家招收国际留学生 39 人;选派 20 余名教师赴英国、德国、澳大利亚、马来西亚等国家学习交流。

学校将大力弘扬"脚踏实地、追求卓越"经贸精神,朝着"升格本科层次职业大学和举办职教本科专业"目标前进!

二、经贸文化

(一)经贸文化精髓

校训:砺志 敬业 致能 乐群
学风:求是 力行
教风:笃学 至善
校风:明德日新 知行合一
校歌:《经贸一家亲》
校庆日:12 月 3 日
学校精神:脚踏实地 追求卓越
办学特色:以"突出商科 非商融商"为办学理念,以"以人为本 质量为先"为育人理念,培养适应能力强、综合素质高的优秀劳动者。

(二)河南经贸赋

2019 年,学校校史馆建设过程中,我校原校长赵关印提笔作赋,赞叹学校取得的发展成就,现镌刻于学校校史馆历史厅。内容如下:

依黄河,傍嵩岳,踞中原商都。沃土雨好,孕我河南经贸。

河南经贸,肇始汴梁。建国之初,百业待兴,经济人才,急需培养,省贸易干部学校始创。历七十沧桑,有殊勋茂绩,亦曲折跌宕。而商业学校,更三起三落,五易校名,命多乖违,颠簸舛怆。商校上下,殚精毕力,学校乃日益彰显。

今河南经贸,得盛世之天时,据古城之地利,揽中原之俊彦,擎商业教育群军之旗帜,燃职教瀚海引航之明灯,奇葩艳放,冠冕群芳。

现址龙子湖畔,更逢大地东风,万象雍容。龙湖校园,绿环水映,布局有容。校之明志,始为谆谆。砺志敬业,致能乐群。脚踏实地,追求卓越,厚德载物,源远流长。

园丁孜孜,渊渟岳峙,明德惟馨,焚膏继晷,热血沃林。厚爱而严管,积德行而养成。学子莘莘,桃芳李芬,俊男妙女,凤唳龙吟,口颂孔孟,身践芳行。亦陶亦铸,亦琢亦磨,栋梁乃成。

河南经贸,商教大旗,职教明灯。翘楚之秀,教坛之仰。

今政通教和,以同交之才学,作社会之良图,强民族,兴国家,聿修不辍,皓首穷经,怀大梦而致远,举梦笔而写新章。

(三)学院道路、景观等命名释义

学院道路、景观等命名释义见表 1-1。

表 1-1　学院道路、景观等命名释义

命名内容	序号	拟命名	位　　置	释　　义	
道路	1	环南路	办公楼北侧东西方向道路，东起"奋飞"雕塑，西至校园西围墙	校园内最显著、最便捷的道路是一个环绕教学区、图书馆、食堂、景观湖的环路，此段位于该路南侧，为便于辨识、指示，故取名环南路	
	2	环西路	教学区西侧南北方向道路，南起办公楼北侧东西路西端，北至学院西门	校园内最显著、最便捷的道路是一个环绕教学区、图书馆、食堂、景观湖的环路，此段位于该路西侧，为便于辨识、指示，故取名环西路	
	3	环北路	教学区及图书馆的北侧东西方向 S 形道路，西起学院西门，东至商业街北端西侧	校园内最显著、最便捷的道路是一个环绕教学区、图书馆、食堂、景观湖的环路，此段位于该路北侧，为便于辨识、指示，故取名环北路	
	4	环东路	商业街裙楼西侧的南北方向 S 形道路，北起商业街北端西侧，南至商业街南端西侧	校园内最显著、最便捷的道路是一个环绕教学区、图书馆、食堂、景观湖的环路，此段位于该路东侧，为便于辨识、指示，故取名环东路	
	5	经贯路	南门进门向东到"奋飞"雕像南侧的半环办公楼东南的道路	经，有南北的意思，也是经济的简称。贯：穿、通、连的意思。经贯，贯通南北、经济发达、贯容天下之意	经贯、贸达，代表经贯天下、贸达四方，寓意经贸人必将为社会发展和经济建设作出卓越贡献
	6	贸达路	南门进门向西到一号教学楼东南侧的半环办公楼西南的道路	达的本义是在大路上行走，有通达、畅通、显贵之意。贸达，意思是贸通天下、贸易发达之意	
	7	商圣路	学院北门南北方向道路，北起北门校训碑，南至图书馆北门	学院前身为河南省商业学校，商业教育和培训是学院的传统和优势，商贸也是学校的特色，所以学院打造商圣范蠡像于商苑内，为纪念商圣范蠡取名"商圣路"，同时从北门进入也可看到范蠡像，也有沿路朝圣的寓意	
	8	宁静路	7 号学生公寓北侧的东西方向道路，西起商业街北端东侧，东至校园东围墙	将学生 1~7 号公寓南北的两条路取名"宁静""致远"。宁静致远指的是只有心境平稳沉着、专心致志，才能厚积薄发、有所作为。希望学习、生活在这里的经贸学生能够淡泊明志、宁静致远。此路因与颐贤园毗邻，两侧栾树环绕，环境秀美雅静，故命名"宁静路"	
	9	致远路	1 号学生公寓南侧的东西方向道路，西起"奋飞"雕塑，东至校园东围墙	将学生 1~7 号公寓南北的两条路取名"宁静""致远"。宁静致远指的是只有心境平稳沉着、专心致志，才能厚积薄发、有所作为。希望学习、生活在这里的经贸学生能够淡泊明志、宁静致远。同时，此路为学院水脉设计的出口，朝向东方，寓意河南经贸迎着朝阳、向着东方，必将迈向更加广阔的未来，故命名"致远路"	

续表

命名内容	序号	拟命名	位　置	释　义	
道路	10	畔河路	1～7号学生公寓东侧的南北方向道路	因毗邻连接魏河与龙子湖的河道，故命名"畔河路"	
道路	11	天健路	体育场看台西侧	此路依运动场而建，寓意为尊重自然规律、健康锻炼生活	《易经》云：天行健，君子以自强不息；地势坤，君子以厚德载物。天在强健地运行，君子应该像天那样努力奋斗不停止；大地宽大，君子应该像大地一样宽厚，承载万物
道路	12	地坤路	体育馆(待建)东侧	此路依体育馆而建，与天健路东西呼应对称	
广场	1	文博广场	图书馆前面的大广场	文指知识、文化；博是渊博之意。文博指知识渊博、满腹经纶之意。该广场位于学院图书馆前，且为学生去图书馆、去教室的必经之地，故命名"文博广场"	
广场	2	文博北广场	食堂前面的广场(食堂与图书馆之间)	因位于图书馆北侧，故命名"文博北广场"	
水域方案	1	惟志湖	图书馆前广场东南侧的湖	《尚书·周书》中有云：功崇惟志，业广惟勤。崇：崇高；惟：由于，因为；广：广大。意思是：要想取得伟大的功业，就必须有伟大的志向；要完成伟大的功业，就必须辛勤不懈地工作。故将两湖取名为"惟志湖""惟勤湖"	
水域方案	2	惟勤湖	图书馆前广场西南侧的湖		
花园	1	商苑	图书馆西北侧的花园	学院有商业教育的传统和历史，商贸文化为学院办学之特色，学院在这里建设商业文化主题园，集中展示商业文化传统和知识，故命名为"商苑"	
花园	2	颐贤园	周转房前面的园子	颐，休养、保养的意思；贤，贤者、圣贤。颐贤园，养育圣贤之人的地方，寓指家属院是教师生活休息的地方	
公寓花园	1	娴园	1、2号学生公寓之间	"娴"为文雅美好之意	
公寓花园	2	雅园	2、3号学生公寓之间	"雅"古义为正也，高雅、规范的意思	
公寓花园	3	静园	3、4号学生公寓之间	"静"是不受外在滋扰而坚守初生本色、秉持初心的意思	
公寓花园	4	慧园	4、5号学生公寓之间	"慧"为聪明、有才智之意	
公寓花园	5	恬园	5、6号学生公寓之间	"恬"有安静、安然、坦然之意	
公寓花园	6	逸园	6、7号学生公寓之间	"逸"为超凡脱俗、卓尔不群之意	
公寓花园	7	芳园	7号学生公寓与宁静路之间	"芳"为花草的香味，寓意美好的德行和名声	

续表

命名内容	序号	拟命名	位置	释义	
桥	1	浩德桥	图书馆广场前连接两个湖的桥，花岗岩材质	"浩"原意为水大，引申为"大"和"多"，"浩德"意思为大而多的德行，象征经贸人崇尚浩然正气、德高身正、虚怀若谷的人生追求（此为道德观要求）	桥是架于水上的建筑物，必高于水。而水是有灵性的，能与水的灵性相媲美的是人孜孜以求的"道德"和"真善美"。"浩""涵""泓""汇"全部是水字旁，极具灵性，并与人的"德""真""善""美"相结合，相映成趣，相得益彰
	2	涵真桥	图书馆西侧水系南边第一座桥，花岗岩材质，5米宽	"涵"为包容、包含的意思，"涵真"意为蓄积并保持本真，涵养并塑造完美的自我，勉励经贸人要有自己的精神追求、人生价值取向（此为人生观要求）	
	3	泓善桥	图书馆西侧水系中间的拱桥，木材质，3米宽	"泓"为水深而广的意思，古语有云"君子不以恶小而为之，不以善小而不为""上善若水"，因此"泓善"就是要多做善事，弘扬善举，人多行善事，才能心胸广阔坦荡（此为价值观要求）	
	4	汇美桥	图书馆西侧水系北边的桥，花岗岩材质，7米宽	"汇"原意为河流汇合在一起，聚合的意思。站于此桥，早迎朝阳，晚观落霞，南有河水、草木之秀美，图书馆教学楼之雄伟，北有商苑花木之葳蕤，运动场地广阔大气，校园美景尽收眼底，寓意人生必将经历很多风景，经贸人会把最美的留在记忆里（此为世界观要求）	
亭廊	1	九思亭	图书馆东南侧湖中的亭子	安坐于亭中，湖水风光坐拥脚下，校园美景尽收眼底。学校是育人之地，智慧之上，唯有思想。孔子《论语》有云，君子有九思：视思明，听思聪，色思温，貌思恭，言思忠，事思敬，疑思问，忿思难，见得思义。意思是说人的一言一行都要认真思考和自我反省，九思包括了温、良、恭、俭、让、忠、孝、仁、义、礼、智等个人道德修养的各种规范。凭栏拂风，不仅要观赏风景，更应认真地思考人生，故命名为"九思亭"	

续表

命名内容	序号	拟命名	位　置	释　义
亭廊	2	静懋亭	图书馆西北侧花园中西北角的亭子(离运动场较近)	"静"为安静、平静之意。"懋"同"茂",有茂盛、勤勉、努力的意思。该亭依河而建,视野开阔,东有水、西有路,繁茂之地。"静""懋"呼应,一静一闹,相映成趣,同时"静""懋"为"经贸"的谐音,特色突出,易于辨识
	3	晟商亭	图书馆西北侧花园中东南角的亭子(离图书馆较近)	"晟"旺盛、兴盛、光明的意思,此亭位于商苑之内,晟商,即为兴盛商业、繁荣商业之意,正好符合该园"经世济民、厚德崇商"的主旨

(四)校训内涵

校训内涵见表1-2。

表1-2　校训内涵与教育主题

校训		砺志	敬业	致能	乐群
校训要释		砺:磨炼、勉励;志:志向、意志。勉励心志,坚定理想,锻炼意志	敬:端肃、勤勉;业:事业、学业。专心致志于学业、事业。朱熹:"敬业者,专心致志以事其业也。"	致:集中于、精细;能:能力、才干。集中力量,精心于能力和才干的培养	乐:乐于、喜欢;群:群众、大家。乐群:乐于与大家和谐相处,共同进步。朱熹:"乐群者,乐于取其益以辅其仁也。"
社会主义核心价值观	国家层面	富强	民主	文明	和谐
	社会层面	自由	平等	公正	法治
	公民层面	爱国	敬业	诚信	友善
联合国教科文组织对大学生主要任务的界定		学会做人 (learn to be)	学会做事 (learn to do)	学会学习 (learn to how to learn)	学会共处 (learn to be with others)
处理四种关系		处理好自己与自己的关系	处理好自己与工作的关系	处理好自己与社会的关系	处理好自己与他人的关系
校训内涵关键词		阳光健康	勤奋爱岗	诚信担当	正向分享

【知识拓展】

斯坦福大学的由来

在美国有一对老夫妇,女的穿着一套褪色的条纹棉布衣服,而她的丈夫则穿着布制的便宜西装，也没有事先约好，就直接去拜访哈佛大学的校长。校长的秘书在片刻间就断定这两个乡下土老帽根本不可能与哈佛有业务来往。

老先生轻声地说："我们要见校长。"秘书很礼貌地说："他整天都很忙！"老太太回答说："没关系，我们可以等。"过了几个小时，秘书一直不理他们，希望他们知难而退，自己走开。他们却一直等在那里。

秘书终于决定通知校长："也许他们跟您讲几句话就会走开。"校长不耐烦地同意了。他心不甘情不愿地接见了这对夫妇。老太太告诉他："我们有一个儿子曾经在哈佛读过一年，他很喜欢哈佛，他在哈佛的生活很快乐。但是去年，他出了意外而死亡。我丈夫和我想在校园里为他留一纪念物。"校长并没有被感动，反而觉得很可笑，粗声地说："夫人，我们不能为每一位曾读过哈佛而后死亡的人建立雕像的。如果我们这样做，我们的校园看起来像墓园一样。"老太太说："不是，我们不是要竖立一座雕像，我们想要捐一栋大楼给哈佛。"

校长仔细地看了一下他们身上的条纹棉布衣服及粗布便宜西装，然后吐一口气说："你们知不知道建一栋大楼要花多少钱？我们学校的建筑物超过750万美元。"这时，这位老太太沉默不讲话了。校长很高兴，总算可以把他们打发了。这位老太太转向她丈夫说："只要750万美元就可以建一座大楼？**那我们为什么不建一座大学来纪念我们的儿子？**"

就这样，斯坦福夫妇离开了哈佛。到了加州，成立了斯坦福大学来纪念他们的儿子。**这就是斯坦福大学的由来。**

点题成金

(1) 请结合本章内容思考雨果的这句话："建一所大学，等于毁掉十所监狱。"并和同学讨论自己的看法。

(2) 和你周围的几个同学分为两组作为辩论双方，以"判断一所学校，我看人，不看大学"这句话为对象进行辩论。

(3) 说说你对大学的理解和你对你的大学的看法，并和同学交流你们看法的异同。

第二章　读大学的方法论

当我们拿到大学录取通知书时，仿佛是打开了人生崭新的一页。从此，我们把生命中最美好的三年时光都安置在了这所校园里，我们把青春最壮丽的诗篇都刻画在岁月的轨迹上。来到这里，不是睡觉、打游戏、看剧，不是虚度年华。我们应该清醒地意识到自己真的长大了，需要担起肩上该有的责任了，需要明白：我来到这里该干什么？我怎么度过这三年？我想从这所校园获得什么？我的未来在哪里？

大学是培养优秀人才的摇篮，是创造新知识、新思想和新技术的净土，是开发智力、引领创新、拓展思维的殿堂。我们通过对科学知识的学习、探索能力的提升和文化思想的交流，发展友谊和人际关系，培养思想的独立性，形成对社会发展和多元文化的分析力、鉴赏力和判断力，成为未来的行业优秀人才。尽管最终我们毕业的去向不尽相同，有些同学会直接参加工作走向社会，有些同学可能会选择继续深造，但无论我们在毕业的那一刻选择的是哪一个方向，它都不会是我们这一辈子唯一的和最后的方向。我们依然要不断地学习，不断地给自己充电以适应以后生活的变化。我们要把大学作为人生的新起点，既要明确自身学习目的，又要掌握得当的学习方式，还要培养高效的学习方法。

第一节　解读当代大学生

中国的复兴之路，也是民族先进分子寻找真理之路、爱国奋进之路、青春励志之路。正如习近平总书记对广大青年的殷切寄语："中国梦是历史的、现实的，也是未来的""中国梦是国家的、民族的，也是每一个中国人的""中国梦是我们的，更是你们青年一代的"。这是历史的启迪，也是时代的召唤。我们应当树立一种自觉，感悟历史、鉴古知今，掌握马克思主义唯物史观，以强烈的历史使命感和社会责任感，自觉融入民族复兴的伟大进程。作为一名大学生，我们应该具备"大学生"这个角色赋予我们应有的基本素质，在日常生活中自觉遵守大学生行为准则。

一、大学生应该具备的基本素质

大学生素质教育是一项系统工程，更是一种养成教育，涉及大学生的思想道德素质、文化素质、专业素质和身心素质。目前，大学生的世界观、人生观、价值观的主流是积极向上的，能够积极思考国家的命运与自身的角色，使命感与危机感明显增强。大学生的素质如何，直接影响和决定着中国式现代化建设的进程和参与国际竞争的能力，直接影响和决定着历史使命的完成和成才目标的实现。

(一)思想政治素质

培养和提高大学生思想政治素质，加强和改进大学生思想教育工作，是我国教育面临的重大任务，是大学生健康成才以适应社会发展和进步的必然要求。

1. 大学是培养社会主义建设者和接班人的摇篮

一些大学生之所以出现散漫、晨昏颠倒的状况，就是缘于对进大学的学习目的不明确。习近平总书记在 2018 年全国教育大会上发表重要讲话时指出，培养德智体美劳全面发展的社会主义建设者和接班人，要在坚定理想信念上下功夫，教育引导学生树立共产主义远大理想和中国特色社会主义共同理想，增强学生的中国特色社会主义道路自信、理论自信、制度自信、文化自信，立志肩负起民族复兴的时代重任。要在厚植爱国主义情怀上下功夫，让爱国主义精神在学生心中牢牢扎根，教育引导学生热爱和拥护中国共产党，立志听党话、跟党走，立志扎根人民、奉献国家。要在加强品德修养上下功夫，教育引导学生培育和践行社会主义核心价值观，踏踏实实修好品德，成为有大爱大德大情怀的人。要在增长知识见识上下功夫，教育引导学生珍惜学习时光，心无旁骛求知问学，增长见识，丰富学识，沿着求真理、悟道理、明事理的方向前进。要在培养奋斗精神上下功夫，教育引导学生树立高远志向，历练敢于担当、不懈奋斗的精神，具有勇于奋斗的精神状态、乐观向上的人生态度，做到刚健有为、自强不息。要在增强综合素质上下功夫，教育引导学生培养综合能力，培养创新思维。要树立健康第一的教育理念，开齐开足体育课，帮助学生在体育锻炼中享受乐趣、增强体质、健全人格、锤炼意志。要全面加强和改进学校美育，坚持以美育人、以文化人，提高学生审美和人文素养。要在学生中弘扬劳动精神，教育引导学生崇尚劳动、尊重劳动，懂得劳动最光荣、劳动最崇高、劳动最伟大、劳动最美丽的道理，长大后能够辛勤劳动、诚实劳动、创造性劳动。

2. 树立正确的世界观、人生观、价值观

世界观是人们对整个世界的总的看法和根本观点，要树立辩证唯物主义和历史唯物主义的基本观点。人生观是人们对人生目的和意义的根本看法和态度。大学生要树立共产主义理想，树立全心全意为人民服务的思想，培养真善美与假恶丑的识别能力和爱憎观念，形成对幸福、荣辱、生死、苦乐等的正确认识。价值观是人们对人生价值的根本看法和态度。大学生应该明白衡量人生价值的重要尺度在于个人对社会的贡献大小以及个人自我发展、自我完善的程度，正确认识贡献与索取、个人利益与集体利益的关系，自觉抵制社会上存在的个人主义、利己主义和拜金主义等思想的侵蚀，我们应当通过投身于实现中华民族伟大复兴这一宏伟事业来实现自身的价值。

3. 加强现代科学知识的学习

崇高的思想行为和精神境界，往往与人的知识有密切关系。列宁曾经说过，只有用人类创造的全部知识财富来丰富自己的头脑，才能成为共产主义者。大学生应该抓紧时间，努力学习和掌握现代经济、科技、金融、法律，以及人文社会科学等各方面的知识，丰富头脑，拓宽视野，开启心扉，陶冶情操，丰富精神世界，这有助于正确的世界观、人生观、价值观的形成和思想政治素质的提高。

(二)道德素质

俗话说,细节决定结果,不论是做人还是做事,我们的素质和能力常常就是通过道德行为细节表现出来的,而很多时候这些道德行为细节确实可以决定结果。因为我们可以发现这些所谓的细节往往是一个人长期内在的道德素质修养的结果。事实说明了作为一个全面发展的高素质人才,其具有的人格品质和道德素质尤为重要。

1. 职业道德

职业道德是大学生职业发展的根本,也是大学生职业素质的根基。在大学生职业发展的不同阶段,职业道德发挥着不同的重要规范作用。现代社会与职业市场的迅速变化对大学生提出了更高的职业道德要求,所以,加强职业道德基本知识和规范的学习与修养,可以帮助我们进一步树立正确的职业观,培养优良的职业素质,更好地适应工作岗位。因此,职业道德的培养对我们迈进社会、走上工作岗位有着重要的作用。我们大学生要从未来事业的需要出发,自觉地养成良好的职业道德,最基本的要求是要树立正确的专业观念,端正职业态度,提高职业技能,遵守职业纪律,培养优良的职业作风。

2. 社会道德

遵守社会公德是大学履行社会职责的需要。我国《宪法》明确规定,"遵守社会公德是每个公民应尽的义务。"当代大学生,是具有较高文化层次的公民群体,更应该知道自觉遵守社会公德的必要性。

(1) 文明礼貌。在日常社会交往和公共生活中,要注意讲文明、懂礼貌,态度和气,举止端庄,以礼待人;在公共场所,应注意仪表大方,衣着大方,谈吐文雅,待人热情;尊重他人的风俗习惯和隐私等。

(2) 助人为乐。它表现为对别人的关怀、体贴和照顾。别人有难处,乐于相助;人际间有纠纷,要热心地出面调解;他人有过错,要真诚地进行规劝。

(3) 爱护公物。公共场所的公共设施是社会公共财产,是保证公共生活正常进行的物质基础。爱护公物是法律和道德的共同要求,是每个公民应尽的义务,也是最起码的社会公德准则。

(4) 保护环境。一个良好的公共场所,有利于人们的工作、学习和生活,所以我们大学生应从自身做起,爱护环境,养成良好的公共卫生习惯。

(5) 遵纪守法。自觉遵守纪律及法律法规,这是社会公德最基本的要求。它体现了一个人最起码的道德水准,反映了人们的共同利益,所以每个大学生都应该把遵守和维护纪律及法律法规当作自己的道德责任,同一切破坏纪律以及法律法规的行为做坚决的斗争。

(三)专业素质

大学生的专业素质,是指大学生在从事专业劳动过程中形成的比较稳定的道德观念、行为规范和道德品质的总和,它是调节大学生与他人、与集体及社会相互关系的行为准则,是一定社会或阶级对大学生行为的基本要求。专业素质教育不应只是专业知识、技能的传授,而是培养大学生对专业各方面的把握程度、熟练程度,以及可以从事专业工作的潜力及能力等。

1. 合理的知识结构

合理的知识结构是就业岗位的必要条件和职业发展的基础。现代社会职业岗位所需要的不仅仅是合理的知识结构，而且要求适时地拓展自己的知识视野，达到终身教育、终身学习的境界。只有这样，才能根据社会发展和职业的具体要求发展自己、完善自己，有所创造，适应新情况，解决新问题。因此，大学生在校期间不仅要努力学习本专业知识，还要拓展相关专业知识。

2. 掌握一技之长

掌握一技之长等于获取竞争特殊专业岗位的入场券。大学生毕业后将从事专业方面的工作，专业知识是大学生知识结构的特色所在。有专业特长的毕业生要根据社会对人才评价的资格化倾向要求，不断地充实和完善自己，使自己的资质也逐步融于社会化、客观化、公平化、国际化评价标准之中。

3. 丰富的社会知识

现代社会，需要大学生具有一定的社会知识、经济管理知识和人文知识，为适应社会岗位的全方位要求奠定基础。因此，大学生应利用专业学习的空余时间多读一些社会科学管理方面的书籍，拓宽知识面，开阔视野，从而提高竞争力。大学生在宝贵的在校时间里应在知识的宽度和深度上下功夫，关注现代科技发展前沿信息、关注新行业发展动态、涉猎现代科学书籍，使自己具有专业眼光，具有前瞻性和先进性思维方法，紧跟国际科技发展的步伐，为自己的择业拓展广阔的空间。

(四)心理素质和身体素质

大学生要培养自己良好的心理和身体素质，保持身心健康。大学生在学好专业知识、提高学习能力和知识水平的同时，还要培养和提高自己的心理素质和身体素质，保持心理健康。大学生应该能和社会保持良好的接触，其思想和行动都应跟上时代的发展步伐，提高适应能力。

当心理受到刺激时，应沉着冷静，调节自我，同时要学会控制自己，学会在一定的场合说适当的话，做适当的事。和谐的人际关系是大学生心理健康不可缺少的条件，也是大学生获得心理健康的重要途径。良好的身体素质主要是指强健的体魄，较强的耐力、反应能力和环境适应能力。掌握体育运动、卫生保障基本知识，养成经常锻炼身体和讲究个人卫生的良好习惯，培养健康而丰富多样的个人爱好。

二、行为准则

在日常生活中必须自觉遵守以下行为准则：

(1) 志存高远，坚定信念。认真思考立志、立身、立业的问题，志存高远，胸怀宽广，把报效祖国作为最大的追求，把服务人民作为最大的责任，把奉献社会作为最大的价值，做有理想、有抱负、有作为的青年。

(2) 热爱祖国，服务人民。弘扬民族精神，维护国家利益和民族团结。培养同人民群众的深厚感情，正确处理国家、集体和个人三者之间的利益关系，增强社会责任感，甘愿为祖国、为人民作出贡献。

(3) 勤奋学习，自强不息。刻苦学习知识，珍惜宝贵年华，只争朝夕地学习，如饥似渴地学习，持之以恒地学习，用好每一天，学好每一课，努力用优秀文明成果武装自己，真正成为有用之才和栋梁之材。

(4) 遵纪守法，弘扬正气。遵守宪法、法律法规，遵守校纪校规；正确行使权利，依法履行义务；敬廉崇洁，公道正派；敢于并善于同各种违法违纪行为做斗争。

(5) 诚实守信，严于律己。履约践诺，知行统一；遵从学术规范，恪守学术道德，不作弊，不剽窃；自尊自爱，自省自律；文明使用互联网；自觉抵制黄、赌、毒等不良诱惑。

(6) 明礼修身，团结友爱。弘扬传统美德，遵守社会公德，男女交往文明；关心集体，爱护公物，热心公益；尊敬师长，友爱同学，团结合作；仪表整洁，待人礼貌；豁达宽容，积极向上。

(7) 勤俭节约，艰苦奋斗。热爱劳动，珍惜他人和社会劳动成果；生活俭朴，杜绝浪费；不追求超越自身和家庭实际的物质享受。

(8) 强健体魄，热爱生活。积极参加文体活动，提高身体素质，保持心理健康；磨砺意志，不怕挫折，提高适应能力；增强安全意识，防止意外事故；关爱自然，爱护环境，珍惜资源。

第二节 当代大学生的成才目标

长风破浪会有时，直挂云帆济沧海。学业是我们大学生立身之本，是应当集中精力努力掌握的知识、能力、素质体系。一方面，具备和拥有好的学业，才会有好的就业、好的职业发展。另一方面，学习是自己的事不是别人的事，学习也是现在的事不是将来的事。作为新时代的大学生，我们要为自己的理想和信念以及未来而奋斗，合理地利用大学时光，制定正确的成才目标。

一、河南经贸职业学院的成长计划

大学生在大学的不同阶段会面临不同的任务和压力，从而显现出明显的年级特点，结合大学生目标管理的现状和对成长目标的现实需求，构建当今大学生成长目标管理体系可以分成三个方面。

(一)根据年级特点，确立阶段性成长总目标

学生在不同年级有不同的特点及其心理发展规律，大学的成长目标各有侧重，由浅入深、循序渐进、相互衔接，自始至终地贯穿于大学生的教育过程中。

大学一年级的成长目标为适应性成长，刚进入大学校门的新生无论生活环境还是学习方式，无论个人目标还是社会期望都发生了很大变化，大学能否成功在很大程度上取决于新生第一年的适应情况。大学二年级的成长目标为学业和能力成长，面对专业课的增多和

深入，学生应对专业学习有全面了解。确立学习目标，掌握学习方法，培养学习的积极性和主动性尤为重要。在这个阶段，学生不仅要学习怎样读书，还要学习怎样做事，怎样与人相处，怎样把学到的知识付诸实践。大学三年级的成长目标为职业成长，主要围绕学生未来的职业选择展开，引导学生认清当前的就业形势，全面客观地认识自己，确定自己未来深造和就业的方向。

(二)通过任务设立，确立每阶段的成长目标

在设立了每个阶段的总体目标之后，围绕阶段总目标需分解成若干个具体的小目标，通过设定不同的任务、作业以及活动来进行。比如在大一阶段围绕适应性成长目标可以参加朋辈互助教育、参加心理健康课程、举办增进班级凝聚力的文娱活动等；大二阶段围绕学业成长目标可以多参加学术讲座、建立学习小组、举办优秀学生交流会、模拟招聘会等；大三阶段主要是职业、就业实践，个别学生开始做创业准备。在完成小目标的同时，也要将所完成目标的实际情况进行反馈，根据目标完成的质量对其进行修正。

(三)根据个体特点，确立差异性个体成长子目标

个体特点不同，学生的目标计划内容就会存在一定的差异性。如果学习成绩不好，就要重点关注学习子目标的设立，并适当延长这个阶段。学习成绩突出但其他方面能力有欠缺的学生，要侧重专项能力的提高。这样才能切实提高成长目标管理的针对性和实效性。

大学生成长目标管理体系的构建自始至终地贯穿于大学的整个教育过程。只有坚持以学生自我教育、自我管理、自我反思为核心，才能真正提高学生的综合素质。

二、中国学生发展核心素养

受教育部基础教育二司委托，由北京师范大学牵头的核心素养课题组研制的《中国学生发展核心素养》总体框架于 2016 年 9 月 13 日在北京发布。它以科学性、时代性和民族性为基本原则，以培养"全面发展的人"为核心，分为文化基础、自主发展、社会参与 3 个方面，综合表现为人文底蕴、科学精神；学会学习、健康生活；责任担当、实践创新 6 大素养，并具体细化为人文积淀、人文情怀、审美情趣；理性思维、批判质疑、勇于探究；乐学善学、勤于反思、信息意识；珍爱生命、健全人格、自我管理；社会责任、国家认同、国际理解；劳动意识、问题解决、技术运用 18 个基本要点。中国学生发展核心素养总体框架如图 2-1 所示。

文化基础、自主发展、社会参与三个方面构成的核心素养总框架充分体现了马克思主义关于人的社会性等本质属性的观点，与我国治学、修身、济世的文化传统相呼应，有效整合了个人、社会和国家三个层面对学生发展的要求。

责任担当等六大素养均是实证调查和征求意见中各界最为关注和期待的内容，其遴选与界定充分借鉴了世界主要国家、国际组织和地区核心素养的研究成果，既涵盖了学生适应终身发展和社会发展所需的品格与能力，又体现了核心素养"最关键、最必要"这一重要特征。且六大素养之间相互联系、互相补充、相互促进，在不同情境中可以整体发挥作用。

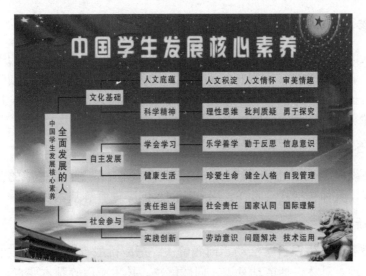

图 2-1　中国学生发展核心素养总体框架

六大学生核心素养的基本内涵如下。

(一)文化基础

文化是人存在的根和魂。文化基础，重在强调能习得人文、科学等各领域的知识和技能，掌握和运用人类优秀智慧成果，涵养内在精神，追求真善美的统一，发展成为有宽厚文化基础、有更高精神追求的人。具体包含人文底蕴和科学精神两方面的素养。

1. 人文底蕴

人文底蕴主要是学生在学习、理解、运用人文领域知识和技能等方面所形成的基本能力、情感态度和价值取向。具体包括人文积淀、人文情怀和审美情趣等基本要点。

2. 科学精神

科学精神主要是学生在学习、理解、运用科学知识和技能等方面所形成的价值标准、思维方式和行为表现。具体包括理性思维、批判质疑、勇于探究等基本要点。

(二)自主发展

自主性是人作为主体的根本属性。自主发展，重在强调能有效管理自己的学习和生活，认识和发现自我价值，发掘自身潜力，有效应对复杂多变的环境，成就精彩人生，发展成为有明确人生方向和生活品质的人。具体包括学会学习和健康生活两方面的素养。

1. 学会学习

学会学习主要是学生在学习意识形成、学习方式方法选择、学习进程评估调控等方面的综合表现。具体包括——乐学善学、勤于反思、信息意识等基本要点。

2. 健康生活

健康生活主要是学生在认识自我、发展身心、规划人生等方面的综合表现。具体包括珍爱生命、健全人格、自我管理等基本要点。

(三)社会参与

社会性是人的本质属性。社会参与，重在强调能处理好自我与社会的关系，养成现代公民所必须遵守和履行的道德准则和行为规范，增强社会责任感，提升创新精神和实践能力，促进个人价值实现，推动社会发展进步，发展成为有理想信念、敢于担当的人。具体包括责任担当和实践创新两方面的素养。

1. 责任担当

责任担当主要是学生在处理与社会、国家、国际等关系方面所形成的情感态度、价值取向和行为方式。具体包括社会责任、国家认同、国际理解等基本要点。

2. 实践创新

实践创新主要是学生在日常活动、问题解决、适应挑战等方面所形成的实践能力、创新意识和行为表现。具体包括劳动意识、问题解决、技术应用等基本要点。

六大素养还具体细化为人文积淀、国家认同、批判质疑等18个要点，各要点也确定了重点关注的内涵。

文化基础——人文底蕴包括人文积淀、人文情怀、审美情趣。

(1) 人文积淀重点：具有古今中外人文领域基本知识和成果的积累；能理解和掌握人文思想中所蕴含的认识方法和实践方法等。

(2) 人文情怀重点：具有以人为本的意识，尊重、维护人的尊严和价值；能关切人的生存、发展和幸福等。

(3) 审美情趣重点：具有艺术知识、技能与方法的积累；能理解和尊重文化艺术的多样性，具有发现、感知、欣赏、评价美的意识和基本能力；具有健康的审美价值取向；具有艺术表达和创意表现的兴趣和意识，能在生活中拓展和升华美等。

文化基础——科学精神包括理性思维、批判质疑、勇于探究。

(1) 理性思维重点：崇尚真知，能理解和掌握基本的科学原理和方法；尊重事实和证据，有实证意识和严谨的求知态度；逻辑清晰，能运用科学的思维方式认识事物、解决问题、指导行为等。

(2) 批判质疑重点：具有问题意识；能独立思考、独立判断；思维缜密，能多角度、辩证地分析问题，做出选择和决定等。

(3) 勇于探究重点：具有好奇心和想象力；能不畏困难，有坚持不懈的探索精神；能大胆尝试，积极寻求有效的问题解决方法等。

自主发展——学会学习包括乐学善学、勤于反思、信息意识。

(1) 乐学善学重点：能正确认识和理解学习的价值，具有积极的学习态度和浓厚的学习兴趣；能养成良好的学习习惯，掌握适合自身的学习方法；能自主学习，具有终身学习的意识和能力等。

(2) 勤于反思重点：具有对自己的学习状态进行审视的意识和习惯，善于总结经验；能够根据不同情境和自身实际，选择或调整学习策略和方法等。

(3) 信息意识重点：能自觉、有效地获取、评估、鉴别、使用信息；具有数字化生存能力，主动适应"互联网+"等社会信息化发展趋势；具有网络伦理道德与信息安全意识等。

自主发展——健康生活包括珍爱生命、健全人格、自我管理。

(1) 珍爱生命重点：理解生命意义和人生价值；具有安全意识与自我保护能力；掌握适合自身的运动方法和技能，养成健康文明的行为习惯和生活方式等。

(2) 健全人格重点：具有积极的心理品质，自信自爱，坚韧乐观；有自制力，能调节和管理自己的情绪，具有抗挫折能力等。

(3) 自我管理重点：能正确认识与评估自我；依据自身个性和潜质选择适合的发展方向；合理分配和使用时间与精力；具有达成目标的持续性动力等。

社会参与——责任担当包括社会责任、国家认同、国际理解。

(1) 社会责任重点：自尊自律，文明礼貌，诚信友善，宽和待人；孝亲敬长，有感恩之心；热心公益和志愿服务，敬业奉献，具有团队意识和互助精神；能主动作为，履职尽责，对自我和他人负责；能明辨是非，具有规则与法治意识，积极履行公民义务，理性行使公民权利；崇尚自由平等，能维护社会公平正义；热爱并尊重自然，具有绿色生活方式和可持续发展理念及行动等。

(2) 国家认同重点：具有国家意识，了解国情历史，认同国民身份，能自觉捍卫国家主权、尊严和利益；具有文化自信，尊重中华民族的优秀文明成果，能传播弘扬中华优秀传统文化和社会主义先进文化；了解中国共产党的历史和光荣传统，具有热爱党、拥护党的意识和行动；理解、接受并自觉践行社会主义核心价值观，具有中国特色社会主义共同理想，有为实现中华民族伟大复兴中国梦而不懈奋斗的信念和行动。

(3) 国际理解重点：具有全球意识和开放的心态，了解人类文明进程和世界发展动态；能尊重世界多元文化的多样性和差异性，积极参与跨文化交流；关注人类面临的全球性挑战，理解人类命运共同体的内涵与价值等。

社会参与——实践创新包括劳动意识、问题解决、技术运用。

(1) 劳动意识重点：尊重劳动，具有积极的劳动态度和良好的劳动习惯；具有动手操作能力，掌握一定的劳动技能；在主动参加的家务劳动、生产劳动、公益活动和社会实践中，具有改进和创新劳动方式、提高劳动效率的意识；具有通过诚实合法劳动创造成功生活的意识和行动等。

(2) 问题解决重点：善于发现和提出问题，有解决问题的兴趣和热情；能依据特定情境和具体条件，选择制订合理的解决方案；具有在复杂环境中行动的能力等。

(3) 技术运用重点：理解技术与人类文明的有机联系，具有学习掌握技术的兴趣和意愿；具有工程思维，能将创意和方案转化为有形物品或对已有物品进行改进与优化等。

第三节　度过大学时光

大学是人生中最美好与最宝贵的时光，也是最容易虚度的时光，有的人充实、有的人迷惘、有的人后悔或留下了太多遗憾，同时也有人因起步不好导致后来发展之路越来越窄，有许多同学就是大学毕业了还不知该如何度过大学生活，稀里糊涂、浑浑噩噩地度过了三年。如何度过短暂而美好的大学时光呢？以梦为马，不负韶华。书香浓郁的图书馆、宽阔明亮的体育馆，以及相处时间最长的宿舍和教学楼……都将是我们未来三年最宝贵的经历，以及更久以后的生活中最深刻的记忆。

一、习近平总书记寄语大学生

金秋九月，收获的时节，又一批莘莘学子走进大学校园。大学是学生由象牙塔步入社会的转型阶段，是锤炼专业技能、塑造价值观的黄金时期，如何有意义地度过大学时光，是学生、家长及老师都关心的问题。

习近平总书记指出，青年是国家的希望、民族的未来，衷心希望每一个青年都成为社会主义的建设者和接班人，成为实现中华民族伟大复兴的生力军。当代青年要忠于祖国、忠于人民，要立鸿鹄志、做奋斗者，要求真学问、练真本领，要知行合一、做实干家。青年时代是学习知识、陶冶情操、增长本领的黄金时期。

党的十八大以来，习近平总书记多次在出席会议和参观国内外各大学时，都谈到了对大学生培养的重点和方向，对大学生有以下几点期盼。

1. 树立远大理想

"青年的理想信念关乎国家未来。青年理想远大、信念坚定，是一个国家、一个民族无坚不摧的前进动力。青年志存高远，就能激发奋进潜力，青春岁月就不会像无舵之舟漂泊不定。"——2019年4月30日，习近平总书记在纪念五四运动100周年大会上的讲话。

"世界的未来属于年轻一代。全球青年有理想、有担当，人类就有希望，推进人类和平与发展的崇高事业就有源源不断的强大力量。"——2015年10月26日，习近平总书记在联合国教科文组织第九届青年论坛开幕式上的贺词。

"有信念、有梦想、有奋斗、有奉献的人生，才是有意义的人生。当代青年建功立业的舞台空前广阔、梦想成真的前景空前光明，希望大家努力在实现中国梦的伟大实践中创造自己的精彩人生。"——2014年5月4日，习近平总书记在北京大学师生座谈会上的讲话。

2. 热爱伟大祖国

"我们是中华儿女，要了解中华民族历史，秉承中华文化基因，有民族自豪感和文化自信心。要时时想到国家，处处想到人民，做到'利于国者爱之，害于国者恶之'。爱国，不能停留在口号上，而是要把自己的理想同祖国的前途、把自己的人生同民族的命运紧密联系在一起，扎根人民，奉献国家。"——2018年5月2日，习近平总书记在北京大学师生座谈会上的讲话。

"自古以来，我国文人志士多有投笔从戎的家国情怀。抗战时期，许多南开学子就主动奔赴沙场，用鲜血和生命诠释了爱国、奉献的精神内涵。如今，你们响应祖国召唤参军入伍，把爱国之心化为报国之行，为广大有志青年树立了新的榜样。"——2017年9月23日，习近平总书记给南开大学8名新入伍大学生的回信。

"同人民一道拼搏、同祖国一道前进，服务人民、奉献祖国，是当代中国青年的正确方向。好儿女志在四方，有志者奋斗无悔。希望越来越多的青年人以你们为榜样，到基层和人民中去建功立业，让青春之花绽放在祖国最需要的地方，在实现中国梦的伟大实践中书写别样精彩的人生。"——2014 年 5 月 3 日，习近平总书记给河北保定学院西部支教毕业生群体代表的回信。

3. 担当时代责任

"广大青年要做社会主义核心价值观的坚定信仰者、积极传播者、模范践行者，向英雄学习、向前辈学习、向榜样学习，争做堪当民族复兴重任的时代新人，在实现中华民族伟大复兴的时代洪流中踔厉奋发、勇毅前进。希望全国广大青年牢记党的教诲，立志民族复兴，不负韶华，不负时代，不负人民，在青春的赛道上奋力奔跑，争取跑出当代青年的最好成绩。"——2022 年 4 月 25 日，习近平在中国人民大学考察时的讲话。

"当代中国青年是与新时代同向同行、共同前进的一代，生逢盛世，肩负重任。广大青年要爱国爱民，从党史学习教育中激发信仰、获得启发、汲取力量，不断坚定'四个自信'，不断增强做中国人的志气、骨气、底气，树立为祖国为人民永久奋斗、赤诚奉献的坚定理想。要锤炼品德，自觉树立和践行社会主义核心价值观，自觉用中华优秀传统文化、革命文化、社会主义先进文化培根铸魂、启智润心，加强道德修养，明辨是非曲直，增强自我定力，矢志追求更有高度、更有境界、更有品位的人生。要勇于创新，深刻理解把握时代潮流和国家需要，敢为人先、敢于突破，以聪明才智贡献国家，以开拓进取服务社会。要实学实干，脚踏实地、埋头苦干，孜孜不倦、如饥似渴，在攀登知识高峰中追求卓越，在肩负时代重任时行胜于言，在真刀真枪的实干中成就一番事业。"——2021 年 4 月 19 日，习近平总书记在清华大学考察时的讲话。

"在这次抗疫斗争中，青年一代的突出表现令人欣慰、令人感动""世上没有从天而降的英雄，只有挺身而出的凡人。青年一代不怕苦、不畏难、不惧牺牲，用臂膀扛起如山的责任，展现出青春激昂的风采，展现出中华民族的希望！让我们一起为他们点赞！"——2020 年 9 月 8 日，习近平总书记在全国抗击新冠疫情表彰大会上的讲话。

"青年一代有理想、有本领、有担当，国家就有前途，民族就有希望。希望你们努力在为人民服务中茁壮成长、在艰苦奋斗中砥砺意志品质、在实践中增长工作本领，继续在救死扶伤的岗位上拼搏奋战，带动广大青年不惧风雨、勇挑重担，让青春在党和人民最需要的地方绽放绚丽之花"。——2020 年 3 月 15 日，习近平总书记给北京大学援鄂医疗队全体"90 后"党员的回信。

"青年要保持初生牛犊不怕虎、越是艰险越向前的刚健勇毅，勇立时代潮头，争做时代先锋。一切视探索尝试为畏途、一切把负重前行当吃亏、一切'躲进小楼成一统'逃避责任的思想和行为，都是要不得的，都是成不了事的，也是难以真正获得人生快乐的。"——2019 年 4 月 30 日，习近平总书记在纪念五四运动 100 周年大会上的讲话。

"当代青年要树立与这个时代主题同心同向的理想信念，勇于担当这个时代赋予的历史责任，励志勤学、刻苦磨炼，在激情奋斗中绽放青春光芒、健康成长进步。"——2017 年 5 月 3 日，习近平总书记在中国政法大学考察时的讲话。

"要以国家富强、人民幸福为己任，胸怀理想、志存高远，投身中国特色社会主义伟大实践，并为之终生奋斗。"——2016 年 4 月 26 日，习近平总书记在知识分子、劳动模范、青年代表座谈会上的讲话。

4. 勇于砥砺奋进

"我国广大青年要坚定理想信念，培育高尚品格，练就过硬本领，勇于创新创造，矢志艰苦奋斗，同亿万人民一道，在矢志奋斗中谱写新时代的青春之歌。"——2020 年 8 月 17 日，习近平总书记致全国青联十三届全委会和全国学联二十七大的贺信。

"青春由磨砺而出彩，人生因奋斗而升华。面对突如其来的新冠疫情，全国各族青年积极响应党的号召，踊跃投身疫情防控的人民战争、总体战、阻击战，不畏艰险、冲锋在前、真情奉献，展现了当代中国青年的担当精神，赢得了党和人民高度赞誉。我为你们感到骄傲！"——2020 年 5 月 3 日，习近平总书记代表党中央，向全国各族青年致以节日的祝贺和诚挚的问候。

"今天，我们的生活条件好了，但奋斗精神一点都不能少，中国青年永久奋斗的好传统一点都不能丢。在实现中华民族伟大复兴的新征程上，必然会有艰巨繁重的任务，必然会有艰难险阻甚至惊涛骇浪，特别需要我们发扬艰苦奋斗精神。"——2019 年 4 月 30 日，习近平总书记在纪念五四运动 100 周年大会上的讲话。

"社会主义是干出来的，新时代也是干出来的。希望你们珍惜荣誉、努力学习，在各自岗位上继续拼搏、再创佳绩，用你们的干劲、闯劲、钻劲鼓舞更多的人，激励广大劳动群众争做新时代的奋斗者。"——2018 年 4 月 30 日，习近平总书记给中国劳动关系学院劳模本科班学员的回信。

"青年是祖国的未来、民族的希望，也是我们党的未来和希望。中国共产党的创始人之一李大钊同志说过，青年要'为世界尽文明，为人类造幸福，以青春之我，创建青春之家庭，青春之国家，青春之民族，青春之人类，青春之地球，青春之宇宙，资以乐其无涯之生'。九十五年来，我们党取得的所有成就都凝聚着青年的热情和奉献。"——2016 年 7 月 1 日，习近平总书记在庆祝中国共产党成立九十五周年大会上的讲话。

5. 练就过硬本领

"不论是成就自己的人生理想，还是担当时代的神圣使命，青年都要珍惜韶华、不负青春，努力学习掌握科学知识，提高内在素质，锤炼过硬本领，使自己的思维视野、思想观念、认识水平跟上越来越快的时代发展。"——2019 年 4 月 30 日，习近平总书记在纪念五四运动 100 周年大会上的讲话。

"祖国的青年一代有理想、有追求、有担当，实现中华民族伟大复兴就有源源不断的青春力量。希望你们扎根中国大地了解国情民情，在创新创业中增长智慧才干，在艰苦奋斗中锤炼意志品质，在亿万人民为实现中国梦而进行的伟大奋斗中实现人生价值，用青春书写无愧于时代、无愧于历史的华彩篇章。"——2017 年 8 月 15 日，习近平总书记给第三届中国"互联网＋"大学生创新创业大赛"青年红色筑梦之旅"的大学生的回信。

"青年处于人生积累阶段，需要像海绵汲水一样汲取知识。广大青年抓学习，既要惜时如金、孜孜不倦，下一番心无旁骛、静谧自怡的工夫，又要突出主干、择其精要，努力做到又博又专、愈博愈专。"——2017 年 5 月 3 日，习近平总书记在中国政法大学考察时的讲话。

"'志之所趋，无远弗届，穷山距海，不能限也。'对想做爱做的事要敢试敢为，努力从无到有、从小到大，把理想变为现实。要敢于做先锋，而不做过客、当看客，让创新成为青春远航的动力,让创业成为青春搏击的能量,让青春年华在为国家、为人民的奉献中焕发出绚丽光彩。"——2016年4月26日,习近平总书记在知识分子、劳动模范、青年代表座谈会上的讲话。

6. 锤炼品德修为

"青年在成长和奋斗中,会收获成功和喜悦,也会面临困难和压力。要正确对待一时的成败得失,处优而不养尊,受挫而不短志,使顺境逆境都成为人生的财富而不是人生的包袱。广大青年人人都是一块玉,要时常用真善美来雕琢自己,不断培养高洁的操行和纯朴的情感,努力使自己成为高尚的人。"——2017年5月3日,习近平总书记在中国政法大学考察时的讲话。

"人生的扣子从一开始就要扣好。'凿井者,起于三寸之坎,以就万仞之深。'青年要从现在做起、从自己做起,使社会主义核心价值观成为自己的基本遵循,并身体力行大力将其推广到全社会去。"——2014年5月4日,习近平总书记在北京大学师生座谈会上的讲话。

"要牢记'从善如登,从恶如崩'的道理,始终保持积极的人生态度、良好的道德品质、健康的生活情趣。要倡导社会文明新风,带头学雷锋,积极参加志愿服务,主动承担社会责任,热诚关爱他人,多做扶贫济困、扶弱助残的实事好事,以实际行动促进社会进步。"——2013年5月4日,习近平总书记在同各界优秀青年代表座谈时的讲话。

二、清晨之美

河南经贸职业学院(下文简称经贸)的清晨那么美,正值青春的你那么美。漫步在经贸的校园里,挺一挺青春的身躯,露一露青春的微笑,跃动每一枚深深浅浅的足迹。每一天的清晨,经贸都在等你……

晨光绚丽的经贸生机勃勃
阳光透过清新的雾气
温柔地洒落在经贸的每一寸土地
快跟随青春的步伐
去发现藏在经贸清晨的精彩故事吧……

6:45AM

当新一周的太阳射出第一道金色的光芒
当雄壮的国歌奏起第一个音符
鲜艳的五星红旗在晨曦的沐浴下冉冉升起
经贸的清晨,恬静与活力巧妙地相融
一群群身穿正装的同学们目视着国旗
爱国之情溢于言表

7:00AM

晨曦之下
不仅有升国旗的热血沸腾
还有操场上跃动奔跑的青春
这是经贸学子们昂扬的精神面貌

7:05 AM

绿叶枝头爬满柔和的阳光
钟铃清脆,书声琅琅
操场上晨起读书的身影
是学子们精彩的未来
是他们不负年华的最好阐释

7:10 AM

艺术团的早功练习
也成了清晨的一道亮丽风景线
洪亮婉转的嗓音充斥着经贸的各个角落
似乎在叫醒睡眼惺忪的经贸

7:15 AM

在晨读的低吟浅诵之下
在早功的悠扬婉转之后
新一天的经贸再次散发出她特有的魅力
经贸学子们仿佛感受了经贸的暖意
开始了新一天的准备

7:20 AM

清晨的空气中氤氲着安静舒适
偌大校园也渐露喧嚣
尽心尽责的后勤人员
谢谢你们的温柔细致和努力勤勉
新的一天,愿你们顺心遂意

7:30 AM

从外皮松脆、内馅软糯的芝麻团
到馅嫩汁甜、软嫩鲜香的包子
再到温热适宜、勾人食欲的粥与面
美食,带来清晨的第一缕欢喜

7:40 AM

图书馆也用它渊博的知识
驱散了早起的倦意
怀有目标的经贸青年们
在灯火通明的图书馆中埋头苦读
孜孜诠释着梦想的爱与拼搏
他们投以满腔的热情与执着

7:45 AM

去往教室学习的路上
映入眼帘的不仅是蕴含着温柔的苍翠林木
还有笑盈盈的脸颊
校园美景吸引了经贸学子驻足拍照
沐浴在景色中的经贸青年们
也做好了汲取新知识的准备

7:50 AM

教室里早已经有了一道忙碌的身影
在耐心地准备着课件
等待着莘莘学子的到来
正是这样一群人用他们诚挚的眼神
带领我们步入学习的殿堂
丰沛我们的心河

8:00 AM

上课铃声准时响起
经贸校园生机盎然
树荫下光斑随风跳转
经贸青年们在明亮宽敞的教室里
接受新的知识，迎接更美好的一天

8:05AM

在被知识包裹的经贸里
小动物们也渐入佳境
小猫在秋意渐浓的晨色里折返
羽翼斑驳的小蛾一闪而过
幸福的饱腹感让它们安稳地小憩

新的一天拉开了帷幕
天光澄澈，云卷疏朗
慵懒的阳光轻抚过树梢
细碎地洒落在角落里
一切都明媚灿烂
经贸的怀抱让人沉醉
加油哦！每天都是元气满满的一天呢

第四节　青年人生导师的大学时代

在人的一生中，如果没有导师的指引，要想成为杰出的人才，概率是非常小的。人生犹如复杂的迷宫，要想走到成功的顶峰，光靠自己盲目闯荡几乎不可能到达。在成长的过程中，参考那些值得信任的成功者是有价值的，例如阅读名人传记或听演讲。但是，每个人应该走自己的路，千万避免盲目崇拜、模仿偶像，或不经思考而全盘接受任何人的话。所以，参考他人的路，但是要保持客观自觉，听从自己的心，走出自己的路，做最好的自己。

一、他们的大学时光

1. 季羡林——保持勤奋坚持运动

季羡林先生毕业于清华大学，季先生在回忆大学生活时，讲到清华学生都非常用功，同时又勤于锻炼身体。每天下午四点以后，图书馆中几乎空无一人，而体育馆内则是人山人海，操场上也挤满了跑步、踢球、打球的人。晚饭以后，图书馆里又是灯火通明，人人又开始伏案苦读了。

刚刚逃离了高三"炼狱"般的学习生活，许多大一新生都是抱着"大学就轻松了"的心态进入大学的，实际上，大学里的学业也同样繁重。"业精于勤而荒于嬉，行成于思而毁于随"，每年都有许多准毕业生们面对着一片空白的简历和"惨不忍睹"的成绩单"仰天长叹"。

大学期间的课业为今后工作打下坚实的基础，因此你必须学好基础知识，勤勤恳恳，脚踏实地，认真做好每一堂课的笔记，不厌其烦地温习知识、举一反三，勤于学，勤于思，德国著名活动家威廉·李卜克内西(Wilhelm Liebknecht)说过一句话，才能的火花，常常在勤奋的磨石上迸发。只有圆满地完成大学期间的知识储备，今后才能取得更大的成就。俞敏洪曾经说过："人生走的是无穷无尽的马拉松，马拉松不需要去计较你的起点是落后了还是站在第一名，马拉松计较的是你到底能够走多远，到底能够坚持走多久。"如果你还能保持勤奋，就能保持优秀。

但大学毕竟不同于压力笼罩的高中生活，大学更讲究"劳逸结合"，俗话说"身体是革命的本钱"，所以在背井离乡、远离亲人而来到大学的第一课中，应该学会如何将身体锻炼和脑力劳动相结合。慢跑、游泳、健身、球类运动等都是适合校园的运动方式，运动不但能帮助人消除压力和缓解紧张情绪，还有助于改善体质，拥有更强健的体魄。

2. 梁实秋——手不释卷与书为友

著名学者、翻译家梁实秋曾经表示大学期间是他最自由、最美好的时光，因为那是他整日沉浸阅读的岁月。梁先生曾说："一天当中如果抽出一小时来读书，一年就有三百六十五小时，十年就有三千六百五十小时，积少成多，无论研究什么都会有惊人的成绩。一个人在学校读书的时间是最可羡慕的一段时间，因为他没有生活的负担，时间完全是他自己的。"

在电子产品飞速发展的时代，纸质阅读似乎早已被现代人所摒弃，取而代之的是低头族的"碎片化"阅读时代。作为当代大学生，踏入大学校门后应该自觉养成阅读的好习惯，正所谓"一日不读书，胸臆无佳想"，书本是激发人类一切灵感的源头，没有书本承载和传递千百年来人类的智慧，现代人就无法站在巨人的肩膀上瞭望远方。

有人这样说，"一个爱书的人，他必定不会缺少一个忠实的朋友，一个良好的老师，一个可爱的伴侣，一个优婉的安慰者。"阅读不但能开阔眼界，更能帮助我们不断认识自己，发现自己的内心，与自己的灵魂对话，从而养成一种沉静的气质和内涵。

3. 钱学森——培养有益爱好广泛涉猎

我国著名爱国科学家钱学森在大学时期除了表现出非凡的科研探索精神以及突出的创造力以外，还在兴趣爱好方面表现出了耀眼的天赋。钱学森年轻时就"迷"上了音乐，并显露出非凡的音乐才华。他特别喜欢贝多芬的乐曲，学过钢琴和管弦乐，还加入了大学的铜管乐队，成为铜管乐队出色的成员。钱学森还广泛涉猎音乐理论书籍，发表过专门讨论音乐的文章。他对于绘画和摄影也有浓厚的兴趣，在大学期间曾担任 1934 级级刊委员会美术部干事。

有益的爱好就像是清晨照进窗户的第一缕阳光，让我们感受到生活带来的温暖和美好，让我们发现平淡生活中的美好之处，让我们汲取细小事物中蕴含的活力。有益的爱好能够给我们带来最纯粹的快乐，让我们感受到最纯净的美好，如果生命中没有让我们沉醉其中、帮助我们变得更好的爱好，那么生命花园将永远不会与彩虹邂逅，从而凋谢枯萎。

在大学生活课余时间里，应该有意识地培养自己的兴趣，通过有益的爱好来提高自身的素质与修养，丰富精神世界。大学期间，可以通过音乐、戏剧、体育、美术、雕塑等艺术形式来培养自身的美学素养、不轻言放弃的精神以及专注力和探索力。

4. 李开复——夯实基础不耻下问

李开复刚刚上大一时曾多次红着脸向师兄请教最基本的知识内容，开会讨论时也曾问过不少肤浅的问题，课余时间还经常主动找同学探讨、切磋。"不耻下问"的优良传统在李开复身上体现得淋漓尽致。

在日渐浮躁的时代，不少大学生觉得大学课程"太枯燥""没意思""没啥实际用处"，对于作业也是敷衍了事，得过且过。殊不知，理论是一切实践的基础，没有坚实的地基何来耸入蓝天的高楼大厦，珍惜每一次汲取知识的机会，为今后的实践打下坚实的基础，才能在真正上手时游刃有余，不慌不忙。

"三人行必有我师"，大学校园到处是良师益友。要充分珍惜和利用好这些难得的机会，经常自省，见贤思齐，大胆发问，经常切磋，交换技能，不断给自己"充电"，在互帮互助的氛围中学真本领。

5. 周国平——大学是养成热爱智力生活的时期

周国平是中国社会科学院哲学研究所研究员。周先生曾经说过："大学生不应该是跟着老师走的人，要具备自己安排自己的学习的能力。所以，我觉得大学期间的学习有两个目标，一个是爱上学习，另一个是学会自学。有了这两条，你就获得了一笔终身的财富。"

如果说中学的学习是"被逼无奈",那么大学就应该学会享受智力活动带来的乐趣,只有爱上智力活动带来的快乐,养成智力活动的习惯,才能真正拥有属于自己的志向和目标,并且能够为此坚持不懈地努力。

许多成功人士在分享成功经验时频繁出现的一个词叫作"自律",而自律的前提必须是热爱,只有学会了享受才能做到"自主""自学",才能在浮躁中拨开迷雾看清远方,在三年后的毕业典礼上做到"胸有成竹"。

6. 白岩松——锻炼独立思考的能力学会辩证性思考

著名主持人白岩松曾经说过:"一个有学习和变化能力的人会更强,一个人云亦云只能做跟随者的人不会强。"

大一新生还处于懵懂的青春期,不知不觉已经闯入成人世界的大门,大学三年对于每一位新生来说都是锤炼心智的关键时期。刚刚进入大学的你可能会受到前所未有的冲击,进而产生退却心理,事实上,在大学里非常重要的一课是学会如何用"理性"战胜"感性",你要知道你所在的并不是"你以为的世界",思维方式的培养不只是大学的必修课,而是一辈子的终身课题。

面对瞬息万变的社会与日渐紧密的国际化趋势,拥有广阔的视野、学会多元化思考问题是对每一位现代大学生提出的时代要求。只有在大量的阅读和学习实践中不断摸索才能养成良好的心理素质,在时光洪流中泰然自若。

7. 李彦宏——披荆斩棘不断发掘自己的潜能

百度公司董事长李彦宏曾经说过:"我们需要从自己真正的心里面去作选择,并不是你认为社会期望你这样做,父母期望你这样做,朋友期望你这样做。"

也许你身上一直背负着父母的期望、朋友的赞许,也许刚满十八岁的你身上却已经被贴上了你并不乐意接受的标签,但实际上只有你能定义你自己。热血沸腾的青春应该天马行空、毫不畏惧、所向披靡。正是春暖花开的好时节,围栏上的爬山虎早已探出头缠绕围墙,青春年少的你又有什么资格对未来说"不可能"呢?

大学三年是为未来创造无限可能的宝贵机会,敢说敢做是当代大学生独有的炫酷作风,"成功是一把梯子,没有双手的人是爬不上去的",在最热血的时代不逼自己一次永远不知道自己的潜能有多大,自己能走多远。所有的条条框框都不能禁锢住跳动的心,就让胸口熊熊燃烧的青春之火引领你走向迷茫大海中央的灯塔吧!

二、来自学长学姐的十五条经典寄语

刚进大学,一切都那么新奇,一切都那么令人兴奋,而当一切都平静下来之后,你会发现大学生活并不总是兴奋与激情,更多的是平淡与按部就班。没有学习上的压力了,没有父母的唠叨了,没有老师盯着你上自习了,反而感觉无所适从了,很多同学感到生活没有了目标,陷入了迷茫和困惑。从此,自主学习时间增加,由中学的要我学转变成了我要学,生活上也变得独立了,由有人管的他律变成了无人管的自律,每天的学习和生活都得靠自己安排。作为新生,要对自己有个全面的认知,掌握自己的兴趣爱好特长,对自己的职业和学习生涯作个科学的规划,制定三年的总目标和阶段性目标。

在懵懂的青春,未免要多走一些弯路,那么请记住学长学姐的寄语,下面是一些关于学长学姐给大一新生的寄语,一起来看看吧!

(1) 不论男生还是女生,如果在大学里还把容貌当作重要的东西而过分重视的话,可能不会吃亏,但是早晚会吃亏。可能,很可能,也可以说是一定有可能。

(2) 一般人的一生平均有十分之三的时间处于不佳状态,那是我们把问题扩大化了,所以,要多看美好的一面,不去苛求,换个角度去想。着手解决你能解决的问题,忘掉你无法解决的问题。

(3) 进入大学,就是一个新的环境,接触新的人,你所有的过去对于他们来说是一张白纸,这是你重新塑造自己形象的最好的时候,改掉以前的缺点,每进入一个新的环境,都应该以全新的形象出现。

(4) 人生的成功,不在于等待拿到一副好牌,而是怎样将手中的牌打好。把手头上的事做好,坚持下去。

(5) 面对不公平的东西,不要抱怨,你的不公平可能恰恰是别人的公平。所以,你不如去努力地奋斗,争取你自己最合适的公平。

(6) 看本专业的一些杂志,掌握本专业前沿的动态。

(7) 一定要学好计算机。对以后的继续学习很重要,千万别不当回事。如果有计算机,不要用它来刷视频、玩游戏、闲聊天;学点办公软件、平面设计、编程软件、系统操作等实用的东西,那对你以后绝对有用!

(8) 朋友,你大学的朋友很可能就是你将来事业的一部分,他们会帮助你。但是你也应该让自己有帮助他们的实力,所以,你要努力,你和你的朋友会一起在将来打造一个可能很辉煌的事业。很好听是吗?但是记住,你们都要努力。

(9) 大学可能有真实的爱情,但是记住只是可能。很多时候他们是因为别人都在谈恋爱而羡慕或者别的原因而在一起。所以,不必为任何分手而受太大的伤,记住,这里我所说的是太大的伤,真爱,还是值得追求的。

(10) 如果你发现自己已经被惰性这只蚊子不痛不痒地叮上了,千万不要觉得"无所谓""不是什么大事",拖沓是万恶之源,是最常见的失败原因。

(11) 军训是新生们入学的第一课,至于苦与乐,只有经历过的人才知道其中的感受。"态度决定一切。"永远不要为考试而学习。在大学里,成绩固然重要,但是我们应该在策略上重视它,在战略上藐视它。

(12) 优秀是一种习惯。从现在开始,让琅琅的书声回荡在美丽的校园,让矫健的英姿出现在运动的赛场,让多彩的画笔描绘绚丽的未来,让敲击的键盘连接五湖四海,让天使的翅膀直挂云帆,让激昂的青春迎风飞扬。天道酬勤,一分耕耘孕育一分收获,一分汗水浇灌一分成功。让我们共同播撒希望的种子,辛勤耕耘,翘首以待下一个丰收的秋天!

(13) "我来做什么""该怎么做",这是个主题定位和态度问题。大学的主题是什么么?是单纯求学,两耳不闻窗外事,还是修身求学,一心追求真善美?是做单一型人才,还是当复合型人才?是被动求学,还是主动奋斗?选择不同,最后文凭的含金量也截然不同。

(14) 安全始终是做任何事情的第一要素,上大学同样也不例外。爱护自己,珍惜自己,是很重要的!因为没有什么比失去健康、失去生命更重要!无论何时都不要自暴自弃!

(15) 假期多回家看看,也许外面的世界很精彩,但是别忘了,家里的人都在惦记着你,祖国的大好河山很壮丽,可是家里温暖的亲情很美丽,多利用假期回家看看,不是看父母,而是给父母看,你永远都是他们的骄傲!

【知识拓展】

MBTI 职业性格测试

以荣格的《人格分类》理论为基础,美国的心理学家凯瑟琳·库克·布里格斯(Katharlne Cook Briggs)和她的心理学家女儿伊莎贝尔·布里格斯·迈尔斯(Isabel Briggs Myers)根据她们对于人类性格差异的长期观察和研究,提出了影响大脑做出决定的第四因素:生活方式。综合荣格的人格分类学说形成迈尔斯布里格斯类型指标(Myers-BriggsTypeIndicator,MBTI)。MBTI 是一种迫选型、自我报告式的性格评估理论模型,用以衡量和描述人们在获取信息、做出决策、对待生活等方面的心理活动规律和性格类型。

受测者必须正确实施每一个步骤,以便准确理解 MBTI 的测试结果。MBTI 量表的分值代表了受测者对自身性格类型的清楚程度,而非其具有某种性格特征的完全程度或者表现强度;MBTI 提供的性格类型描述仅供受测者确定自己的性格类型之用,MBTI 的有效性取决于施测中规范、有序地执行每一个环节。

一、轻松测试

性格没有好与坏之分,测试的目的是反映最真实的自己,而不是别人所期待的你。以下选择了 MBTI 的 28 题版本,现在,让我们最大限度地放松下来,选择当你面临下述这些情况时不由自主、自然和不假思索的决定或倾向。每 7 题为一部分,找出你选择最多的那个字母,按顺序进行排列。

(1) 你倾向从何处得到力量:(   )。

(E)别人。

(I)自己的想法。

(2) 当你参加一次社交聚会时,你会(   )。

(E)在夜色很深时,一旦你开始投入,也许就是最晚离开的那一个。

(I)在夜晚刚开始的时候,我就疲倦了并且想回家。

(3) 下列(   )事听起来比较吸引你。

(E)与情人到有很多人且社交活动频繁的地方。

(I)待在家中与情人做一些特别的事情,例如一起做饭。

(4) 在约会中,你通常(   )。

(E)整体来说很健谈。

(I)较安静并保留,直到你觉得舒服。

(5) 过去,你遇见你大部分的异性朋友是(   )。

(E)在宴会、夜总会、工作、休闲活动及会议上。

(I)通过私人的方式,例如个人广告、录影约会,或是由亲密的朋友和家人介绍。

(6) 你倾向拥有(   )。

(E)很多认识的人和很亲密的朋友。

(I)一些很亲密的朋友和一些认识的人。

(7) 过去，你的朋友和同事倾向对你说(　　)。
(E)你难道不可以安静一会儿吗？
(I)可以请你从你的世界中出来一下吗？
(8) 你倾向通过以下(　　)方式收集信息。
(N)你对有可能发生之事的想象和期望。
(S)你对目前状况的实际认知。
(9) 你倾向相信(　　)。
(N)你的直觉。
(S)你直接的观察和现成的经验。
(10) 当你置身于一种关系中时，你倾向相信(　　)。
(N)永远有进步的空间。
(S)若它没有被破坏，不予修补。
(11) 当你对一个约会觉得放心时，你偏向谈论(　　)。
(N)未来，关于改进或发明事物和生活的种种可能性。例如，你也许会谈论一个新的科学发明，或用一个更好的方法来表达你的感受。
(S)实际的、具体的、关于"此时此地"的事物。例如，你也许会谈论品酒的好方法，或你即将要参加的新奇旅程。
(12) 你是(　　)的人。
(N)喜欢先纵观全局。
(S)喜欢先掌握细节。
(13) 你是(　　)类型的人。
(N)与其活在现实中，不如活在想象里。
(S)与其活在想象里，不如活在现实中。
(14) 你通常(　　)。
(N)偏向于去想象一大堆关于即将来临的约会的事情。
(S)偏向于拘谨地想象即将来临的约会，只期待让它自然地发生。
(15) 你倾向(　　)作决定。
(F)首先依你的心意，然后依你的逻辑。
(T)首先依你的逻辑，然后依你的心意。
(16) 你倾向比较能够察觉到：(　　)。
(F)当人们需要情感上的支持时。
(T)当人们不合逻辑时。
(17) 当和某人分手时：(　　)。
(F)你通常会让自己的情绪深陷其中，很难抽身出来。
(T)虽然你觉得受伤，一旦下定决心，你会直截了当地将过去恋人的影子甩开。
(18) 当与一个人交往时，你倾向于看重(　　)。
(F)情感上的相容性：表达爱意和对另一半的需求很敏感。
(T)智慧上的相容性：沟通重要的想法；客观地讨论和辩论事情。

(19) 当你不同意情人的想法时：(   )。
(F)你尽可能地避免伤害对方的感情；若是会对对方造成伤害的话，你就不会说。
(T)你通常毫无保留地说话，并且对情人直言不讳，因为对的就是对的。
(20) 认识你的人倾向于形容你为(   )。
(F)热情和敏感。
(T)逻辑和明确。
(21) 你把大部分和别人的相遇视为(   )。
(F)友善极重要的。
(T)另有目的。
(22) 若你有时间和金钱，你的朋友邀请你到国外度假，并且在前一天才通知，你会(   )。
(J)必须先检查你的时间表。
(P)立刻收拾行装。
(23) 在第一次约会中：(   )。
(J)若你所约的人来迟了，你会很不高兴。
(P)一点儿都不在乎，因为你自己常常迟到。
(24) 你偏好：(   )。
(J)事先知道约会的行程：要去哪里、有谁参加、你会在那里待多久、该如何打扮。
(P)让约会自然地发生，不做太多事先的计划。
(25) 你选择的生活充满着(   )。
(J)日程表和组织。
(P)自然发生和弹性。
(26) (   )较常见。
(J)你准时出席而其他人都迟到。
(P)其他人都准时出席而你迟到。
(27) 你是这种喜欢(   )的人。
(J)下定决心并且做出最后肯定的结论。
(P)放宽你的选择面并且持续收集信息。
(28) 你是(   )类型的人。
(J)喜欢在一段时间里专心于一件事情直到完成。
(P)享受同时进行好几件事情。

二、职业与性格的四个维度框架

(1) 精力来源：E-Extrovert 外向 & I-Introvert 内向。
(2) 收集信息：S-Sensing 实感 & N-iNtuitive 直觉。
(3) 分析决策：T-Thinking 思考 & F-Feeling 情感。
(4) 时间安排：J-Judging 计划 & P-Perceptive 随性。

(E)外向型-|-内向型(I)
我们留意到的信息种类
(S)感知型-|-直觉型(N)

我们的决策方式
(T)思考型-|-感觉型(F)

三、四大类型的人

(1) 体验型 SP(如猪八戒)。

(2) 责任型 SJ(如沙僧)。

(3) 理想型 NF(如唐僧)。

(4) 能力型 NT(如孙悟空)。

四、性格测试结果具体性格分析

(一)十六种类型

四个维度上特定偏好的组合就构成一种特定的性格,共有 16 种不同的类型。

ISTJ	ISFJ	INFJ	INTJ
ISTP	ISFP	INFP	INTP
ESTP	ESFP	ENFP	ENTP
ESTJ	ESFJ	ENFJ	ENTJ

1. ISTJ: 内向、感知、思考、判断型

这类人一丝不苟、认真负责,而且明智豁达,是坚定不移的社会维护者。他们讲求实际、非常务实,总是孜孜以求精确性和条理性,而且有极大的专注力。不论做什么事情,他们都能有条不紊、四平八稳地去完成。

对这类人而言,满意的工作是技术性的工作,能生产一种实实在在的产品或有条理地提供一种周详的服务。他们需要一种独立的工作环境,有充裕的时间让自己独立工作,并能运用自己卓越的专注力来完成工作。

2. ISFJ: 内向、感知、感觉、判断型

这种人忠心耿耿、一心一意、富有同情心,喜欢助人为乐。由于这种人有很强的职业道德,一旦觉得自己的行动确有帮助,他们便会担起重担。

最令他们满意的工作是需要细心观察和精确性要求极高的工作。他们需要通过不声不响地在背后工作以表达自己的感情投入,但个人贡献要能得到承认。

3. INFJ: 内向、直觉、感觉、判断型

这种人极富创意。他们感情强烈、原则性强且具有良好的个人品德,善于独立进行创造性思考。即使面对怀疑,他们对自己的观点仍坚信不疑。他们看问题常常更能入木三分。

对他们来说,称心如意的事业就是能从事创新型的工作,主要是能帮助别人成长。他们喜欢生产或提供一种自己能感到自豪的产品或服务。工作必须符合个人的价值观。

4. INTJ: 内向、直觉、思考、判断型

这类人是完美主义者。他们强烈要求自主、看重个人能力、对自己的创新思想坚定不移,并受其驱使去实现自己的目标。这种人逻辑性强,有判断力,才华横溢,对人对己要求严格。在所有类型的人中,这种人独立性最强,喜欢我行我素。面对反对意见,他们通常多疑、霸道、毫不退让。对权威本身,他们毫不在乎,但只要规章制度有利于他们的长

远目标他们就能遵守。

最适合的工作是：能创造和开发新颖的解决方案来解决问题或改进现有系统；他们愿意与责任心强，在专业知识、智慧和能力方面能赢得自己尊敬的人合作；他们喜欢独立工作，但需要定期与少量智囊人物切磋交流。

5. ISTP：内向、感知、思考、认知型

这种人奉行实用主义，喜欢行动，不爱空谈。他们长于分析、敏于观察、好奇心强，只相信可靠确凿的事实。由于非常务实，他们能很好地利用一切可供利用的资源，而且很会瞄准时机。

对于 ISTP 这类人而言，事业满意就是做尽可能有效利用资源的工作。他们精通机械技能或愿意使用工具来工作。工作必须有乐趣、有活力、独立性强，且常有机会走出工作室去户外。

6. ISFP：内向、感知、感觉、认知型

这种类型的人温柔、体贴、敏感，从不轻言非常个人化的理想及价值观。他们常通过行动，而非语言来表达炽烈的情感。这类人有耐心，能屈能伸且十分随和，无意控制他人。他们从不妄加判断或寻求动机和意义。

最适合的工作是做非常符合自己内心价值观的工作。在做有益于他人的工作时，他们希望注重细节。他们希望有独立工作的自由，但又不远离其他与自己合得来的人。他们不喜欢受繁文缛节或一些僵化程序的约束。

7. INFP：内向、直觉、感觉、认知型

INFP 类型的人珍惜内在和谐胜过一切。他们敏感、理想化、忠心耿耿，在个人价值观方面有强烈的荣誉感。如果能献身自己认为值得的事业，他们便情绪高涨。在日常生活中，他们通常很灵活、有包容心，但对内心忠诚的事业义无反顾。这类人很少表露强烈的情感，常显得镇定自若、寡言少语。不过，一旦相熟，他们也会变得十分热情。

对 INFP 类型的人而言，最适合做合乎个人价值观、可以陈述自己远见的工作；工作环境需要有灵活的架构，在自己激情高昂时可以从事各种项目；能发挥个人的独创性。

8. INTP：内向、直觉、思考、认知型

这种类型的人善于解决抽象问题。他们满腹经纶，时常能闪现出创造的睿智火花。他们外表恬静，内心专注，总忙于分析问题。目光挑剔，独立性极高。

对于这类人，事业满意源自这样的工作：能酝酿新观念；专心负责某一创造性流程，而不是最终产品。在解决复杂问题时，能让他们跳出常规的框框，冒一定的风险去寻求最佳解决方案。

9. ESTP：外向、感知、思考、认知型

这类人无忧无虑，属乐天派。他们活泼、随和、率性，喜欢安于现状，不愿从长计议。由于他们能够接受现实，一般心胸豁达、包容心强。这类人喜欢研究实实在在的东西，善于拆拆装装。

对这类人来说，事业满意度来自这种工作：能随意与许多人交流；工作中充满冒险和乐趣，能冒险和随时抓住新的机遇；工作中当自己觉得有必要时希望自我组织，而不是听从别人的安排。

10. ESFP：外向、感知、感觉、认知型

ESFP 这一类人生性爱玩、充满活力，用自己的活力来为别人增添乐趣。他们适应性强、平易随和，可以热情饱满地同时参加几项活动。他们不喜欢把自己的意志强加于人。

对于这类人来说，适合的工作是能在实践中学习，利用常识搜集各种事实来寻找问题的解决方案；他们喜欢直接与客户打交道；能同时在几个项目或活动中周旋。尤其爱从事能发挥自己审美观的项目或活动。

11. ENFP：外向、直觉、感觉、认知型

ENFP 这种类型的人热情奔放，满脑子新观念。他们乐观、率性、充满自信和创造性，能深刻认识到哪些事可为。他们对灵感推崇备至，是天生的发明家。他们不墨守成规，善于闯新路子。

这类人适合的工作是在创造性灵感的推动下，与不同的人群合作从事各种项目；他们不喜欢从事需要自己亲自处理日常琐碎杂务的工作，喜欢按自己的工作节奏行事。

12. ENTP：外向、直觉、思考、认知型

这种类型的人好激动、健谈、聪明，是个多面手。他们总是孜孜以求地提高自己的能力。这类人天生有创业心、爱钻研、机敏善变、适应能力强。

令这类人满意的工作是：有机会从事创造性解决问题的工作。工作有一定的逻辑顺序和公正的标准。希望通过工作能提高个人能力并常与权力人物交流。

13. ESTJ：外向、感知、思考、判断型

这种类型的人办事能力强，喜欢出风头，办事风风火火。他们责任心强、诚心诚意、忠于职守。他们喜欢框架，能组织各种细节工作，能如期实现目标并力求高效。

ESTJ 类型的人适合做理顺事实和政策以及人员组织的工作，能够有效利用时间和资源以找出合乎逻辑的解决方案，在目标明确的工作中能运用娴熟的技能。他们希望工作测评标准公正。

14. ESFJ：外向、感知、感觉、判断型

ESFJ 类型的人喜欢通过直接合作以切实帮助别人。由于他们尤其注重人际关系，因而通常很受人欢迎，也喜欢迎合别人。他们的态度认真、遇事果断，通常表达意见坚决。

这种类型的人最满意的事业是整天与人交往，密切参与整个决策流程。工作的目标明确，有明确的业绩标准。他们希望能组织安排自己及周围人的工作，以确保一切进展得尽可能顺利。

15. ENFJ：外向、直觉、感觉、判断型

这种类型的人有爱心，对生活充满热情。他们往往对自己很挑剔。不过，由于他们自认为要为别人的感受负责，所以很少在公众场合发表批评意见。他们对行为的是非曲直明察秋毫，是社交高手。

这种类型的人最适合的工作是工作中能建立温馨的人际关系，能使自己置身于自己信赖且富有创意的人群中工作。他们希望工作多姿多彩，但又能有条不紊地进行。

16. ENTJ：外向、直觉、思考、判断型

这类人是极为有力的领导人和决策者，能明察一切事物中的各种可能性，喜欢发号施令。他们是天生的思想家，做事深谋远虑、策划周全。这类人事事力求做好，生就一双锐眼，能够一针见血地发现问题并迅速找到改进的方法。

最令 ENTJ 这类人满意的事业是做领导、发号施令，完善企业的运作系统，使系统高效运行并如期达到目标。他们喜欢从事长远战略规划，寻求创造性地解决问题的方式。

(二)对号入座

(1) ISTJ：审计员、后勤经理、信息总监、预算分析员、工程师、技术作者、电脑编程员、证券经纪人、地质学者、医学研究者、会计、文字处理专业人士。

(2) ISTP：证券分析员、银行职员、管理顾问、电子专业人士、技术培训人员、信息服务开发人员、软件开发商、海洋生物学者、后勤与供应经理、经济学者。

(3) ESTP：企业家、业务运作顾问、个人理财专家、证券经纪人、银行职员、预算分析者、技术培训人员、综合网络专业人士、旅游代理、促销商、手工艺人、新闻记者、土木/工业/机械工程师。

(4) ESTJ：银行官员、项目经理、数据库经理、信息总监、后勤与供应经理、业务运作顾问、证券经纪人、计算机分析人员、保险代理、普通承包商、工厂主管。

(5) ISFJ：人事管理人员、簿记员、计算机操作员、顾客服务代表、信贷顾问、零售业主、房地产代理或经纪人、艺术人员、室内装潢师、商品规划师、语言病理学者。

(6) ISFP：优先顾客销售代表、行政人员、商品规划师、测量师、海洋生物学者、厨师、室内/风景设计师、旅游销售经理、职业病理专业人员。

(7) ESFP：公关专业人士、劳工关系调解人、零售经理、商品规划师、团队培训人员、旅游项目经营者、表演人员、特别事件的协调人、社会工作者、旅游销售经理、融资者、保险代理/经纪人。

(8) ESFJ：公关客户经理、个人银行业务员、销售代表、人力资源顾问、零售业主、餐饮业者、房地产经纪人、营销经理、电话营销员、办公室经理、接待员、信贷顾问、簿记员、口笔译人员。

(9) INFJ：人力资源经理、事业发展顾问、营销人员、企业组织发展顾问、职位分析人员、企业培训人员、媒体特约规划师、编辑/艺术指导(杂志)、口译人员、社会科学工作者。

(10) INFP：人力资源开发专业人员、社会科学工作者、团队建设顾问、编辑、艺术指导、记者、口笔译人员、娱乐业人士、建筑师、研究工作者、顾问、心理学专家。

(11) ENFP：人力资源经理、变革管理顾问、营销经理、企业/团队培训人员、广告客户经理、战略规划人员、宣传人员、事业发展顾问、环保律师、研究助理、广告撰稿员、播音员、开发总裁。

(12) ENFJ：人力资源开发培训人员、销售经理、小企业经理、程序设计员、生态旅游业专家、广告客户经理、公关专业人士、协调人、交流总裁、作家/记者、非营利机构总裁。

(13) INTJ：管理顾问、经济学者、国际银行业务职员、金融规划师、设计工程师、运作研究分析人员、信息系统开发商、综合网络专业人员。

(14) INTP：计算机软件设计师、系统分析人员、研究开发专业人员、战略规划师、金融规划师、信息服务开发商、变革管理顾问、企业金融律师。

(15) ENTP：人事系统开发人员、投资经纪人、工业设计经理、后勤顾问、金融规划师、投资银行业职员、营销策划人员、广告创意指导、国际营销商。

(16) ENTJ：(人事、销售、营销)经理、技术培训人员、(后勤、计算机信息服务和组织重建)顾问、国际销售经理、特许经营业主、程序设计员、环保工程师。

点题成金

(1) 请大家按照要求测一测自己的职业性格。

(2) 有兴趣的同学可以课下在网上进行其他版本的 MBTI 职业性格测试。

(3) 结合测试的结果与自我评价，谈谈自己对未来职业的规划。

第三章 大 学 军 训

"国无防不立,有国才有家",国防建设直接关乎着国家安全和社会稳定。国防教育是国防建设的重要内容,《中华人民共和国国防教育法》明确规定:"国防教育是建设和巩固国防的基础,是增强民族凝聚力、提高全民素质的重要途径""依法普及和加强国防教育是每个公民的权利和义务"。军训作为新生入学后的第一课,对学生良好习惯的养成、意志品质的磨炼和思想意识的提高具有重要的教育意义和实践意义。

百年大计,教育为本。《国家中长期教育改革和发展规划纲要(2010—2020 年)》明确指出,要促进德育、智育、体育、美育有机融合,提高学生综合素质,使学生成为德智体美全面发展的社会主义建设者和接班人。大学生军训是为国家培养受过高等教育的合格人才而服务的,无论是从教育观上还是从人才观上,坚持育人为本、德育为先,坚持能力为重、学生的全面发展都离不开大学生军训。军训融合了国防教育、体育、纪律教育、集体主义教育,能够依托这样一种重要的载体实现育人的目标,十分难得和重要。在我国,对高校大学生集中开展军训,不仅仅是一次军事技能的掌握和运用过程,更是一次自我教育与社会教育相结合的过程。

第一节 国 防 概 述

改革开放的发展使我国积累了 40 余年的经济、军事力量,同时也为党和国家追求民众幸福、谋求构建人类命运共同体提供了保障。不过,当今世界格局并未完全实现稳定与全面和平,部分国家和地区依旧存在极端主义、恐怖主义与霸权主义的威胁,我国周边局势也存在一定程度上的不稳定因素,这意味着建设一支强大的军队,对掌握高技术、高科研水平以及先进指挥、管理理念的人才需求迅速发展,对提升国家安全、国防意识,强化爱国主义为核心的高校教育发展需求将越发迫切,而高校国防教育发展与改革过程中所存在的结构性、体系性路径矛盾也日趋明显。

一、国防的含义

"国防"一词最早出现于《后汉书·孔融传》。孔融在给皇帝上书时说:"臣愚以为宜隐郊祀之事,以崇国防。"这里的"国防"是指为维护国体,严明礼义而采取的防禁措施。当然,我们现在所说的国防已与古代所说的国防有了根本的变化。现代国防是国家防务的简称,是为捍卫国家主权统一、领土完整和安全,防备、抵御外来侵略和颠覆,而在军事、政治、经济、外交、科技、文化、教育等方面进行的活动。

国家的生存与发展,历来与国防息息相关。生存与发展构成国家的两大基本利益,二者互为条件，互相依存。生存是人类繁衍延续的第一需要，是发展的前提，发展是国家繁荣富强的根本途径，是生存的条件，国不可一日无防，国无防不立，国离不开防，防是卫国，防是保持国家的生存和发展的重要安全保障。

作为教学德育的重要组成部分，高校国防教育在高等教育中始终处于重要地位却无法得到全面重视，急需结合自身特质改单一方式为多元模式路径以改变现状。高校国防教育多元化路径的发展是增强国防教育与公民爱国意识，强化课堂思想政治教育的重要手段，对有效促进公民国家安全与国防意识提升具有重要作用。现代国防主要包括国防体制、国防战略、国防政策、国防力量、国防科技、国防工业、国防工程、国防经济、国防教育、国防动员、国防交通、国防法规以及与国防有关的其他方面的建设和斗争，国防的根本目的是维护国家利益。

二、国防的基本类型

目前，世界的国防类型大致有四种：扩张型、自卫型、联盟型和中立型。

(一)扩张型

该类国家奉行霸权主义政策，它们以国家安全和防务需要为幌子，将其疆域以外的国家和地区纳入本国的势力范围，对别国进行侵略、颠覆和渗透。

(二)自卫型

该类国家以防止外敌侵略为目的，在国防建设上主要依靠本国力量，广泛争取国际上的同情和支持，以维护本国的安全以及周边地区和世界的和平与稳定。

(三)联盟型

该类国家为弥补自身力量的不足，以结盟的形式联合相关国家进行防卫。联盟型国防又可分为两种：一是一元体联盟，二是多元体联盟。二者的不同之处在于前者通常有一个大国做盟主，如北约组织及原来的华约组织。其成员有大国，也有中小国家。联盟型国防要以条约形式结盟，明确各自的责任义务。其优点是成员可以有效借助他国力量进行防卫；不足之处在于对方也可以对其内部各成员国进行"合纵连横"加以瓦解，其联盟内部有时也难以统一。

(四)中立型

该类国家为保障本国的安全、发展和繁荣，实行和平中立的国防政策，实施总体防御战略和寓兵于民的防御体系，如瑞士和圣马力诺。

我国是社会主义国家，在对外关系方面一贯奉行"和平共处"五项原则，公开向世界承诺，永远不称霸，不做超级大国，不侵略别国。在战略上采取防御态势。我国国防建设的宗旨是反对侵略战争，维护世界和平，保卫国家的安全与发展。在国防力量的运用上，坚持自卫立场，实施积极防御的战略方针。因此，我国的国防属于自卫型国防。

三、国防的基本要素

(一)国防的主体

国防的主体是国防活动的实行者,通常认为,国家是国防的主体,而国防也是一个国家的固有职能。从广义上说,国家是指拥有共同的语言、文化、种族、血统、领土、政府或者历史的社会群体;从狭义上讲,国家是一定范围内的人群所形成的共同体形式。对国家的形成有各类学说。

一是由亚里士多德所提出的自然学说。自然学说认为人类出于向往美好生活的天性,在家庭、自然村落的基础上自发地形成一个利益共同体,进而顺理成章地产生了国家。

二是以卢梭为代表的契约派。该派认为每个自然人一经成年脱离家庭的依附关系后,为了维护个人与生俱来的自由和平等,确保自身生存的利益,自发地在社会生活中发生一种互相约束,而在这种结合行为产生的过程中,势必形成了一定的道德与集体的共同体,进而演化成为城邦,再由城邦演变为国家。

三是神权论。神权论认为国家是神的意志的体现,国家的权力来源于神(天、上帝)。中国古代社会中的帝王把自己说成是神龙天子,在欧洲中世纪的基督教思想中也普遍宣扬"一切权力来自神""除上帝外,别无权力"的观点。

四是以德国哲学家杜林为代表的暴力学说。他们认为国家的产生不是社会内部发展的结果,而是起源于相互间的掠夺和征服,强调暴力是国家形成的决定性因素。

五是以我国历史学家梁启超为代表的氏族学说。认为凡是国家都起源于氏族,族长作为一族的主祭者,自然而然地成为一个氏族转变成的国家的首领。

六是马克思主义者的阶级学说。认为国家的出现是人类社会发展的必然结果。其主要思路是物质生产力的提高,使阶级得以出现,并出现了阶级统治,人们在物质资料生产过程中结成的生产关系逐渐代替了血缘关系,使社会结构发生了根本变化。新的社会制度取代了由血缘关系决定的氏族制度,这就是具有公共权力的国家制度。

国家一旦形成,就必然有治理社会的国家权力机构,在一定的领土内拥有外部和内部的利益,而为了维护这种利益的稳定,必须采取一定的方法去解决其他途径无法调和的矛盾,而准备和实施这些方法的所有活动总和,我们就可以称为国防。这些活动并不能靠国家内部某些人自发组织实施,而必然以国家为主体进行,只有这样才能整合全国的力量来完成这一工作。

(二)国防的对象

国防的对象,就是国防所要针对的"行为"分类。从逻辑上讲,国防主要分为对外和对内两部分:对外是指国防要防备和抵抗的是"外敌侵略"行为,值得注意的是,外敌侵略也包括武装侵略和非武装侵略;而对内则是防止"武装颠覆"行为。

1. 防备、抵抗和制止"外敌侵略"

自 1953 年联合国大会先后七次会议审议,到 1974 年 12 月 14 日,联大才通过了特别委员会提出的《侵略定义》草案。定义规定,"任何下列行为,不论是否经过宣战都构成侵略行为：

(1) 一个国家的武装部队侵入或攻击另一个国家的领土，或因此种侵入或攻击而造成的任何军事占领，不论时间如何短暂，或使用武力吞并另一国家的领土或其一部分。

(2) 一个国家的武装部队轰炸另一个国家的领土，或一个国家对另一个国家的领土使用任何武器。

(3) 一个国家的武装部队封锁另一个国家的港口或海岸。

(4) 一个国家的武装部队攻击另一个国家的陆、海、空军，或商船和民航机。

(5) 一个国家违反其与另一个国家订立的协定所规定的条件，使用其根据协定在接受国领土内驻扎的武装部队，或在协定终止后，延长该项武装部队在该国领土内的驻扎期间。

(6) 一个国家以其领土供另一个国家使用，让该国用来对第三国进行侵略行为。

(7) 一个国家或以其名义派遣武装小队、武装团体、非正规军或雇佣兵对另一个国家进行武力行为，其严重性相当于上述所列各项行为，或该国实际卷入了这些行为。"

定义同时指出，以上列举的行为并非详尽无遗，安理会可以断定其他行为也构成侵略，而且定义绝对不得解释为扩大或缩小《联合国宪章》的适用范围，包括《联合国宪章》中关于合法使用武力的各种情况的规定在内；也绝不妨碍在殖民政权、种族主义政权或其他形式外国统治下的人民为自觉、自由和独立而斗争的权利。定义还指出："不得以任何性质的理由，不论是政治性、经济性、军事性或其他性质的理由，为侵略行为作辩护""侵略战争是破坏国际和平的罪行""因侵略行为而取得的任何领土或特殊利益均不得亦不应承认为合法"。

2. 制止"武装颠覆"

颠覆是指用某种手段发动政变或武装叛乱，推翻现政府。而反颠覆虽然不完全属于国防的范畴，但又与国防密切相关。颠覆活动不同于一般的犯罪活动，它危害到国家的国体和政体，对国家的主权、统一、领土完整和安全构成严重的威胁。从一般意义上讲，如果这类活动未采取武装暴力形式，则属于国家安全部门职责范畴；如果采取了武装暴力的性质，并需要动用国防力量时，则属国防范畴。因此，在《中华人民共和国国防法》中将"制止武装颠覆"作为国防的一项重要职能写入其中。

(三)国防的手段

国防的手段是指为达到国防目的而采取的方法和措施。根据《中华人民共和国国防法》第二条规定："国家为防备和抵抗侵略，制止武装颠覆，保卫国家的主权、统一、领土完整和安全所进行的军事活动，以及与军事有关的政治、经济、外交、科技、教育等方面的活动，适用本法。"

1. 军事手段

军事手段是国防的主要手段，尤其是对付武装入侵和武装暴乱时，也是最为有效的手段。通常情况下，国与国之间的交往如果出现矛盾或冲突，都会率先采取其他途径解决，先"有话好好说"，也就是对话、谈判，接下来还会各自找几个"哥们儿"或大国、强国或与双方关系都很密切的国家乃至联合国来"斡旋"，也就是中间人调解、劝说；而在此过程中搞军事演习、威胁一下经济制裁，大都是想"秀一下肌肉"让对方知道一意孤行的后果，从而达到逼迫对方让步的目的。如果上述手段均不起作用，且双方或一方还非要解决这个矛盾的时候，才会诉诸武力。而一旦一方使用武力，另一方最正常的反应就必然是以武力对抗。因此，军事手段是国防最为重要的一种手段。

2. 政治手段

这里所说的政治手段，不是政治的全部，而是与军事有关的政治活动。政治与国防密切相关，一方面国防是直接为政治服务的，这一点在以后的军事思想学习中还会进一步涉及；另一方面国防建设需要政治去谋划、运行、支撑，在这个过程中更需要政治制度、思想工作和政治宣传等方面的保证。

3. 经济手段

与政治相似，一方面经济是国防的基础，另一方面国防也是经济的保障。国防建设的主要方面是军队建设，而军队本身是不创造任何价值的，相反，一个国家建设一支强大的军队是一件很"烧钱"的事儿。军队人员要有薪水，因为他们也需要养家糊口；军人训练、作战需要有现代化的武器装备，而武器装备不论是购买还是研制，都是极其昂贵的。一辆现代化的坦克价值数千万元；一架现代化的飞机动辄几千万到数亿元；一艘军舰、航母价格更是从几十亿到数百亿元不等，加上人员需要培训、武器需要维护保养、弹药需要不断补充……所有这些，没有较好的经济基础是不行的。同时，一个国家如果没有强大的国防做后盾，那么无论经济如何发达，也是难以自保的。毕竟，国家之间的各种竞争最终必将归根于经济利益的争夺上。

4. 外交手段

这里所说的外交手段，也不是国家间外交的全部，而是特指国家间为了国防目的而进行的外交活动的总称，有时也将其称为军事外交。它主要涉及国与国之间、军事集团(如军事联盟)与军事集团之间的军事政治关系、军队关系、军事战略关系、军事科技关系和军事经济关系等。我们常见的军事交往(军舰或军队互访、参观，联合演习等)，彼此购买装备、共同研制装备等军工合作，军事联盟的缔结，边境事务的协调管理，军事人才的共同培养等都属于军事外交的范畴。

四、国防的目的

(一)捍卫国家的主权

国家的主权不可侵害，主权是国家存在的根本标志。如果丧失国家的主权，那么国家的独立、领土完整、传统的生活方式、基本的政治制度、社会准则和国家荣誉、尊严等都无从谈起。捍卫国家主权始终是一个国家国防的根本目的和任务。

(二)维护国家的统一

国家的统一是指国家由一个中央政府对领土内一切居民和事务行使完整的管辖权，不允许另立政府或分割国家的管辖权。维护国家的统一历来是国防的重要任务。

当外国敌对势力插手我国的民族事务、破坏我国的民族团结、危及国家的统一和完整时，国防力量必须予以坚决打击，发挥其维护国家统一和稳定的职能作用。

(三)保卫国家的领土完整

领土是指位于国家主权支配下的地球表面的特定部分及其底土和上空。领土是国家存在和发展的自然物质前提，是构成国家的基本要素之一。国家主权与国家领土具有密切关系，领土既是国家行使其主权的空间，也是国家主权行使的对象，没有领土，主权就失去了存在的空间和行使的对象。国家的领土被侵占，主权必然遭到侵犯。国防捍卫国家主权的独立，必然要保卫国家领土完整。

(四)维护国家的安全

国家要正常地生存和发展，必须有一个安全的内外环境。一个国家如果没有和平、稳定的环境，不仅难以建设和发展，而且生存也会受到威胁。维护国家的安全也是国防的主要目的之一。

一旦国家遭到外来侵略和颠覆，安全受到威胁，国防就必须履行自己的职能，抵御和挫败外来的侵略和颠覆，确保国家的和平、稳定；当国内敌对分子勾结外国敌对势力进行武装暴乱、危及国家安全时，国防力量就要采取措施，平息暴乱，保卫国家安全。

五、现代国防的基本特征

现代国防是对传统国防的继承和发展，是一种全新的国防观念和国防实践活动。它具有不同于传统国防的基本特征。现代国防已成为综合国力的对抗。综合国力主要由人力、自然力、政治力、经济力、科技力、精神力和国防力等组成。

(一)现代国防是国家经济和社会发展的保障

国家的安全统一是经济建设和社会发展的前提，稳固的国防和强大的军队是维护国家安全统一的可靠保证。国无防不立，经济与国防历来是国家独立和发展不可或缺的两个重要条件。巩固的国防担负着防备和抵抗侵略，维护国家的主权、独立、领土完整和国际权益的重要职能；没有巩固的国防，就没有国家经济建设和社会发展所需要的国际安全环境和良好的周边环境，就没有人民和平劳动和各民族团结奋斗所需要的社会稳定条件。

(二)综合国力的对抗与较量

经济实力、国防实力和民族凝聚力是综合国力的基本要素，经济实力是基础，国防实力是支柱，民族凝聚力是灵魂。现代国防与国家的综合国力有着密切的联系，国家的发展水平制约着武器装备发展水平和国防力量的总规模。没有强大的综合国力，国防建设只能是空中楼阁。

(三)多种形式的斗争和角逐

现代国防虽然是以军事力量为主体，但它还要靠国家潜力转化为作战的实力。国家潜力包含国土面积、地理位置、自然资源、人口的数量和质量、地形气候、生产能力、科技和文化水平、交通运输、通信状况、社会制度、国家政策、管理能力、国际关系和国际地位等诸多方面。

(四)具有多层次的目标体系

政治、经济对现代国防影响程度的不断加深，使现代国防呈现出多层次的目标体系。从范围上，可分为自卫目标、区域目标和全球目标。从内涵上，也可分为不同的层次目标：在国家面临严重威胁时，国防目标要首先解决存亡问题；在和平与发展的情况下，要致力于保障国家的安全利益和发展利益，同时还应努力营造有利于本国发展的国际环境。

(五)现代国防与国家经济建设的关系更加紧密

国防建设服从和服务于国家经济建设大局，国防建设与经济建设协调发展是我国国防建设的一个长期的基本方针。国防现代化需要国家的经济力量和技术力量的支持，国防现代化水平只能随着国家经济实力的增强而逐步提高。国家坚持以经济建设为中心，国防建设必须服从和服务于这个大局，军队积极参加和支援国家经济建设。

(六)国防教育的普及与开展

国防教育，是国家为防备和抵抗侵略，制止武装颠覆，保卫国家的主权、统一和领土完整，对全体公民进行的具有特定目的和内容的普及性教育活动。

国防教育是国防建设的重要组成部分。国防教育是对全体公民进行的一项基本教育，涉及各个方面，内容十分丰富，范围非常广泛。国防建设的整体性决定国防教育内容，现代国防不仅仅是指军队建设和武器装备以及战场和战略要地的建设，而且同国家的经济实力、政治状况、民族心理、文化水平和人口素质等因素息息相关。国防教育是建设和巩固国防的基础，是增强民族凝聚力、提高全民素质的重要途径。国防教育是以国防为目的、以教育为手段的一种影响人、培养人的活动，就其本质来说，是一个国家为了捍卫主权、领土完整和安全、抵御外来侵略，对全体公民进行教育的活动。

第二节 军训的必要性

当今世界，大多数发达国家和发展中国家都十分重视对大学生的国防教育和军事训练，并将其作为加强国防建设的一项重要措施。例如，美国对高等学校的学生军训已经形成了一套完善的制度，全美非军事院校开办"军官训练团"，作为国防教育的专门组织，使青年学生在完成学业的同时，接受必要的军事训练。英国国防部预备役局在全国数十所大学中设立了陆军军官训练团、海军训练中心和空军飞行中队，分别负责所在地区几所大学学生的军事训练和宣传工作，英国政府还在许多大学设有专门的军事学位，强化青年学生的国防意识。法国《国防教育草案》等法律明确规定对公民进行国防教育的组织机构和组织细则，每年的4月8日，17岁以下的男女青年都要到设在全国各地的2200个国家军事中心报到，参加武装部队举办的全民教育日活动。俄罗斯以《俄联邦兵役义务与服役法》和《俄联邦预备役军事集训条例》等专门的法律为国防教育的组织和实施提供依据和保障，不仅形成了从国防部、有关军种和高校所在军区至高校军事教研室的学生训练管理体系，而且各管理层的职责很明确。日本构建了较为完善的全民国防教育体系，其自卫队在全国范围内定期募集大学生到部队参加军事夏令营。日本的多所大学与日本防卫厅共同策划研究课程，让自卫队军官到大学里讲课，让日本青年大学生和日本自卫队进行各种军事研究，举行模拟演习，探讨世界战事局势。可见，军训已经普遍成为各国青年必须经历的一次洗礼式教育。

一、我国对军训的政策要求

学生军事训练工作的总体要求是：以习近平新时代中国特色社会主义思想和强军思想为指导，认真落实《国务院关于印发国家教育事业发展"十三五"规划的通知》《国务院办公厅中央军委办公厅关于深化学生军事训练改革的意见》(国办发〔2017〕76号，以下简称《意见》)，按照中央关于教育领域综合改革和国防军队改革的决策部署，写好学生军训工作"奋进之笔"，推动学生军事训练工作新格局，拓展学生军事训练综合育人功能，提升青少年的国防意识和军事素养。

(一)加强顶层设计，深化学生军事训练改革

1. 健全完善制度规定

研究制定《普通高等学校军事课建设标准》，进一步加强军事课的宏观指导，科学规范组织管理、教学管理、队伍管理和学科建设；修订《普通高等学校军事课教学大纲》，突出新兵入伍训练科目内容，实现普通高等学校学生军训内容与新兵训练内容的有效衔接；研制《学生军事训练工作规定》，规范基地建设标准、管理使用等问题；编制《军队学生军事训练监督考评办法》，建立专项督查制度，加大监督管控力度。

2. 积极开展专题研究

依托军队相关单位进行工作探索和课题攻关，主要探索错峰训练(广西)、民兵预备役人员承训(贵州)、军校学员承训(海军工程大学)、军队院校利用暑期承担高中学生军训任务(北京)、"基地化、模拟化、网络化"训练(天津)等具体实施办法；组织学生军事训练中长期发展规划(重庆)、学生军事训练综合育人功能(广东)、发挥学生军事训练正能量(陕西)等方面课题攻关。

(二)强化宏观指导，推动学生军事训练政策落实

1. 召开学生军事训练工作会议

召开全国学生军事训练工作会议，在深入学习领会中央精神的基础上，根据学生军事训练工作的实际，结合当前和今后一个时期深化学生军事训练改革的重点，总结交流经验，贯彻落实《意见》精神，进一步统一思想认识，明确任务要求，切实增强军地各级开展学生军事训练的政治责任感和工作积极性，强势推进新时代学生军事训练工作创新发展。

2. 重视提高军事理论课教学质量

紧紧抓住制约军事理论课教学质量的关键环节，根据教学任务需要，配备相应数量的军事教师，完善专业技术职务评聘办法。推进派遣军官队伍建设，完善制度机制，改革派遣方式，优化力量布局；各省军区(卫戍区、警备区，下同)根据区域内军事理论课教学任务的需要协调相关院校、训练机构和部队选派优秀军官担负高校军事理论课教学任务，接到任务的单位要支持和做好学生军训工作。

3. 加强承训工作规范管理

各省教育行政部门、省军区与军兵种、武警部队要积极适应国家教育体制和军队领导体制改革新要求，建立健全任务对接、情况通报、问题处理、检查评估等学生军事训练工作运行机制，严格按照《部队承担学生军训人员管理办法(试行)》，抓好人员选派，落实岗前培训，强化全过程管控，确保文明施训、科学组训、正规管训。

4. 组织开展学生军事训练工作检查调研

适时地组织军地联合检查调研，加强学生军训工作过程监管，及时纠正问题，规范组织实施；跟踪并掌握各地贯彻落实《意见》的情况，促进中央部署的重大教育改革任务和改革措施落地生根、早见成效。

(三)完善育人机制，激发学生军事训练发展活力

1. 举办学生军事训练营

三季度，依托空军参谋部举办第五届全国学生军事训练营，完善学生军事训练营地综合育人功能和育人机制。鼓励各地积极稳妥地开展学生军事训练营地活动，以军事训练营地成果转化和机制创新带动学生军事训练工作创新发展。

2. 组织军事课教学展示

以提升学生军事理论和军事技能为目标，通过多种形式提高学生的实践能力，分别进行识图用图、电磁频谱管控、军事五项等军事项目教学展示，推动普通高等学校和高中阶段学校军事课程的落实。

(四)开展专题培训，提高学生军事训练管理水平

1. 继续举办教育行政部门领导干部学生军事训练工作专题研修班

依托国防大学、空军指挥学院等军事院校举办三期教育行政部门学生军事训练工作专题研修班，提高各省级教育行政部门有关人员和高校现任副校级以上领导干部的组织领导能力，进一步强化国防意识。

2. 继续开展军事课骨干教师研修

依托国防大学、陆军工程大学、陆军装甲兵学院、火箭军指挥学院等军事院校举办四期军事课骨干教师研修班，培养造就高素质专业化军事课教师队伍。各省军区会同地方教育行政部门有计划分批次组织高校军事教师培训。鼓励各省开展军事教师访学、交流、竞赛等活动，不断地提高任教授课能力。

3. 继续实施军事课骨干教师巡回授课

依托合肥工业大学、陆军装甲兵学院等军事院校组织实施军事课骨干教师巡回授课，推动军民融合深度发展，扩大优质教育资源和教学改革成果向中西部省份辐射，提高军事课教学质量。

(五) 增强保障能力，营造良好的学生军事训练氛围

1. 建立学生军事训练年度报告制度

地方各级教育行政部门、省军区、有关承训单位和学校对年度学生军训情况进行统计汇总，于每年 11 月底前分别向上级提交专项报告，重点反映军事课建设、军事课教师配备、军事课经费投入和设施设备、课外军事活动、校园文化环境、重点项目推进、专项课题研究及年度学生军事训练工作开展等方面情况，进一步建立健全学生军事训练管理机制。

2. 加强舆论宣传引导

充分认清学生军事训练的重大意义，准确把握学生军事训练的本质内涵和基本要求，发挥大众传媒特别是新媒体的舆论宣传作用。在军事训练期间，积极开展军歌合唱、知识竞赛等宣传活动，适时地向社会宣传军事训练成果，发布相关信息。遇到突发事件，积极稳妥地处置，加强舆论引导，努力营造全社会关注、关心和支持学生军事训练的良好氛围。

二、军训的目的和意义

军训的作用是什么？国防大学教授房兵给出的解释：军训是为了给国家培养后备兵员，培养尚武精神。

全国人大常委会通过的《中华人民共和国国防法》《中华人民共和国兵役法》和《中华人民共和国国防教育法》，对学生军训工作做出了明确的规定。《中华人民共和国国防教育法》第十五条明确规定高等学校、高级中学和相当于高级中学的学校应当将课堂教学与军事训练相结合，对学生进行国防教育。高等学校应当设置适当的国防教育课程，高级中学和相当于高级中学的学校应当在有关课程中安排专门的国防教育内容，并可以在学生中开展形式多样的国防教育活动。高等学校、高级中学和相当于高级中学的学校学生的军事训练，由学校负责军事训练的机构或者军事教员按照国家有关规定组织实施。军事机关应当协助学校组织学生的军事训练。第十六条明确规定：学校应当将国防教育列入学校的工作和教学计划，采取有效措施，保证国防教育的质量和效果。

(一) 大学生军训的目的：增强素质，锻炼毅力

学校的军训是为了加强每个学生的体能训练，增强身体素质，锻炼自身的坚强毅力。团体的训练还能增强学生的集体荣誉感、团队协作能力。军事训练会培养学生自身的生活习惯，养成好的生活秩序。

大学新生军训是一次难得的锻炼机会，因为现在大部分孩子都是独生子女，在家都是娇生惯养，在父母的宠爱中长大，缺少各个方面的锻炼。军训就是帮助获得他们锻炼的机

会，而且通过军训还可以提高学生们的爱国意识和国防意识，也可以使学生们掌握基本的军事技能。

(二)大学生军训的意义：培养良好意志品质

实践证明，军训是培养学生良好意志品质的极好形式。军训培养和磨炼了大学生果断、勇敢、顽强、自制和坚韧不拔的优良意志品质。这种意志品质不但能有效地克服大学期间学习、工作、生活中的难题，激励青年大学生在奋发、成才之路上努力攀登，而且为他们踏上工作岗位、走上社会奠定良好的基础。尤其是在当今优胜劣汰、竞争激烈的市场经济环境中，健全的意志品质已成为学生正确把握人生航向、迎着狂风巨浪向理想目标迈进的必要条件。

此外，学生军训是全民国防教育的重要组成部分，也是学校开展国防教育、培养高素质人才的重要形式。国防教育是全民教育的一项重要内容，也是当代大、中学生整个思想政治教育的重要组成部分。历史经验表明，一个国家、一个民族的强弱兴衰与国民国防意识的强弱有密切的联系。

第三节 军训内容

学生军训是《中华人民共和国兵役法》《中华人民共和国国防法》《中华人民共和国国防教育法》赋予高等学校的光荣使命，是加强思想政治教育、全面推行素质教育的重要内容，是贯彻党的教育方针，培养德、智、体全面发展的社会主义事业的建设者和接班人的重要举措，是大学生掌握基本军事知识、基本军事技能、履行法律义务、接受国防教育的有效途径。《普通高等学校军事课教学大纲》要求，在今后的军训中增加了格斗基础、战场医疗救护、核生化防护和走进军营、学唱军营歌曲等内容，拓展了识图用图、电磁频谱监测等训练科目，让学生掌握必备的军事技能，提高军事素质，培养高素质后备兵员。

一、军事理论课的内容和教学目标

军事理论课的内容和教学目标如表 3-1 所示。

表 3-1 军事理论课的内容和教学目标

军事理论课的主要内容		教学目标
中国国防	一、中国国防概述 国防历史、主要启示 二、国防法规 国防法规体系、公民国防权利和义务 三、国防建设 国防领导体制、国防建设成就、国防建设目标和政策 四、我国武装力量 中国人民解放军、中国人民武装警察部队、中国民兵	了解我国国防的历史和现代化国防建设的现状，熟悉国防法规的基本内容，明确国防动员和武装力量建设的内容与要求，增强依法建设国防的观念

续表

军事理论课的主要内容		教学目标
军事思想	一、军事思想概述 形成与发展、体系与内容、主要代表著作 二、毛泽东军事思想 科学含义、主要内容、历史地位和现实意义 三、邓小平新时期军队建设思想 科学含义、主要内容、地位作用 四、江泽民论国防与军队建设 主要内容、指导作用	了解军事思想的形成与发展过程，初步掌握我军军事理论的主要内容，明确我军的性质、任务和军队建设的指导思想，树立科学的战争观和方法论
世界军事	一、战略环境概述 二、国际战略格局 现状和特点、发展趋势 三、我国周边安全环境 演变与现状、发展趋势、国家安全观	掌握战略基本理论，了解世界战略格局的概况，正确分析我国的周边环境，增强国家安全意识
军事高技术	一、军事高技术概述 概念与分类、发展趋势、对现代作战的影响 二、高技术在军事上的应用 制导技术、隐身伪装技术、侦查监视技术、电子对抗、航天技术、自动化指挥技术	了解军事高技术概况，明确高技术对现代战争的影响。树立"科技是第一生产力"的观点，激发学习对科学技术的热情
高技术战争	一、高技术战争概述 演变历程、发展趋势 二、高技术战争的特点 三、高技术战争对国防建设的要求	了解高技术战争的特点，明确科技与战争的关系，树立为国防建设服务的思想

二、军事技能训练的主要内容和教学目标

军事技能训练的主要内容和教学目标如表3-2所示。

表3-2 军事技能训练的主要内容和教学目标

军事技能训练的主要内容		教学目标
解放军条令条例教育与训练	一、《内务条令》教育 二、《纪律条令》教育 三、《队列条令》教育与训练 1. 单个军人队列动作训练 2. 分队队列动作训练	增强组织纪律观念、培养顽强拼搏和集体主义精神，养成良好的军人姿态

续表

军事技能训练的主要内容		教学目标
轻武器射击	一、武器常识 二、简易射击学理 三、射击动作和方法 四、实弹射击	了解轻武器的战斗性能和基本的射击理论，掌握射击的动作要领，完成轻武器第一练习实弹射击
战术	一、战斗类型和战斗样式 二、战术基本原则 三、单兵战术动作	了解战斗的基本类型和基本战斗样式，掌握战术的基本原则，学会单兵战术的基本动作
军事地形学	一、地形对军队战斗行动的影响 二、地形图基本知识 三、现地使用地图	了解地形在战斗中的作用和影响，掌握地形图的基本知识，学会识图和用图
综合训练	一、行军 二、宿营 三、野外生存	了解行军、宿营的基本程序、方法，培养野外生存能力

三、科目训练要求

科目训练要求主要包括基础列队动作及操练、内务整理、学唱军歌、国防思想教育及会操表演等。

(一)基础列队动作及操练

1. 站军姿

军姿口令：两脚跟并拢，两脚尖分开约 60 度，两腿挺直，膝盖向后压，上体保持正直，两肩稍微向后张，两臂自然下垂，两手微弯，拇指贴于食指第二关节处，中指贴于裤缝线，头要正、颈要直，两眼目视前方，下颚微收。

2. 停止间转法

停止间转法包括：稍息、立正、向左转、向右转、向后转、跨立与立正、蹲下与起立。

3. 行进间转法

行进间转法包括：齐步的行进与立定、正步的行进与立定、跑步的行进与立定(也就是齐步走、正步走、跑步走三项)。

(二)内务整理

军训期间，学员每天必须按照内务卫生的统一标准整理内务，学校或教官会定期或不定期进行内务检查、内务评比。

整理内务在军训中是一项重要的工作。俗话说，出门看队列，进门看内务。可见内务的重要性了。内务整理主要包括搞卫生、叠被子,室内各种物品的摆放等。其实,军训重视内务,还有一个目的,就是锻炼学生的作风。军人要有雷厉风行的作风,就要从整理内务开始。

(三)学唱军歌

军训过程中,教官会教学生唱军旅歌曲。全体军人整齐划一地站列在大操场上进行歌咏比赛,二部、四部轮唱,这边歌声刚落,那边又响起,一浪接一浪,形成歌的海洋。可以想见,军训时的歌唱场景是非常壮观的!可以说,唱军歌贯穿军训的整个过程,特别是到了晚上,各个班之间会举行拉歌比赛,比哪个班的歌声最动听,比哪个班的歌声最响亮,这是最放松的时刻。

(四)国防思想教育

现代国防教育是军训中常有的课程,学员们要学习现代军事科技基本知识,学习现代战争特点,学习国际军事态势,学习战略战术思想等。有些学校的军训还会组织学生学习军队优良传统和优良作风,学习解放军先进事迹等。一般这种类型的课堂教学以报告会、录像片、军事题材的影片等形式举行。

(五)会操表演

会操表演也就是检阅,是对整个军训训练效果的检验。通过组织进行队列训练,进一步提高学员素质,采取分列式汇报表演的形式,加强作风纪律。通常在表演结束后,军训标兵、优秀团体等各种各样的奖项也会颁布。

四、军训需注意的事项

1. 做好准备工作

出门前要认真检查军训服装,如军帽、帽徽、腰带等,一个都不能少。

2. 装束一定要合适

迷彩服里的体能衫如果洗了还没有干,最好用一件吸汗性好的棉制背心代替,否则迷彩服很快会晒出盐。腰带要适当紧一点,走起路来会更有精神劲儿。袜子最好穿棉制运动袜,鞋子里面再垫一块软鞋垫,这样脚后跟会舒服一点。

3. 注意补充水分

补充水分以运动饮料和茶水、盐水最佳,不要拼命喝白开水或矿泉水。

4. 注意补充营养

军训后体力消耗极大,这个时候要多吃一些肉类、蛋类,最好多喝点汤,同时注意补充各种维生素。

5. 注意防病

大雨或大汗淋漓后不要急于喝水，应该稍微休息片刻再补充水分，以免对肠胃突然加重负担而造成伤害。全身大汗淋漓后，不能马上冲凉水澡，以免全身毛孔迅速闭合，体内热量不能散发而滞留体内引起高热。

6. 不要硬撑

军训中要讲"坚持再坚持"，但如果实在支持不下去，一定要休息，不要硬撑，防止出意外，特别是体质较差的同学。

7. 按时作息

军训期间按时作息，养精蓄锐，为漫漫军训路打下坚实的基础。

五、河南经贸职业学院军训理念及特色

我校对学生实施军事训练，是全面贯彻党的教育方针，改革教育内容，加强学生思想政治教育，全面提高学生素质，培养有理想、有道德、有文化、有纪律的建设人才的重要措施。通过军训，提高学生的思想政治觉悟，激发学生的爱国热情，增强国防观念和国家安全意识；进行爱国主义、集体主义和革命英雄主义教育，增强学生组织纪律观念，培养艰苦奋斗的作风，提高学生的综合素质；使学生掌握基本的军事知识和技能，为中国人民解放军训练后备兵员和预备役军官、为国家培养社会主义事业建设者和接班人打好基础。

(一)我校军训特色

我校军训从 2017 年开始实行，由学校校级学生会国旗连学生担任军训教官，一方面缓解了各高校部队军训教官人员短缺的问题，另一方面实现了学校管理军事化、特色化，锻炼了学生的组织能力和领导能力。军训教官第一届国旗班成立于 2014 年，由两名退役复学军人召集了 50 多名意志坚强、吃苦耐劳的学生，经过严格训练，筛选出 20 多名优秀代表组建了第一届国旗班。

在第一届国旗班的初次尝试并取得初步成功的前提下，第二届国旗班人员规模进一步扩大，各种制度条令迅速补充完善，一支纪律严明的校园部队成立了。由于前两届在日常训练以及执行重大任务时表现突出，在学校领导的支持下，于 2017 年春初次尝试承担学校新生的军训任务。此次，军训任务取得了圆满成功，国旗班于 2017 年 4 月份正式开始撤班改连。现在的河南经贸职业学院国旗连积极对外交流，有志于向龙子湖高校园区优秀团体迈进。现在校国旗连刚刚起步，我们会以最积极诚恳的态度去学习、探索和发展。

以下是2017级新生军训成果汇报大会的图片。

军训优秀班集体代表上台领奖

(二)军训之旅

踩着夏天的尾巴,我们与迷彩邂逅。我们赋予了这个校园最新鲜的活力,在炙热的阳光下挥洒着最沸腾的热血。军训之中，有酸楚的泪水，有苦咸的汗水，有激扬的歌声，更有欢快的笑声。

身着迷彩服的我们，以最高昂的士气迎接军训，虽然军训中一定会有苦涩，在烈日骄阳下，挺直身姿进行军姿训练、进行正步训练，身子会僵硬，腿脚会变麻，汗水沿着身体流下，淌湿了衣服，但是我们依旧坚持着，坚定地接受这项考验。在军训过程中，我们欢笑过，流泪过。今天，我们经历风雨，承受磨炼；明天，我们迎接绚丽的彩虹。苦，让我们珍惜现在的甜；累，让我们体验到超出体力极限的快感。军训，让我们学会了如何去面对挫折，如何在以后的人生路上披荆斩棘，如何去踏平坎坷，做到自制、自爱、自理、自强，走出自己的阳光大道，开创一片自己的天空来。

【知识拓展】

在中华人民共和国的历史上，有一首激昂的歌曲，它虽然简单，却充满着力量；它虽然质朴，却迸发出了时代的最强音。它曾经以排山倒海的气势，激励着亿万同胞和人民解放军三军将士，为建立新中国而前仆后继、浴血奋战！它，就是我们耳熟能详的军旅歌曲《我是一个兵》。这首歌诞生于朝鲜战争爆发后，至今仍广为流传。

《我是一个兵》是中华人民共和国成立初期的著名革命歌曲，由任职第四野战军(四野)的陆原于 1950 年创作。该歌曲后来获得解放军全军文艺汇演一等奖，此后被广泛收录在中国革命歌曲出版品中，并时常在官方庆典晚会上被演唱。

我是一个兵
来自老百姓
打败了日本侵略者
消灭了蒋匪军
我是一个兵
爱国爱人民
革命战争考验了我
立场更坚定
嘿嘿嘿枪杆握得紧
眼睛看得清
谁敢发动战争
坚决打他不留情

我是一个兵
来自老百姓
打败了日本侵略者
消灭了蒋匪军
我是一个兵
爱国爱人民
革命战争考验了我
立场更坚定
嘿嘿嘿枪杆握得紧

眼睛看得清
谁敢发动战争
坚决打他不留情

我是一个兵
来自老百姓
打败了日本侵略者
消灭了蒋匪军
我是一个兵
爱国爱人民
革命战争考验了我
立场更坚定
嘿嘿嘿枪杆握得紧
眼睛看得清
谁敢发动战争
坚决打他不留情
不留情

点题成金

(1) 请大家学唱《我是一个兵》等军旅歌曲。

(2) 交流一下彼此的军训感想，谈谈你在军训中难忘的一些人和事。

(3) 作为一名大学生，你认为应该如何展现军人的优良品质？在今后的工作、学习、生活中如何运用这些品质？

第四章 养成教育

第一节 养成教育成就精彩人生

一、认识"养成教育"

"养成教育"是指对学生的思想品质、道德情操、治学态度、行为习惯、心理等方面存在的问题,以文明道德和日常行为规范的养成为内容,通过完善的培养过程,使一个人在长期的潜移默化过程中养成良好的行为方式和思维模式的一种过程。

养成教育包括正确行为的指导、良好习惯的训练、语言习惯与思维习惯的培养;养成教育的目的是培养成功的人格,是让学生有一个正确的、积极向上的、乐观的态度与处世方式;养成教育的最低目标是通过培养人的良好行为习惯和良好思维习惯,解放人的大脑,最高目标是培养学生学会做人、学会学习、学会创造。

高校的养成教育在课堂教学、宿舍生活、校园活动、实习就业等方面的配合下,依据大学生的成长成才规律,对大学生实施系统影响。它的目的是促使大学生养成文明的行为习惯,在社会的竞争中更具备发展的能力。

二、养成教育的作用

青少年时期是一个人品德形成、习惯养成的重要阶段,在中小学阶段,学校和学生都面临升学压力,因此对养成教育不能付出足够的时间和精力,大学作为社会和校园生活的衔接时期,开展养成教育对学生自身、高校培养人才和社会发展都会产生积极的影响。

(一)养成教育能够促进当代大学生全面发展

对于大学生自身而言,养成教育有助于学生自身的发展。在学校期间是行为习惯、品质道德、认知立场不断养成的阶段,自律精神会让学生在今后走向社会和工作岗位时继续受益,同时正确的价值取向会令其在大是大非面前做出判断,避免行为失范,是大学生立足长远发展必须接受的教育之一。丰富大学生科学理论知识,用知识武装头脑,纠正不良思想,使大学生自觉接受人文素质的洗礼,从而思想上得到提高,高校大学生才能主动弘扬社会主义核心价值观。同时,通过德育、智力、体育、美育、劳育等方面的培养,将使得高校学生各个方面相互协调、促进,学会做人做事,帮助大学生树立正确的三观,养成良好的行为习惯,有利学生身心健康成长。

(二)养成教育能够提升高校人才培养质量

高校的根本任务就是培育面向现代化、面向世界、面向未来,有志向、有道德、有文化、有组织纪律，德智体美劳全面发展的新时代中国特色社会主义事业建设者以及接班人。高校开展养成教育，更契合教育部对培养全面发展人才的基本要求。现如今教育并非仅存于口头的课堂教学知识的传授，素质教育及思想教育的比例越来越重，养成教育旨在为高校引导学生将所学文化知识应用于实践，达到培养综合能力的目标。

(三)养成教育能够推动社会和谐发展与进步

从社会发展角度来看，大学生在校期间接受良好的养成教育有益于社会的良性发展。谨慎的言论自由有益于营造安稳的社会环境，对法律法规的敬畏及契约精神有益于促进长治久安。习惯养成有益于在工作岗位更加专注和高效。从长远看，也会对受教育者培养下一代产生积极影响，提升育人的更高水平。

养成好习惯的"21天法则"

古希腊哲学家亚里士多德对于"习惯养成"，曾留下一段颇有见解的定义："人的行为总是一再重复。因此，卓越的不是单一的举动，而是习惯，人是被习惯所塑造的，优异的结果来自于良好的习惯，而非一时的行动"。现代管理学之父德鲁克也说："卓有成效是一种习惯，习惯的养成必须依靠反复实践。"

据研究，养成一个习惯需要21天，就是说，一个习惯的形成，一定是一种行为能够持续一段时间，他们测算是21天。当然，21天是一个大致的概念。根据我们的研究发现，不同的行为习惯形成的时间也不相同，一般需要30～40天，总之是时间越长习惯越牢。

"21天法则"习惯的形成大致分三个阶段：

第一阶段：1～7天。这个阶段的特征是"刻意，不自然"。你需要十分刻意地提醒、说服自己改变，在改变的过程中，你会觉得不自然，不舒服。

第二阶段：7～21天。不要放弃第一阶段的努力，继续重复，这时跨入第二阶段。这个阶段的特征是"刻意，自然"。你已经觉得比较自然，比较舒服，但是一不留意，还会回复到从前。因此，你还需要记得提醒自己改变。

第三阶段：21～90天。这个阶段的特征是"不经意，自然"——这就是习惯。这一阶段被称为"习惯的稳定期"。一旦跨入这个阶段，你已经完成自我改造，这项习惯就成为你生命中的一个有机组成部分，它会自然而然地为你"效劳"。

好习惯、坏习惯均是如此，在不断的重复中慢慢形成。找出你最想养成的一个好习惯，如每天锻炼身体、练习某项技能等都可以，尝试运用"21天法则"突破自己吧。

第二节　当前养成教育的新认识

一、大学生养成教育存在的问题

大多数学生关心社会动向和国家发展，思想活跃、行动积极，有正确的是非观，并在学习和生活中表现出求实上进、渴望成才的一面。但复杂的社会现状和一些外界因素，也可能影响大学生的思想和行为，导致养成教育成果不尽如人意。

(一)学校对个体情况和教育过程把握不到位

养成教育归根结底是要将内容转化为思想和习惯，以达到自律的目的，在这个过程中，大学生需要得到施教者的帮助和引导，同时需要合理的制度进行约束。当前存在高校开展养成教育但不注重结果的情况，一方面原因是开展相关教育没有激发学生的思想共鸣，没有让学生养成注重约束自己行为和习惯的意识，同时学校没有相关制度帮助养成，教师也没有了解到学生的看法，因此放任自流；另一方面是部分意识较为薄弱的学生，在受到初期的激发后不能自律达到习惯养成目的，知行难合一，行动力不强，逐渐懈怠最终放弃。这两种情况归因都是学校对受教育群体的接受情况、落实情况把握不清晰，未能将受教育者当做教学活动主体。养成教育的总体目标应是落实到每一个学生，所以不顾及到差异性的教育难达教学效果。功利主义、个人主义是当代大学生的普遍特点，传统的班级授课模式显然对素质教育成果贡献不大，但是教育模式革新在很多高校还仅停留于书面和口号，由于缺乏资金、教研团队等必要资源，养成教育还未能深入人心，后期成果的监督考察也没有落到实处。

(二)大学生享乐主义现象突显

经济的快速增长一方面表现在现今多数大学生家庭条件优越，且受到计划生育的影响，独生子女占比很大，造成社会和家庭多方面资源的倾斜，小小年纪就安于现状，出现无理想无目标的情况。"逃课健身""请假旅游"的现象在高校时有发生。"及时享乐"成为一部分青少年的生活态度。此种情况说明，缺乏前瞻性、危机意识、没有正确人生观、价值观阻碍大学生自律养成。

(三)沉迷网络严重影响大学生自律能力

互联网发展至今，在助力科技发展的同时也屡现弊端。高校大学生受互联网负面影响的群体不占少数，养成教育旨在让沉迷网络的学生在思想认识上扭转，在行为上逐渐克制，养成健康上网和娱乐休闲的习惯。如果说养成教育在平均水平开展是从零开始，那么沉迷网络、游戏的这一部分学生可谓存在"负值"。因此，难以深入受教育者生活是高校面临的一道难关，主要原因是学生和思政教师比例严重失衡的情况普遍存在，对学生的影响仅存在口头和课堂的九十分钟。尤其是针对沉迷网络和游戏的这一部分群体，多叛逆和疏于与外界沟通，开展养成教育需采取更多样化的手段。

(四)复杂的心理问题抑制大学生发展

心理问题的几个突出情况有单亲家庭、同学关系等，心理问题往往会令人沉溺于某一关注点，不能正常审视自己和规划自己。这不仅影响养成教育，对大学生整体的发展也形成阻碍，在未能得到及时疏导和规避心理陷阱之时，大学生常常会在思想和行动上偏激、失范。

二、大学生养成教育缺失的原因分析

1. 中小学阶段学生养成教育的弱化

中小学阶段是个体培养品德、形成习惯的关键期。然而,在我国现有的教育体制下,受应试教育的影响,中小学学校教育"唯分数论"的思想依然根深蒂固。学生入学按分数编班,按成绩排座位,班级月排名,教师年考核无一不是将学生成绩作为核心甚至唯一参考指标。在这种教育导向下,原本在培养学生养成教育的"黄金时期",因为学校教育只以学生成绩为评判标杆,导致一部分文化成绩优秀的学生养成教育缺陷被忽略甚至完全掩盖而导致素质教育发展不全面。另一部分,由于本身智力水平和知识接受能力低于平均水平的学生,在这种教育环境下,逐渐失去自信甚至在生活中变得自暴自弃,不仅学习成绩上不去,还滋生出许多不良问题。如早恋、沾染黄赌毒、品德败坏、性格异常等。

2. 高等教育阶段学生养成教育的边缘化

高等教育阶段,高校以培养高素质人才为标准,往往只注重从宏观理论上引导学生树立远大的人生理想,并以枯燥而贫乏的思政课替代学生养成教育。理所当然地认为在校大学生已经是成年人,养成教育是上大学前就应该解决的问题,在大学阶段没有必要进行甚至完全被忽略。因此,在一些高校尤其是高职院校一些学生表现出的大学生的外表,情商不如"小学生"就能理解了。

3. 家庭教育在学生养成教育中的缺位

家庭教育的缺位是直接导致高职院校学生养成教育缺失的一个重要因子。父母是孩子的第一任老师。但是在实际生活中,往往会由于父母婚姻关系的不和谐,因为要维持生计而被迫与子女分离,错误教育观念的误导(教育是学校和老师的事,家庭只负责提供经济支持)等而导致部分学生从小缺乏基本的"家教",如诚实守信、体谅他人、尊老爱幼、文明礼貌等。进入大学阶段以后,学习环境的宽松,学习压力的减轻,父母的远离,学生开始独立自主打理自己的生活和学习,一些养成教育没有及时到位的方面开始明显地暴露出来,直接导致各种问题的出现。例如,人际关系交往障碍,学业困惑,感情困扰,世界观、价值观、人生观迷茫等。

习近平总书记重视家教家风

家风家教是一个家庭最宝贵的财富,是留给子孙后代最好的遗产。习近平总书记在党的二十大报告中强调:"加强家庭家教家风建设,加强和改进未成年人思想道德建设,推动明大德、守公德、严私德,提高人民道德水准和文明素养。"用良好家风涵养青少年道德情操,不仅关乎青少年健康成长,也关系党和国家事业后继有人。我们要大力加强家庭家教家风建设,发挥其涵养道德、厚植文化、润泽心灵的作用,教育引导广大青少年把爱家和爱国统一起来,把实现个人梦融入国家梦、民族梦之中,努力成长为对国家、对社会有用之才,成为担当民族复兴大任的时代新人。

第三节　养成教育促进全面成长

一、加强大学生养成教育的现实意义

1. 培养大学生的良好习惯，提高其个人素养

对于大学生来说，只有不断强化他们的责任感、丰富文化知识，才能更好地适应当代社会的发展需求，这些都需要学生具备良好的个人素养。加强大学生的养成教育，使学生能够自觉规范自身的举止言谈，具备良好的个人行为习惯及生活习惯，懂得尊敬师长，遵守课堂纪律，真诚待人，这才是个人良好文明素养的体现，只有这样，才能充分体现当代学生的精神面貌。高校对学生的日常行为习惯培养应加以重视，这对学生的养成教育来说很有帮助。

2. 增强学生的学习动力，提升自我抱负

大学生学习基础差，很大部分原因是他们在高中时期没能养成良好的学习习惯。很多学生想在大学认真学习知识技能，但是由于基础薄弱，学习习惯和学习方法都不正确，就算在学习中投入很多的精力，也未必有很好的成效，这在一定程度上降低了学生的学习热情。因此，想要做好大学生的养成教育，必须从根本上解决学生的不良学习习惯和学习方法问题，养成良好的作息规律，使其学会动脑思考，对学习进行合理规划，提高学生的学习成效，重拾自信心，提高其自我抱负。

3. 造就学生的良好品格，强化自我控制能力

目前，很多高校都对学生的言行举止进行严格要求，表面上看，大多数学生都能很好地遵守学校的各种规章制度，但是，一旦高校放松警惕，学生又会回到松散的自由状态。如果学生缺乏良好的养成习惯，必然不会自觉遵守，学生的行为都是他律的结果，而非自律的表现。因此，高校必须对学生加强养成教育，使学生形成良好的行为习惯，从而提高他们的自我控制能力。

4. 推动学生心理健康发展，使学生人格更加健全

对于行为习惯差的学生来说，他们不仅学习成绩较差，在心理和举动上也会出现很多问题。因此，高校应做好学生的养成教育，这在一定程度上能够推动学生的心理健康发展，使学生的人格更加健全。行为习惯好的学生，其个人素养也较高，他们懂得尊重他人，待人文明礼貌，人际关系融洽，勇于承担责任，遇到困难不胆怯，对自己的未来充满信心，并朝着梦想不断努力，只有这样，学生的身心才能更加健康。

5. 促进师生关系和谐发展，使校园气氛更加融洽

对于高校的教师来说，其工作强度较大，他们需要不断教导学生树立正确的价值观，长期处于紧张状态，容易导致教师筋疲力尽。当教师与学生处于对立状态时，其关系很容易产生矛盾，在这种高压管理方式下，不仅学生无法形成良好的自我控制能力，教师也容

易产生挫败感。因此，高校必须从学生的养成教育入手，培养学生良好的行为习惯，使其自觉遵守，这样不仅能减轻教师的工作压力，还能在一定程度上促进师生关系和睦发展，教师和学生之间坦诚相待，这对促进校园气氛来说很有帮助。

名 人 故 事

◇司马光　司马光幼时贪玩，为了改变这个习惯能早早起床学习，他用圆木头制作了一个警枕，早上一翻身，头滑落在床板上，自然惊醒，从此他天天早早地起床读书，坚持不懈，终于成为一个学识渊博，写出《资治通鉴》的大文豪。

◇李　白　唐朝大诗人李白，小时候不喜欢读书。一天，趁老师不在屋，他悄悄溜出门去玩。他来到山下小河边，见到一位老婆婆在石头上磨一根铁杵。李白很纳闷，上前问："老婆婆，您磨铁杵做什么？"老婆婆说："我在磨针。"李白吃惊地问："哎呀！铁杵这么粗大，怎么能磨成针呢？"老婆婆笑呵呵地说："只要天天磨，铁杵就能越磨越细，还怕磨不成针吗？"李白听后，想到自己，心中惭愧，转身跑回书屋。从此，他牢记"只要功夫深，铁杵磨成针"的道理，发愤读书，终于成为一位伟大的诗人，被称为"诗仙"。

◇柏拉图　有次上课时，苏格拉底布置一道作业，让他的弟子们做一件事，每天把手甩一百下，过一个星期后，他问有多少人现在还坚持做，百分之九十的人都坚持做。一个月后，他又问，这时只有一半的人。一年后，他再问，这时只有一个人坚持下来了，那个人是柏拉图。

◇爱迪生　爱迪生曾花整整十年去研制蓄电池，期间不断遭受失败的他一直咬牙坚持，经过五万次左右的试验，终于取得成功，发明了蓄电池，被人们授予"发明大王"的美称。

二、大学生养成教育的重点

在校大学生正处于敦品储能阶段，引导培养大学生树立正确的"三观"(即世界观、人生观、价值观)，养成良好的"三惯"(即行为习惯、语言习惯、思维习惯)，是高校完成对大学生立德树人根本任务的必然要求和检验标准、唯有高校在坚持加强大学生养成教育的基础上进行专业知识和能力的培养教育，才能在人才培养质量上符合党和国家的需要，符合大学生成为中国特色社会主义事业合格接班人的需要。因此，目前的我国高校都十分重视大学生的养成教育，针对大学生自身修养所存在的主要问题，围绕更好地完成立德树人的根本任务，进行加强大学生养成教育方面的积极实践和探索。

1. 坚持以引导为主的养成教育方法

大学生良好的行为习惯、语言习惯和思维习惯，不可能是与生俱来的，一定是需要通过后天的引导和培养获得的，这既包括家庭环境、学校环境和社会环境的自然影响，也包括家庭教育、学校教育和社会教育的有目的引导。正如《三字经》告诫的"人之初，性本善。性相近，习相远。苟不教，性乃迁。教之道，贵以专。"虽然，大学生经历过从幼儿园到小学再到中学的养成教育，但是，随着年龄和社会经验的增添，特别是进入到大学校园之后，不仅自我思想和社交活动更加活跃，而且外部信息的获取和影响也变得多元起来，他们所能感受到的一切都会影响他们的思想和行为，如果不给予他们及时正确的教育引导，那么，他们所受到的全部影响，无论优劣都会让他们照单全收，就会影响到他们的健康发展。所以，高校要紧紧抓住关乎大学生健康成长的这个关键期，用主旋律的价值取向，用有力的养成教育培养他们形成良好的思想品德和行为习惯。

为此要做到"三要"：一要把大学生养成教育置于大思政格局中，以思政课和各种思政教育渠道为主阵地实施引导；二要把大学生养成教育置于高校全员、全程、全方位育人的"三全育人"格局中，形成常态化、全面化、合力化引导；三要明确辅导员做好这方面引导培养工作的具体要求，进一步提高辅导员工作质量。

2. 坚持以制度为约的养成教育管理机制

制度是规范性的约定，有制度规范，才会有个体或群体的思想准则和言行秩序。同样，大学生的养成教育离不开制度规范的事先约定，要通过制度规范明确应该做什么和不应该做什么，正如古训：凡事预(事先有准备)则立(成功)，不预则废(败坏)(《礼记·中庸》)的论述。"预"就是事先的计划和约定，即制度规范，有预则立。大学生道德养成教育同样需要加强制度的约束作用。一方面要建立严格的可操作性强的相应制度。用制度开展管理教育是最为有效的办法，通过制定相应的制度，让学生们清楚认识到能够做什么和不能够做什么，什么是学校提倡的，什么是学校反对和强力制止的，用制度来为学生们划出红线形成高压线，达到有章可循、有令禁止的规范，起到维护正确、卡住歪风的积极效果。另一方面是建立相应的机制。如要建立以辅导员为主的巡查检查机制，并配合以学生为成员的检查组织，对所有学生开展定期的操行情况检查，包括起床情况、内务整理情况、参加早操情况、就餐秩序情况、上课听讲情况、校园内外表现情况、晚间就寝情况、个人卫生情况等，都要实行严格的检查，要彻底改变以往对学生半开放的管理形式，让严肃和庄严回归大学校园，坚决摆脱所谓的给予学生自治自由的限制。

3. 坚持以典型为范的养成教育激励手段

激励是启发、激发、强化个体动机、意愿、取向的方法和手段，个体受到激励，会产生心情愉悦、满足，情绪饱满、振奋的积极状态，因此，组织对个体或学校对学生所采取的激励手段，具有激发个体或学生的行为动机和内在动力，使其朝着被引导的方向奋斗前进的作用，具体的激励手段如形象激励、感情激励、信心激励、目标激励等。对大学生养成教育坚持以典型为范的激励手段，就是要大力开展评先创优活动，在大学生中培养树立学风优良、道德高尚、人文素质领先的先进典型，通过培养大学生身边的榜样，或利用更为广阔视野下的我国大学生群体中的榜样发挥引导和激励作用。在大学生群体中发挥先进典型示范的价值和作用，就是以中华民族优良的传统文化、主流校园文化和主流社会文化施予大学生群体以正能量的影响，让正能量占领校园，让正能量包围大学生的生活空间。

每一名大学生的本质都是追求上进的，他们都期望自己的成长进步是符合家长、学校、国家需要的，他们都期望自己能够成为对国家和人民有用的能够做出更多贡献的人才。尽管他们会出现一些与成长进步不和谐的问题，但只要学校能给予及时有效的正确引导，能给予榜样的激励效应，就会激发和强化他们的进取意识，就会形成对他们成长进步的可持续发展的奋发动力。

高等学校学生行为准则

(教育部 2005 年发布)

一、志存高远,坚定信念。努力学习马克思列宁主义、毛泽东思想、邓小平理论和"三个代表"重要思想,面向世界,了解国情,确立在中国共产党领导下走社会主义道路、实现中华民族伟大复兴的共同理想和坚定信念,努力成为有理想、有道德、有文化、有纪律的社会主义新人。

二、热爱祖国,服务人民。弘扬民族精神,维护国家利益和民族团结。不参与违反四项基本原则、影响国家统一和社会稳定的活动。培养同人民群众的深厚感情,正确处理国家、集体和个人二者利益关系,增强社会责任感,甘愿为祖国为人民奉献。

三、勤奋学习,自强不息。追求真理,崇尚科学;刻苦钻研,严谨求实;积极实践,勇于创新;珍惜时间,学业有成。

四、遵纪守法,弘扬正气。遵守宪法、法律法规,遵守校纪校规;正确行使权利,依法履行义务;敬廉崇洁,公道正派;敢于并善于同各种违法违纪行为作斗争。

五、诚实守信,严于律己。履约践诺,知行统一;遵从学术规范,恪守学术道德,不作弊,不剽窃;自尊自爱,自省自律;文明使用互联网;自觉抵制黄、赌、毒等不良诱惑。

六、明礼修身,团结友爱。弘扬传统美德,遵守社会公德,男女交往文明;关心集体,爱护公物,热心公益;尊敬师长,友爱同学,团结合作;仪表整洁,待人礼貌;豁达宽容,积极向上。

七、勤俭节约,艰苦奋斗。热爱劳动,珍惜他人和社会劳动成果;生活俭朴,杜绝浪费;不追求超越自身和家庭实际的物质享受。

八、强健体魄,热爱生活。积极参加文体活动,提高身体素质,保持心理健康;磨砺意志,不怕挫折,提高适应能力;增强安全意识,防止意外事故;关爱自然,爱护环境,珍惜资源。

4. 坚持以他律转变自律为基的养成教育效果转化

高校对大学生的养成教育需要给予积极有效的引导教育,这是来自于外部客观条件的作用,也是大学生养成教育他律的开始。大学生养成教育自我约束能力越来越强,自我修养状态就会越来越好。主观自律的转化是一个客观的渐进过程,也是他律向自律转化的量变到质变转化的力量积累。也就是说,无论高校对大学生的养成教育采取什么样的教育方法,进行了哪些具体的教育内容,目的都是要使大学生强化自主、自觉、自律的思想修养和行为习惯,从接受学校的培养教育和引导帮助,到形成自我意识的理性观念,再到注意和约束自身的一切细节表现,彻底转变以往学习和生活中的"不以为然、习以为常"的随意态度,以及随波逐流的不负责任的言行,有效唤醒学生头脑中的自律意识,把学校的规定变化为自我的修养,向正能量吸收营养,自觉抵制坏思想、坏现象的侵蚀,养成正确辨别是非,具有良好行为、语言行为、思想行为的有操守的新时代大学生,这就是高校对大学生养成教育坚持以他律转变自律的效果转化过程。也就是说,高校加强对大学生的养成教育绝不能仅仅落实在学校对大学生他律的层面,而是要最终落实到大学生自律自为的层面,真正实现从培养到育成的养成结果。

第四节 优秀大学生的养成之路

一、日常行为习惯养成教育贯穿学习、生活全过程

1. 礼仪习惯天天练

从入校第一天起，班级文化建设就要强调文明礼仪，并将其落到实处。

(1) 见到教师问好，若学生不能主动开口，教师要主动点头示意。教师的行为是在给学生做示范，以实际行动影响学生(高职院校的教师难做，不是教不会学生学问，而是难在要做学生思想的引领者、行动的向导员、精神的扶持者、生活的指路人)。

(2) 文明用语入脑入心。用活动和比赛鼓励学生常用文明用语。通过参加创建文明校园、文明班级活动和各类情景剧大赛等活动，让学生切实感受到文明用语在生活中的作用，切实规范自身礼仪习惯。

2. 消费习惯常常谈

通过班团会活动，以"适当理财""适度消费""记录账单"等主题为话题，引导学生思考生活费的由来、使用和合理规划。

3. 作息习惯有规划

通过创办各类活动，引入成功人士、优秀毕业生等分享生涯故事，让学生有人生规划的意识，逐步厘清生活、学习的远近目标，从而开启有追求有理想的生活，让学生规律作息，合理规划时间、合理实现目标。

4. 节约习惯有行动

通过党团活动，让党员学生和优秀团员学生开启光盘行动、绿色低碳生活打卡活动，带动更多的学生加入活动队伍中，通过软件记录坚持时间、天数、节约的能源数等，让学生切实看到节约过后的收获，从而加强节约好习惯的持续坚持。

5. 运动习惯看得见

通过线上长征、线上马拉松等形式，鼓励学生坚持运动。高职学生更需要被关注、被肯定和被鼓励。他们任何细小的行为得以坚持下来，都是好的开端。

二、学习习惯养成教育纵横全学科

1. 学习态度重于学习能力

高职学生的学习态度不佳，多是因为他们很少从学习过程中获得成就感。教育者需要给学生们传递一种理念：学习态度重于学习能力。先从态度抓住学生，再创设成功体验，引导学生努力。对于一门课程，能做到不迟到、不早退、不缺勤、不少作业、不少课堂发

言(鼓励课堂发言，无论对错都加分)，这就是良好的学习态度。学习态度好，平时成绩就不错，终评成绩合格就相对轻松。这样做给学生极大的信心，相信这门课程是可以通过的。如果学生对学习科目有信心，教师对学生有所期待和关注，那么学生的学习成绩就不会差。

2. 学习目标重于学习起点

史蒂芬·柯维在《高效能人士的七个习惯》中讲到的第二个习惯：以终为始。重要的不是学习起点高不高，而是学习目标将引导我们走向什么样的人生高点，获得什么样的人生意义和价值才是关键。高职学生多关注自己的低起点，认为出自高职，人生理想便矮了一截。教育者们需要做的，是让学生看到高职教育中人才走向的天花板，给他们注入信心、勇气和力量，让他们相信：人生会有很多种可能！

3. 学习方法重于学习努力

高职学生普遍存在学习方法欠缺的问题。各学科教师需要看到这个问题，并在各科的教学中，第一讲就要讲到学科思维和学科方法。让学生遇到任何一门科目，都能第一时间抓住重点，知道这个学科的核心思维和核心方法是什么。教师对于从教学科的站位一定是凌驾于学科之上的，而学生对所学学科的了解是"只见树木、不见森林"的。因此，教师有必要从第一讲开始就渗透学科思维和学科学习的方法，在每一讲的过程中不断重复学科方法，让学生在耳濡目染中习得这些方法并能够进行实操。学习方法对了，事半功倍，甚至还能获得心流的体验！学习方法错了，所有的努力都是无用功，甚至还会丧失自信心。

三、语言习惯养成教育遍布全角度

1. 全角度丰富语言输入的通道

书到用时方恨少，词到用时亦如此。对于这个问题没有更好的办法，就是全方位丰富输入。

(1) 多听多看语言类节目。全角度查找优质的语言类节目，从《中国汉字听写大会》《中国成语大会》《中国谜语大会》到《中国诗词大会》，都是语言输入的极佳方式。不仅是语言的输入，更是思考问题方式的输入与补给。

(2) 多读多看好书。语言文字的积累离不开书籍。全角度查阅好书籍，是语言输入的捷径。书读百遍其义自见，词语见多了，脱口而出便不再是难题。

(3) 多写多练。好记性不如烂笔头，多抄多写也是语言积累的好方式。

2. 全角度操练语言表达的技能

(1) 找亲近的人讲故事。把看到的故事用自己的语言表达出来，是锻炼语言表达能力的好办法。一来可以锻炼表达，二来可以锻炼谋篇布局演讲的好思路。

(2) 参加活动多锻炼。多参加活动，展示自己在语言表达方面的能力。不论失败还是成功都是收获。失败了，会发现自己表达不妥的地方继续努力；成功了，会找到自己擅长的方法与技巧，为遇见更加成功的自己而努力。

四、思维习惯养成教育网罗全方位

1. 全方位认可和肯定学生

大学生经历过学业挫败和不被关注，形成消极的自我认知也属正常。各科教师们可以依据"皮格马利翁效应"对学生提出期待，并在过程中肯定和认可学生。相信学生在获得积极肯定的过程中，会逐渐找回迷失的自我，慢慢自信起来。各学科教师也可在教学过程中观察学生遇到的困境，提供部分指导意见或方法，让学生尝试动手操作，日积月累，学生在学业中取得的成就感和价值感就会让其发生质的改变。

2. 关注情绪，直面问题

遇到问题产生情绪是一个非常正常的过程。关键在于，高职学生在遇到问题的时候，处在情绪中的时间过长，从而变得拖沓甚至逃避。教育学生适当地允许自己有负面情绪，并且提供一些方法，让学生能够快速地从情绪中回归理智，直面问题。平时的思想教育也好、班团会活动也好、日常的生活教育也好，辅导员、班主任要深入学生群体，赢得学生的信任，在学生遇到问题的时候，可以第一时间作为倾听者出现，为学生提出多种可能解决问题的方式，让学生逐一排除可能性，确定可行性。一个事件完美解决后，要组织班级学生一起复盘，让更多人参与，每个人的思维模式不同，解决问题的思路定会有不同。多角度、全方位看待问题的方式，也给学生突破困境提供了更广阔的视野。

3. 正确利用外部归因

归因方式有多种，适合自己的就是最好的。向外归因可以减轻自身的负罪感和愧疚感，但同时也会降低责任心；向外归因可以降低自身的风险性，但同时也会让自身的信誉度受损，不利于自身成长。向外归因，必须客观看待自己在系统中的位置与责任，才能让自己更加清晰地了解自己；向外归因，必须客观地看待自己在系统中的角色与作用，才能更有效地扬长避短。

十个好习惯

(1) 快乐的习惯。 做事情的时候带着快乐的心态，懂得营造快乐氛围，注意关注家人或团队的快乐。有快乐习惯的人，会有更高的情商：管理自己的情绪和感知影响他人的情绪。这里的快乐也可在一定程度上理解为乐观，快乐是一种力量，是一种成功的态度和习惯。

(2) 共赢的习惯。 我们的人生总是要和各方互动合作，各方都希望成功，而共赢则是最好的策略。我们在与他人合作的时候，在保护和争取自己利益的同时，也应该公正合理地考量合作方的利益达成，并且通过提出和兼顾共赢的方式而最终达成"大家好才是真的好"的效果。

(3) 原则的习惯。 原则、规则的设定可以用来打破，但是原则首先是用来遵守和捍卫的，因为没有规矩不成方圆。应该做一个有原则的人，对各种事项的运作，都应该首先建立原则，而后依照原则进行，遇到问题更要坚持原则。只有坚持原则，才可以树立威信和提高运作效率。

(4) **坚韧的习惯**。成功的路上没有一帆风顺,在积极规划和预测困难的同时,应该有良好的心态来迎接挑战和度过低谷,绝不轻言放弃,要保持航行、继续前进、直到成功。

(5) **思考的习惯**。遇到事情总是停留在低水平的经验响应上是不行的。缺少思考则缺少处理事情的敏捷性。凡事动脑子去思考,积极运用创新智慧才能更好地解决问题。

(6) **沟通的习惯**。据说有 80%企业问题根源来自不顺畅的或者错误的沟通。要避免"我以为"这样的情况,很多时候不妨多问一句、多确认一次,保持信息的对称,问题的隐患就可以正确解决。

(7) **适应的习惯**。好的管理者会根据团队、项目的情况而选择适应的情境领导方式风格,从而将团队绩效最大化。

(8) **感恩的习惯**。感恩是一种尊重,一个能够懂得感恩的人是值得信任的和值得追随的。领导者要尊重和感恩团队的努力,而团队则要感恩和尊重管理者的领导。

(9) **总结的习惯**。人生是积累,这在知识领域尤为重要。在任何年龄段,要保持积极和勤奋的学习态度和习惯,例如每次项目或者事情的结束,都应该针对项目的情况进行经验总结和分享。

(10) **正直的习惯**。如果一个人的品德有问题,就不要指望还能够把事情做到什么程度。记住,做人德为先,品格高尚的人更容易并值得被信任和委以重任,因此保持正直是作为君子的基础。

第五章　学　生　资　助

学生资助是一项重要的保民生、暖民心工程，事关脱贫攻坚，事关社会公平。多年来，在党和国家的高度重视下，学生资助不但促进了教育公平、社会公平，促进了教育事业快速发展，而且在人力资源开发、扶贫脱贫等方面发挥了重要作用。以下我们将通过奖助学金和助学贷款向学生普及相关知识，帮助学生更好地学习和生活。

第一节　国家奖助学金

一、家庭经济困难学生认定

家庭经济困难学生认定工作具有重要意义。精准认定家庭经济困难学生是做好学生资助工作的重要前提，是决定资助政策落实效果的基础性工作。家庭经济困难认定的对象是本人及其家庭的经济能力难以满足在校期间的学习、生活基本支出的学生。河南经贸职业学院家庭经济困难学生认定办法(试行)如下。

(一)总则

为规范和做好家庭经济困难学生认定工作，进一步提高学生资助精准度，公平、公正、合理分配资助资源，保证国家和河南省资助政策的落实，根据《教育部等六部门关于做好家庭经济困难学生认定工作的指导意见》(教财〔2018〕16 号)、《河南省教育厅等七部门关于印发河南省家庭经济困难学生认定工作实施办法的通知》(豫教财〔2019〕84 号)的精神，结合学校实际，制定本实施办法。

(1) 本办法所称的学生，是指学校在籍的全日制普通专科学生。
(2) 办法中家庭经济困难学生是指学生本人及其家庭所能筹集到的资金，难以支付其在校期间学习和生活基本费用的学生。

(二)认定原则

(1) 坚持实事求是，客观公平。认定家庭经济困难学生要从客观实际出发，以学生家庭经济状况为主要依据，认定标准和尺度要统一，确保公平公正。
(2) 坚持公开透明与保护隐私相结合。既要做到认定内容、程序、方法等透明，确保认定公正，又要尊重和保护学生隐私，严禁让学生当众诉苦、互相比困。
(3) 坚持积极引导与自愿申请相结合。既要引导学生如实反映家庭经济困难情况，主动利用国家资助完成学业，也要充分尊重学生个人意愿，遵循自愿申请原则。

(三)认定机构

(1) 学校成立以主管学生工作的校领导为组长的学生资助工作领导小组,指导、监督全校家庭经济困难学生认定工作;学生资助管理中心负责组织和管理全校家庭经济困难学生认定工作。

(2) 各学院成立以学院书记为组长,资助专干、辅导员为成员的学院认定工作小组,负责组织实施本学院家庭经济困难学生认定和审核工作。二级学院认定工作组人员名单应在学院范围内公示。

(3) 以班级为单位,成立以辅导员担任组长,学生代表担任成员的认定评议小组,负责认定和民主评议工作。认定评议小组成员每学期由班级民主程序产生,人数一般不少于班级总人数的 20%,以确保评审结果的公平公正。原则上每个寝室一名,班内的校、院、班三级学生干部共同在学生干部中推荐剩余名额。其成员名单应在班级范围内公示。认定评议小组的主要职责包括:

① 接受学生申请、收取、核实认定材料。
② 负责收集申请认定学生日常消费行为和诚信表现。
③ 对申请认定的学生进行民主评议,提出家庭经济困难学生各档次名单,报学院认定工作组进行审核。

(四)认定标准及等级比例

(1) 认定标准:家庭经济困难学生量化测评指标分值 40 分;班级贫困生认定小组投票占 30 分;全班学生投票占 20 分;综合素质考评积分(荣誉积分)占 10 分。

(2) 各学院可以根据家庭经济困难学生的认定量化分值,进行分析后将学生家庭经济困难程度设置为特别困难、比较困难、一般困难三个等级。

(3) 根据家庭经济困难学生困难程度认定量化分值情况,具有下列情形之一的,可以认定为家庭经济特别困难学生,认定比例一般不超过学院学生总数的 8%:

① 无生活来源、无法定抚养人或者是社会福利机构收养的孤儿。
② 本人持有《中华人民共和国残疾人证》,且无家庭经济来源。
③ 烈士或因公牺牲军人民警子女;且家庭经济收入难以维持正常的学习或者生活。
④ 父母双方均有残疾或丧失劳动能力、家庭无收入。
⑤ 学生本人或者学生家庭主要成员长期患重大疾病,导致家庭经济困难。
⑥ 遭遇重大突发事件或者遭受严重自然灾害,并造成重大损失,导致家庭经济特别困难。
⑦ 来自城乡低保家庭或者持有《特困职工证》家庭。
⑧ 特困救助供养学生。
⑨ 原建档立卡贫困家庭脱贫享受政策学生。
⑩ 边缘易致贫学生。
⑪ 脱贫不稳定家庭学生。
⑫ 存在家庭特别困难的其他情况的学生。

(4) 根据家庭经济困难学生困难程度认定量化分值排名情况,具有下列情形之一的,可以认定为家庭经济比较困难学生。家庭经济比较困难比例一般不超过学院学生总数的15%。

① 来自艰苦边远地区的困难家庭。
② 父母一方残疾、患重大疾病、部分或者全部丧失劳动能力。
③ 单亲抚养，家庭收入低于所在地区最低生活保障。
④ 除本人外，家庭有2人以上(含2人)兄弟姐妹在接受非义务教育，且家庭收入难以支付在校学习、生活费用。
⑤ 父母均下岗且未能实现再就业。
⑥ 父母均务农，家庭耕地少，收成差。
⑦ 存在家庭特别困难的其他情况的学生。

(5) 根据家庭经济困难学生困难程度认定量化分值排名情况，家庭收入较难以支付学生在校期间学习及生活基本支出的可以认定为一般困难学生。

(6) 学生有下列情形之一的，不能认定为家庭经济困难学生：
① 实际生活消费明显高于在校学生的平均消费水平。
② 购买与学习无关且非生活必需品的高档通信设备、高档电器、奢侈品等用品的。
③ 有与其家庭经济困难状况不相符的其他高消费行为或者不当消费行为的。
④ 在相关证明材料中弄虚作假的。
⑤ 由于家庭建房、购房、经商、借债、法律纠纷等原因造成家庭经济暂时困难的。

(7) 对于存在特殊情况的个别学生可向班级认定评议小组组长(辅导员)申请，在不公开学生个人隐私信息的情况下，由班级认定评议小组评议、投票、认定，无需全体同学投票。需经二级学院认定工作组评定审核认定。

(8) 辅导员应当全面了解学生的家庭经济状况，对于家庭经济困难学生认定应当按照认定程序、认定办法予以认定。

(五)认定程序

家庭经济困难学生认定工作每学年进行一次。

(1) 提前告知。校院两级要进行家庭经济困难学生认定工作基本知识的宣传，组织拟申请认定的学生做好前期准备工作。学校在向新生寄送录取通知书时，同时寄送《河南省家庭经济困难学生认定申请表》。学生自愿如实填写《申请表》，学生申请需详细列明家庭情况，主要收入来源等情况。学生或监护人要对提供信息的真实性负责，对家庭经济情况做出书面承诺，不再要求地方政府或有关部门提供家庭经济困难证明材料。

(2) 每学期期末，启动认定工作。

(3) 认定申请。班级认定评议小组根据学生提交的《河南经贸职业学院家庭经济困难学生认定申请表》或《河南省家庭经济困难学生认定申请表》，《河南经贸职业学院学生家庭经济情况量化测评指标体系》。班级评议小组结合学生家庭情况、日常消费情况等完善《河南经贸职业学院学生家庭经济情况量化测评指标体系》中的 5～6 项目(见表 5-1)，认定评议小组组长要采用一对一单独谈话、家访等保护学生隐私的方式对学生所填内容进行逐项核实。

表 5-1　河南经贸职业学院学生家庭经济情况量化测评指标体系

一级指标	二级指标	主要观测点	得分	备注
1.学生本人基本情况(15分)	学生家庭基本情况(10分)	无固定生活来源的孤儿或者残疾学生	10	
		无固定生活来源的烈士子女	10	
		低保、特困救助学生	8	
		无固定生活来源的单亲家庭子女	8	
	学生健康情况(5分)	残疾、长期患病(慢性病)遭遇车祸重大突发事件、造成较严重的伤害或长期(突发)患重大疾病	5	
2.学生生源地(10分)	2.1 来自国家规定的艰苦边远地区(7分)	农村	7	
		小城镇	5	
		县级以上城市	3	
	2.2 来自非国家规定的艰苦边远地区(3分)	农村	3	
		小城镇	2	
		县级以上城市	1	
3.家庭成员状况(25分)	3.1 父母健康状况(10分)	父母双方均有残疾或丧失劳动能力(10分);父母一方残疾或丧失劳动能力(7分);父母一方有残疾但未丧失劳动能力(1分)	1—10	
		父母一方长期患病或近期患重大疾病,难以维持基本生活费用	8	
		父母双方均长期患病或近期患重大疾病	5	
		其他特殊情况	0—5	
	3.2 多子女家庭(有2个及以上子女,不含已结婚、独立生活的子女)(5分)	其他子女均已就业	0	
		家庭经济困难且有2人以上同时在接受义务教育	2	
		家庭经济困难且有2人以上同时在接受非义务教育	3	
		其他子女有重大疾病正在治疗,难以维持正常的生活费用	2	
		其他子女有患长期疾病	1	
	3.3 赡养老人(包含祖父母、外祖父母)(5分)	家庭需共同赡养1—2位老人,老人均身体健康	1	
		家庭需共同赡养1—2位老人,但有老人患重大疾病或常年患病	3	
		家庭需独立赡养1—2位老人,老人均身体健康	2	
		家庭需独立赡养1—2位老人,但有老人患重大疾病或常年患病	5	
		其他特殊情况	0—3	
	认定当年突发事件情况(5分)	家庭所在地遭受突发自然灾害,家庭遭遇重大伤亡或者损失;家中突发变故,导致经济状况急转直下,无法承担在校期间的住宿费、生活费	5	

续表

一级指标	二级指标	主要观测点	得分	备注
4.家庭收入情况(10分)	工作能力及收入(10分)	父母双方均在农村务农	10	
		父母一方务农,另一方在外务工	8	
		父母双方均在外务工	5	
		父母一方有稳定工作,另一方待业	2	
		父母双方均有稳定工作	1	
		其他工作形式	0—5	
5. 学生在校生活情况(30分)	衣着饰品(10分)	衣着朴素,无高档时装者(4分),无贵重首饰(金饰、玉器、品牌饰品等)者(3分),朴实无华、没有高档化妆品者(3分)	0—10	
	伙食开支(每月)(5分)	经常在学校餐厅就餐的(5分),经常在校外就餐或者有外卖等消费行为的(0分)	0—5	
	日常用品(10分)	没有高档手机(价值3500元以上)(4分),没有高档电脑(价值5000元以上)(3分),没有ipad、智能手表(价值3000元以上的)(3分)	10	
	贷款情况(5分)	申请有生源地或高校国家助学贷款者,积极资助者	5	
6.综合表现(10分)	消费情况(3分)	根据学生家庭经济困难情况和平时消费情况,勤俭节约者;表现一般者;奢侈浪费者	0—3	
	遵守纪律情况(3分)	家庭经济困难但能遵守学校纪律,按时缴纳学费或者按照规定办理缓交手续者	0—3	
	勤工助学情况(3分)	在校内参加勤工助学岗位,自立自强者	3	
	突出表现(1分)	有突出的诚实守信、自立自强、拾金不昧等突出事迹者	1	
其他情形		有如下情况的不作认定:(1)未经批准在校外租房者;(2)提供家庭经济困难材料弄虚作假者;(3)有抽烟、酗酒嗜好者;(4)经常出入营业性网吧、通宵上网打游戏者;(5)经常与朋友聚餐、出入KTV等消费场所者;(6)与家庭经济状况不符的其他不当消费行为者;(7)参与互联网博彩(如赌球等行为)者;(8)参与不良网贷者。(填"有"/"无")		

注:(1) 家庭经济困难学生认定是做好家庭经济困难学生资助工作的重要环节,体现了党和政府及学校对困难学生的关心和支持。民主评议小组要本着认真负责、实事求是的原则认真对申请学生进行评议,如有弄虚作假、暗箱操作等行为,学校将严肃处理。

(2) 为保护学生隐私,本表内容保密,仅供家庭经济困难认定使用,学生所在学院要严加保管。

(3) 提交本表时需同时提交原建档立卡、低保证、孤儿证、烈士证、残疾证等相关材料。提供现有材料,如疾病证明材料等,能说明情况的证明,不需要额外开具的证明材料。

(4) 公开评定。班级认定评议小组根据学生提交、认定评议小组核实的《认定申请表》和《量化测评指标》，按照《河南经贸职业学院家庭经济困难学生民主评议表》进行民主评议。由辅导员在班内陈述学生家庭实际情况及申请理由，认定小组成员全勤出席。最后由全体同学(含认定小组成员)投票。最终，认定小组按照认定标准确定班级家庭经济困难学生的资格和等级，报二级学院认定工作组进行审核。学生如有异议可向二级学院认定工作组申请复议。

(5) 学院审核。学院认定工作组要召开专题会议。对班级认定评议小组提出的评议结果进行讨论、审核。如有异议，应在征得班级民主认定评议小组意见后予以调整。

(6) 公示及异议处理。二级学院认定工作组审核通过后，要将家庭经济困难学生名单及等级以适当方式，在适当范围内公示 5 个工作日。

(7) 学校核准及公示。学校学生资助管理部门核准和汇总各学院学生名单，提出全校各等级家庭经济困难学生名单，报学校学生资助工作领导小组批准。在全校范围内公示不少于 5 个工作日。

(六)监督与管理

(1) 学校和二级学院每学年对家庭经济困难学生进行资格复查，不定期地随机抽选一定比例的家庭经济困难学生。二级学院、班级评议小组通过多种形式进行核实。如果学生家庭经济状况发生显著变化，应及时对资助措施进行相应调整。及时发现那些困难但未受助、不困难却受助的学生。及时纠正认定结果存在的偏差。鼓励家庭经济状况好转的学生自愿申请退出家庭经济困难学生信息档案库。

(2) 学校和学院应加强学生的诚信教育、感恩教育等，引导学生如实反映家庭经济困难情况。既不应隐而不报，更不能夸大虚报。如发现弄虚作假现象，一经核实，即取消家庭经济困难学生资格；已被资助的，收回资助金。情节严重的，学校依据有关规定进行处理，并在其档案中记载不诚信记录。

二、国家奖学金

国家奖学金是为了激励学生勤奋学习、努力进取，德智体美劳全面发展，由中央财政出资设立的奖励特别优秀学生的奖学金。河南经贸职业学院国家奖学金管理办法如下。

(一)总则

为做好国家奖学金管理，激励学生勤奋学习、努力进取、德智体美劳等全面发展，根据《财政部、教育部关于印发〈普通本科高校、高等职业学校国家奖学金管理暂行办法〉的通知》(财教〔2007〕90 号)和《河南省财政厅、教育厅关于印发〈河南省普通本科高校、高等职业学校国家奖学金管理暂行办法〉的通知》(豫财办教〔2007〕12 号)文件精神，结合我校实际，制定本办法。

国家奖学金由中央政府出资设立，用于奖励特别优秀的全日制专科学生。我校每年享受国家奖学金的名额由河南省教育厅和河南省财政厅按有关规定下达。

(二)奖励标准与申请条件

(1) 国家奖学金的奖励标准为每人每年 8000 元。
(2) 申请国家奖学金的学生应当满足下列条件：
① 热爱社会主义祖国，拥护中国共产党的领导。
② 遵守宪法和法律，遵守学校规章制度、无受校纪处分或治安、刑事处罚的记录。
③ 诚实守信、道德品质优良。
④ 身心健康，积极进取。
⑤ 学习勤奋、刻苦，热爱所学专业，在校期间学习成绩优异，学习成绩排名位于班级前 10%。
⑥ 社会实践、创新能力、综合素质等方面特别突出，学年个人综合素质考评积分(荣誉积分)排名位于班级 10%之内。

(三)评审办法

(1) 国家奖学金每学年评审 1 次，实行等额评审，坚持公开、公平、公正、择优的原则。
(2) 获得国家奖学金的学生应当是在校生中大二以上(含大二)的学生。
(3) 同一学年内，获得国家奖学金的学生不得同时获得国家励志奖学金。
(4) 学校学生资助管理中心组织全校学生的评审工作，各学院学生资助工作小组负责组织本学院学生的评审工作。

(四)评审程序

(1) 学校学生资助管理中心根据上级规定，结合我校实际，向各学院下达国家奖学金名额。
(2) 各学院分年级按班级将学生学习成绩、综合素质考评积分(荣誉积分)排名在本学院范围内进行公示。
(3) 各学院根据分配名额，按照学生综合素质考评积分(荣誉积分)年级专业或者班级排名由高到低的顺序确定初评名单，同时审核该生学习成绩是否同时满足班级排名前 10%。
(4) 根据国家奖学金申请条件，由学生本人向所在学院提出申请，并提交以下材料：
① 《河南经贸职业学院国家奖学金申请书》；
② 上一学年学习成绩、综合素质考评积分(荣誉积分)班级排名证明材料；
③ 《河南经贸职业学院国家奖学金申请审批表》
④ 其他需要提交的材料。
(5) 各学院学生资助工作小组对学生的申请材料进行认真审核，并根据学校下达指标进行评定，初评名单确定后在本学院公示不少于 5 个工作日，征求师生意见，无异议后将《河南经贸职业学院××学院国家奖学金评定总结报告》等有关材料报送学生资助管理中心。同时负责把获奖学生的数据按要求录入并上传至《河南省高校学生资助信息管理系统》。
(6) 学校学生资助管理中心审核后，报学校学生资助工作领导小组研究，通过后将推荐名单在全校范围内公示 5 个工作日。公示无异议后，将评审结果报送河南省教育厅。

(五)奖学金的发放、管理与监督

(1) 学校每年将国家奖学金一次性发放给获奖学生，颁发国家统一印制的国家奖学金奖励证书。

(2) 学校认真做好国家奖学金的评审和发放工作，确保国家奖学金用于奖励特别优秀的学生。

(3) 学校严格执行国家相关法规和本办法的规定，对国家奖学金实行分账核算，专款专用，不截留、挤占、挪用，保证及时、足额地发放给获奖学生，同时接受财政、审计、纪检监、主管机关等部门的检查和监督。

(4) 国家奖学金的评定坚持公开、公正、公平、择优的原则，实行公示制度，受全校师生和社会的监督，杜绝弄虚作假行为。

(5) 对于在申请、推荐、评审、公示、发放等过程中出现的问题，学校根据问题性质，会同有关部门予以审查，做出相应处理。

① 学生在申请过程中存在弄虚作假行为的，学校取消其当学年评选资格；已经通过评审的，停止发放其国家奖学金；已经发放的，责令其交回；

② 有关工作人员在评审、发放过程中存在弄虚作假或其他违纪行为的，学校根据相关规定对其进行处理。

(6) 各学院应当对获奖学生的表现和奖励资金的使用情况进行全面了解和监督，并及时开展获奖学生电话回访。

三、国家励志奖学金

国家励志奖学金是为了激励学校的家庭经济困难学生勤奋学习、努力进取，德智体美劳全面发展，由中央财政出资设立的，奖励资助品学兼优的家庭经济困难学生的奖学金。河南经贸职业学院国家励志奖学金管理办法如下。

(一)总则

为做好国家励志奖学金管理，激励家庭经济困难学生勤奋学习、努力进取、德智体美劳等全面发展，根据《普通本科高校、高等职业学校国家励志奖学金管理暂行办法》(财教〔2007〕92 号)和《河南省普通本科高校、高等职业学校国家励志奖学金管理暂行办法》(豫财办教〔2007〕113 号)文件精神，结合河南经贸职业学院实际，制定本办法。

国家励志奖学金由中央和地方政府共同出资设立，用于奖励品学兼优的家庭经济困难的全日制专科学生。学校每年享受国家励志奖学金的名额由河南省教育厅和河南省财政厅下达。

(二)奖励标准与申请条件

(1) 国家励志奖学金的奖励标准为每生每年 5000 元。
(2) 申请国家励志奖学金的学生应满足下列条件：
① 热爱社会主义祖国，拥护中国共产党的领导。

② 遵守宪法和法律，遵守学校规章制度、无受校纪处分或治安、刑事处罚的记录。
③ 诚实守信、道德品质优良。
④ 身心健康，生活俭朴，不铺张浪费。
⑤ 家庭经济困难，被我校认定为家庭经济困难学生；符合学校家庭经济困难学生认定标准中特殊困难、比较困难或一般困难档。
⑥ 学习勤奋、刻苦，热爱所学专业，在校期间学习成绩优异，积极参加校、院、班级组织的各项活动。
⑦ 学年学习成绩排名在班级均位于前 25%。
⑧ 积极参加校、院、班级组织的各项活动，有强烈的集体责任感，综合素质考评积分(荣誉积分)排名在班级前 50%。

(三)评审办法

(1) 国家励志奖学金实行等额评审，坚持公开、公平、公正、择优的原则。
(2) 国家励志奖学金按学年申请和评审。申请国家励志奖学金的学生应当是在校生中二年级以上(含二年级)的学生。
(3) 同一学年内，申请国家励志奖学金的学生不得同时获得国家奖学金。
(4) 学校学生资助管理中心组织全校学生的评审工作，各学院学生资助工作小组负责组织本学院学生的评审工作。

(四)评审程序

(1) 学校学生资助管理中心根据上级规定，结合我校实际，向各学院下达国家励志奖学金名额。
(2) 各学院分年级按班级将学生学习成绩、综合素质考评积分(荣誉积分)排名在本学院范围内进行公示。
(3) 各学院根据分配名额，将家庭经济困难学生按照学习成绩专业或者班级排名前 25%由高到低的顺序确定初评名单，同时审核该生综合素质考评积分(荣誉积分)是否在班级已认定的贫困生中排名前 25%。
(4) 根据国家奖学金申请条件，由学生本人向所在学院提出申请，并提交以下材料：
① 《河南经贸职业学院国家励志奖学金申请书》。
② 评选学年学习成绩、综合素质考评积分(荣誉积分)排名证明材料。
③ 其他需要提交的材料。
(5) 各学院组建由学院党总支书记任组长，资助专干、辅导员、学生代表组成的学院评定工作小组。负责对学生的申请材料进行资格审查。由二级学院评定工作小组依照公开、公平、公正的原则对审查合格的申请人进行积分排序，并在本学院公示不少于 5 个工作日。将确定的获奖名单和相关材料报送学生资助管理中心。
(6) 学校学生资助管理中心审核后，报学校学生资助工作领导小组研究，通过后将推荐名单在全校范围内公示 5 个工作日。公示无异议后，将评审结果报送河南省教育厅。

(五)奖学金的发放、管理与监督

(1) 学校每年将国家励志奖学金一次性发放给获奖学生，颁发河南省教育厅统一印制的国家励志奖学金奖励证书。

(2) 学校严格执行国家相关法规和本办法的规定，对国家励志奖学金实行专款专用，不截留、挤占、挪用，保证及时、足额地发放给获奖学生，同时接受财政、审计、纪检监、主管机关等部门的检查和监督。

(3) 国家励志奖学金的评定坚持公开、公正、公平、择优的原则，实行公示制度，杜绝弄虚作假行为。

(4) 对于在申请、推荐、评审、公示、发放等过程中出现的问题，学校根据问题性质，会同有关部门予以审查，作出相应处理。

① 学生在申请过程中存在弄虚作假的行为的，学校取消其当学年评选资格；已经通过评审的，停止发放其国家励志奖学金；已经发放的，责令其交回；

② 有关工作人员在评审、发放过程中存在弄虚作假或其他违纪行为的，学校根据相关规定对其进行处理。

(5) 各学院应当对获奖学生的表现和奖励资金的使用情况进行全面了解和监督。

(6) 各二级学院评定过程须有文字材料记录。

四、国家助学金

国家助学金是为了体现党和政府对学校家庭经济困难学生的关怀，由中央和地方财政共同出资设立的，资助家庭经济困难学生的生活费用开支，帮助他们顺利完成学业的助学金。河南经贸职业学院国家助学金管理办法如下。

(一)总则

为合理使用专科生国家助学金，帮助家庭经济困难学生顺利完成学业，根据《关于印发〈学生资助资金管理办法〉的通知》(财科教〔2019〕19号)精神，结合学校实际，制定本办法。

专科生国家助学金(以下简称国家助学金)，用于资助家庭经济困难的全日制专科在校学生。学校每年国家助学金资助的名额由河南省教育厅、河南省财政厅下达。

(二)资助标准与申请条件

(1) 国家助学金主要用于资助家庭经济困难学生的生活开支。资助标准为每生每年2300元、3300元、4300元3个档次。

(2) 申请国家助学金的学生应当满足下列条件：
① 具有中华人民共和国国籍。
② 热爱社会主义祖国，拥护中国共产党的领导。
③ 遵守宪法和法律，遵守学校管理制度，无受校纪处分或者行政、刑事处罚的记录。
④ 诚实守信，道德品质优良。

⑤ 勤奋学习，积极上进。
⑥ 家庭经济困难，生活俭朴，不铺张浪费。
⑦ 符合学校对家庭经济困难学生认定标准中特别困难、比较困难或者一般困难档次。

(三)评审原则

(1) 国家助学金的评定工作坚持公开、公平、公正的原则。
(2) 国家助学金按学年申请和评审。
(3) 申请国家助学金的学生为全体符合条件的在校学生。
(4) 学校学生资助管理中心负责全校的评审工作，各学院学生资助工作小组负责组织本学院学生的评审工作。

(四)评审办法

(1) 班级认定评议小组根据学生提交的《河南经贸职业学院家庭经济困难学生认定申请表》和《河南省家庭经济困难学生认定申请表》，结合学生家庭情况等完善《河南经贸职业学院学生家庭经济情况量化测评指标体系》，通过认定程序，确定班级家庭经济困难学生的资格和等级，公示后报二级学院认定工作组进行审核。
(2) 同等贫困等级下学生综合素质考评积分(荣誉积分)高者优先定级。
(3) 各班依据家庭经济困难学生认定等级分别进行综合素质考评积分(荣誉积分)成绩排名，结合等级分配名额确定等级名单。
(4) 特殊情况报批制度。对于个别综合素质考评积分(荣誉积分)成绩较低而家庭经济条件确实困难的学生，可依据实际情况，由班级辅导员以及班级认定小组提供书面说明，报至所在二级学院进行审批(该部分学生不超过认定的家庭经济困难学生人数的3%)。
(5) 直接认定。按照国家政策要求，对脱贫享受政策户、风险未消除的监测对象家庭困难学生可以直接认定一等助学金。

(五)评审程序

(1) 以班级为单位，成立以辅导员担任组长，学生代表担任成员的认定评议小组，负责认定和民主评议工作。认定评议小组成员每学期由班级民主程序产生，人数一般不少于班级总人数的20%，以确保评审结果的公平公正。原则上每个寝室一名，班内的校、院、班三级学生干部共同在学生干部中推荐剩余名额。班级认定评议小组成员不得是困难生认定候选人且不得申请国家助学金。
(2) 学生根据本办法规定的申请条件及其他有关规定，向所在学院提交《河南经贸职业学院国家助学金申请书》。
(3) 认定评议小组根据个人申请、家庭经济困难学生量化指标等认定标准核算家庭经济困难学生认定量化值，按照认定量化值排名确定家庭经济困难学生名单和等级。根据家庭经济困难学生等级结合学生综合素质考评积分(荣誉积分)，确定受助名单、受助等级及金额报所在二级学院。
(4) 二级学院认定工作组对评议结果进行审核，确定名单后在学院内公示不少于5个工作日，无异议后报学生资助管理中心审定。

(5) 学生资助管理中心完成评审后，将评审结果报学校学生资助工作领导小组审批后，在全校范围内公示不少于 5 个工作日。

(6) 学生资助管理中心将评审结果报河南省学生资助管理中心。

(六)助学金的发放、管理与监督

(1) 学校按照要求每年将国家助学金按月发放到受助学生手中。

(2) 学校严格执行国家相关法规和本办法的规定，对国家助学金实行分账核算，专款专用，不截留、挤占、挪用，同时接受财政、审计、纪检监察、主管机关的检查监督。

(3) 国家助学金的评定坚持公开、公正、公平的原则，实行公示制度，杜绝弄虚作假行为。

(4) 获得国家助学金资助的学生应当积极参加学校、学院组织的义务劳动、志愿者服务等公益性活动。

(5) 各学院应当对受助学生的表现和资金的使用情况进行全面了解和监督。

(6) 对于不能合理使用资助金的学生，终止资助并追回资助资金。

第二节　国家助学贷款

国家助学贷款是党中央、国务院在社会主义市场经济条件下，利用金融手段完善我国普通高校资助体系，加大对普通高校家庭经济困难学生资助力度所采取的一项重大措施，对于加快推进科教兴国战略，维护公民教育公平，深化高等教育体制改革，促进我国教育事业发展具有重大而深远的意义。

一、国家助学贷款说明

高校国家助学贷款是由政府主导、财政贴息、财政和高校共同给予银行一定风险补偿，银行、教育行政部门与高校共同操作的，帮助高校家庭经济困难学生支付在校学习期间所需学费和住宿费的信用贷款。

国家助学贷款包括高校国家助学贷款和生源地信用助学贷款两种模式。这两种模式有以下区别：

(1) 贷款办理地点不同：前者是在学生所在高校办理，后者是在学生入学前户籍所在县(市、区)的学生资助管理部门办理。

(2) 借款合同的主体不同：前者的借款人是借款学生本人，后者的借款人是借款学生和家长(或其他法定监护人)，他们是共同借款人。

(3) 风险补偿金来源不同：前者是由高校和财政共同承担，后者全部由财政承担。同一学生在同一学年不得重复申请获得校园地国家助学贷款和生源地信用助学贷款，只能选择申请办理其中一种贷款。

二、校园地国家助学贷款

(一)贷款对象和申请贷款条件

河南经贸职业学院享受国家助学贷款的对象为：全日制普通专科在校学生。
申请国家助学贷款的学生应具备以下条件：
(1) 具有中华人民共和国国籍，持有我校学生证及中华人民共和国居民身份证。
(2) 具有完全民事行为能力(未成年人申请国家助学贷款须由其法定监护人书面同意)。
(3) 遵守学校各项规章制度，诚实守信，无违法违纪行为。
(4) 学习刻苦，能够正常完成学业，生活俭朴，不铺张浪费。
(5) 符合约定的其他条件。

(二)申请材料

1. 首次贷款

出示材料：借款学生身份证原件、录取通知书原件(新生)或学生证原件(在校生)。
提交材料：借款学生本人签字的《国家开发银行股份有限公司高校助学贷款申请表》原件、借款学生身份证复印件、录取通知书(或学生证)复印件、银行和各级贷款管理部门认为需要提供的其他材料。

2. 续贷

出示材料：借款人身份证原件。
提交材料：《国家开发银行股份有限公司高校助学贷款申请表》原件。

(三)申请高校国家助学贷款的流程

(1) 向所在高校提出申请。
(2) 在高校国家助学贷款学生在线服务系统(https://www.csls.cdb.com.cn)，注册个人信息(续贷无需注册)，提交贷款申请。
(3) 向所在高校出示并提交所需材料。
(4) 公示。高校采取一定方式在一定范围内对申请学生进行公示。公示结果为申请高校助学贷款的主要依据，公示不合格学生的借款申请应予以谢绝。
(5) 审查材料。高校严格把关，确保申请材料真实完整，并保证助学贷款信息管理系统录入数据与原始申请材料的一致性。
(6) 签订借款合同。

(四)贷款额度及发放

(1) 学生贷款额度每人每年最高不超过 12000 元。
(2) 借款合同采取一年签订一次的方式。借款合同签订后，同年 11 月中旬，开发银行河南分行通过支付宝公司将贷款划付到所有贷款学生支付宝账户中，随后贷款系统自动将学费、住宿费扣划到高校提供的结算账户上。

(五)国家助学贷款利息的计算

(1) 国家助学贷款利率按照中国人民银行公布的法定贷款利率和国家有关利率政策执行。如遇利率调整,按照中国人民银行的有关规定执行。贷款学生的利息从贷款到账之日起计付,其中正常学制内的利息由相应财政渠道支付(对于财政不负担贴息的借款学生,在校期间贷款利息由高校或办学单位负担),正常学制之外的利息及因违约等原因造成的罚息由学生自付。

(2) 一般情况下,学生自付利息的开始时间为其毕业后的下月1日(含1日);当借款学生按照学校学籍管理规定结业、肄业、休学、退学、被取消学籍时,自办理有关手续之日的下月1日起自付利息;当休学的借款学生复学后,恢复贴息起始日为当月的1日;提前还贷的,应按贷款实际期限计算利息,不再加收除应付利息之外的其他费用。

(六)贷款还款期限

国家助学贷款还款期限的确定:

(1) 按照借款合同的约定时间,贷款期限为"剩余在校时间+15 年",但最长不超过22年。例如,三年制大专大一新生贷款最长期限为剩余在校时间3年加15年,即18年。

(2) 贷款学生从毕业当年起,利息按贷款银行规定按年度分次偿还。

(七)合同变更

借款合同为约束借贷双方的法律依据,除以下情况外,借款合同规定的借贷双方的权利和义务在合同期内保持不变。

(1) 借款学生转学时,必须先还清贷款本息。

(2) 借款学生发生休学、退学、出国、被开除学籍、死亡等其他不能正常完成学业的情况时,贷款银行将采取停止发放贷款、提前收回贷款本息等措施。

(3) 借款学生升学后,登录国家开发银行学生在线服务系统做合同变更申请,并提交学生个人贷款展期申请表(1份原件)、录取通知书复印件、身份证复印件。

(八)借贷学生离校前须办理的手续

(1) 学生毕业离校前,要办理还款确认手续,预留扣款账号,确定毕业后固定联系人和本人联系方式。上述手续办妥后,借贷学生方可离校。

(2) 学院在借款学生毕业离校前,将其贷款情况和贷款学生毕业确认表并入学生个人档案,如实向用人单位通报学生的贷款信息,请用人单位督促学生按时还款。

(九)借款学生提前还贷

(1) 允许有条件的借款学生提前还贷。提前还款的借款学生应在每月1—15日通过国家开发银行学生在线系统提出申请,20日之前将应还款金额存入指定支付宝账户。

(2) 国家助学贷款还款流程

① 首先登录国家开发银行学生在线服务系统(https://www.csls.cdb.com.cn)做提前还款申请。

② 打开支付宝网站——登录支付宝网站后,单击"应用中心"。
③ 单击"助学贷款还款"—"我要还款",借款人为贷款学生且借款人支付宝账户是贷款时系统分配的账户,非私人申请。
④ 登录学生在线服务系统提交申请后输入相关信息,查询还款信息。
⑤ 单击"确认还款",付款方式为网银、快捷支付、余额等。
⑥ 还款成功后可导出还款电子回单或在次月初登录"学生在线服务系统(高校)"查询贷款合同还款情况。
注:每年1月至10月、12月期间的1日至15日为提前还款申请时间,16日至20日为还款时间。

(十)违约处理

违约学生是指未按借款合同约定偿还贷款本息的借款学生。省助学贷款管理中心、学校国家助学贷款管理中心及贷款银行等部门将按照合同的约定,在不通知违约学生的情况下采取如下措施:
(1) 在中国人民银行国家征信系统上,公布违约学生的相关信息。
(2) 在全国大学生就业网、学历文凭查询网站及国家助学贷款网站公布违约学生名单及相关信息。
(3) 在校园网、校友网上公布违约学生相关信息,并向用人单位通报情况。

三、生源地信用助学贷款

(一)贷款对象和申请贷款条件

(1) 具有中华人民共和国国籍。
(2) 诚实守信,遵纪守法。
(3) 被根据国家有关规定批准设立、实施高等学历教育的全日制普通本科高校、高等职业学校和高等专科学校(含民办高校和独立学院)、科研院所、党校、行政学院、会计学院(学校名单以教育部公布的为准)正式录取,取得真实、合法、有效的录取通知书的全日制新生(含预科生)或高校在读的本专科学生、研究生(含硕士研究生和博士研究生)和第二学士学生。
(4) 学生本人入学前户籍、其共同借款人户籍均在本县(市、区)。
(5) 家庭经济困难,本人及其家庭的经济能力难以满足在校期间的学习、生活基本支出。
(6) 当年没有获得国家开发银行高校助学贷款或其他金融机构经办的国家助学贷款。

(二)申请材料

(1) 首次贷款需提供的材料:
① 国家开发银行股份有限公司生源地信用助学贷款申请表。
② 借款学生和共同借款人的身份证原件及复印件。
③ 借款学生和共同借款人的户口本原件。

④ 录取通知书(或学生证)原件及复印件,学生证丢失的,需由高校出具《学生在校证明》,县级学生资助管理部门留存证明原件。

⑤ 银行和各级贷款管理部门认为需要提供的其他材料。

(2) 续贷需提供的材料:

① 国家开发银行股份有限公司生源地信用助学贷款申请表。

② 借款学生或共同借款人身份证原件。

(三)申请生源地信用助学贷款的流程

(1) 学生登录学生在线服务系统提出贷款申请。

(2) 县级学生资助管理部门查询预申请情况,如已预申请,则通过资格审查;如未予申请,则严格按照财教〔2018〕16号文件执行,学生书面承诺其家庭经济困难。

(3) 县级学生资助管理部门对学生进行贷款申请审查。

(4) 签订《借款合同》并根据系统提示签署《约定与承诺书》。

(5) 学生到高校报到后,向高校提交《受理证明》或回执验证短信,由高校录入回执验证码。

(6) 县级学生资助管理部门汇总并提交贷款材料。

(四)生源地信用助学贷款对共同借款人的要求

(1) 原则上应为借款学生父亲或母亲;共同借款人为学生父母时,不做年龄限制。

(2) 如借款学生父母由于残疾、患病等特殊情况丧失劳动能力或民事行为能力的,可由借款学生其他近亲属作为共同借款人。

(3) 如借款学生为孤儿,共同借款人则为其他法定监护人,或是自愿与借款学生共同承担还款责任的具备完全民事行为能力的自然人。

(4) 共同借款人户籍与学生本人入学前户籍均在本县(市、区)。

(5) 如共同借款人不是借款学生父母时,其年龄原则上在25周岁(含)以上,60周岁(含)以下;续贷时,如未更换共同借款人,可适当放宽年龄限制。

(6) 未结清开发银行生源地信用助学贷款(或高校助学贷款)的借款学生不能作为其他借款学生的共同借款人。

(五)贷款额度及发放

(1) 学生贷款额度每人每年最高不超过12000元。

(2) 国家开发银行为每一位借款学生开立了贷款专用支付宝账户,该账户作为贷款发放和偿还唯一指定的账户。贷款发放时,通过支付宝平台将助学贷款划至该支付宝账户,支付宝平台将其中的学费和住宿费划转至高校账户,剩余部分可由借款学生自行支配。

(六)生源地信用助学贷款还本宽限期

借款学生毕业后3年内为还本宽限期,自2021年秋季学期起签订的合同还本宽限期由3年调整为5年。还本宽限期内,借款人只需要偿还贷款利息,无需偿还贷款本金。还本宽限期后，借款人按年度分期偿还贷款本金和利息，具体还款计划按《国家开发银行生源地信用助学贷款借款合同》相关约定执行。

(七)合同变更

一类变更：还款计划变更，由县级学生资助管理部门受理，经国家开发银行核准后生效。

二类变更：就学信息变更、身份信息变更、共同借款人变更等，由县级学生资助管理部门受理并直接完成，无需国家开发银行核准。

(八)借贷学生离校前须办理的手续

每年4月至6月，借款学生毕业离校前，高校组织借款学生核实其在校期间的借款信息，更新工作单位、联系方式等信息，毕业确认是借款学生离校手续的重要组成部分。

(九)借款学生提前还贷

(1) 借款学生登录生源地信用助学贷款学生在线服务系统申请提前还款时，可申请一次性还清所有借款本息，也可申请偿还部分本金(必须为500元以上，而且是100的整数倍)及相应利息。

(2) 首先登录生源地信用助学贷款学生在线服务系统申请提前还款(无需审批)，每天均可申请，不同申请日期对应不同的还款日，具体为：1月—9月及12月，当月15日(含)之前提交申请，还款日(结息日)为当月20日；当月15日(不含)之后提交申请，还款日(结息日)为次月20日；10月1日—15日提交申请，还款日(结息日)为10月20日，10月16日—11月30日提交申请，还款日(结息日)为12月20日。

贷款到期当年8月16日(含)之后，不能再申请提前还款。学生可根据实际情况，在还款日(结息日)5日前选择合适的还款途径进行还款。

(3) 还款方式

一是通过支付宝还款，可以向贷款专用支付宝账户充值，也可以使用支付宝应用中心"助学贷款还款"、支付宝生活号"国家开发银行助学贷款"、支付宝小程序"国家开发银行助学贷款"等途径还款。

二是使用国家开发银行专用的POS机，刷储蓄卡还款，该POS机已覆盖河南省各高校和各县(区)学生资助管理部门。

三是通过银联云闪付APP小程序"国家开发银行助学贷款"还款。

(十)违约处理

(1) 借款学生未按《借款合同》约定期限足额归还借款本息，国家开发银行根据逾期金额和逾期天数计收罚息，罚息利率为借款利率的130%。

(2) 借款学生不履行《借款合同》约定的义务或违反承诺，构成违约行为，国家开发银行有权停止发放借款、提前收回借款本息，并将违约情况告知借款学生所在单位(包括境内外就读院校、工作单位等)、国家有关部门和共同借款人居住地政府有关部门。

(3) 借款学生未按《借款合同》约定还款，连续拖欠超过一年且不与县级学生资助管理部门主动联系办理有关手续，国家开发银行、县级学生资助管理部门有权在不通知借款学生的情况下，通过新闻媒体和网络等信息渠道公布借款学生姓名、身份证号码、借款学生毕业学校及违约行为等信息，并提供给全国学生资助管理中心等相关机构。

四、高校国家助学贷款学生在线服务系统介绍

(一)账号注册与登录

国家开发银行高校国家助学贷款学生在线服务系统(以下简称高校助学贷款在线系统)的网址是 https://www.csls.cdb.com.cn。

1. 在线注册

登录国家助学贷款在线服务系统→选择高校助学贷款→单击注册→阅读注册协议→填写个人姓名、身份证号码和就学信息→填写登录信息和安全信息→填写个人信息和家庭信息→注册完成。

2. 登录及注册时需要注意

(1) 登录系统时，建议使用 IE8-IE10 版本浏览器或 360 浏览器(开启兼容模式)，打开网址后，不必理会安全证书问题，单击"继续浏览此网站"进行下一步。

(2) 需按照页面及填写内容的提示信息填写。

(3) 凡标注有*号的，为系统必填项。

(4) 凡输入栏底色为灰色的，内容均为系统已设置，需要点右侧箭头下拉点选，非人工输入。

(5) 凡填写后输入栏底色为红色的，均为错误信息，需要认真检查修改。

3. 个人信息填写注意事项

(1) 持身份证填写，避免姓名、身份证号码错误。

(2) 学生姓名要与身份证、高考录取名字一致；如身份证姓名和高考录取名不一致，则不能申请贷款。

(3) 勿使用他人姓名、身份证号码进行注册。

(4) 大学所在行政区域选择河南省、就读学校所在城市。

(5) 所在高校、院(系)、专业、班级按照自身实际进行选择。如果系统内找不到相应的院(系)、专业、班级、学制，需要停止注册，联系高校学生资助管理部门添加后，才能注册。

(6) 学号、考生号按照实际填写，本专科学生填写高招考试考生号。

(二)登录、退出

1. 登录

高校助学贷款在线系统注册成功后，打开国家助学贷款在线服务系统，单击"高校助

学贷款学生在线系统"进入登录页面，有以下两种登录方式。

(1) 身份证号登录。

(2) 登录名登录。

若高校助学贷款在线系统密码丢失可通过注册时填写的相关信息或设置的安全问题和答案重设密码；也可联系院(系)或高校资助部门经办人进行重置，重置后密码为 8 位随机密码，建议重置后尽快登录系统修改为熟悉的复杂密码。

2. 退出

单击页面右上角"退出系统"按钮，系统给出确认信息，用户确认后退出系统。

(三)信息变更

1. 可以变更信息

(1) 登录信息变更。可以修改登录名、登录密码、安全问题。

(2) 个人信息变更。可以修改个人信息、就学信息、家庭信息。续贷和毕业确认需要在此处维护个人信息。

2. 信息变更操作流程

(1) 登录信息变更。登录高校助学贷款在线系统→单击菜单栏"登录信息变更"→变更信息并提交。

(2) 个人信息变更。登录高校助学贷款在线系统→单击菜单栏"个人信息变更"→变更信息并提交。

3. 注意事项

在贷款申请阶段，个人信息变更中除灰色字体外的部分均可由个人进行修改。进入审批程序后，本人不能修改信息，需联系高校学生资助管理部门进行修改。

(四)贷款申请

1. 操作流程

登录高校助学贷款在线系统→单击菜单栏"贷款申请"→填写新增贷款申请(续贷还需填写续贷声明)→导出申请表，按高校要求进一步完善贷款手续。

2. 注意事项

(1) 本专科学生每生每年不超过 12000 元，研究生每生每年不超过 16000 元。学住费不允许为 0 元。

(2) 第几次贷款由系统自动计算，不要选择。

(3) 贷款年限可以由个人选择，最长不超过 22 年，计算方式为剩余学制+15 年。如系统提示错误，需重新选择后提交。

3. 续贷申请要求

(1) 提交续贷申请前，要求每年至少登录 2 次高校助学贷款在线系统维护相关信息，否则不能进行续贷。

(2) 提交续贷申请前，需按照要求填写续贷声明，简要描述本学年学习、思想等情况，内容客观真实、积极向上，不超过 200 字。高校学生资助管理部门通过续贷声明审核后，方可续贷。

(五)贷款偿还

1. 高校助学贷款偿还途径

借款学生可通过支付宝、国家助学贷款 POS 机、银联云闪付完成还款。

(1) 使用支付宝还款。①充值到支付宝。须于还款日前足额充值到指定支付宝账户余额中(注意不要充值到余额宝)，还款日系统自动划扣。②使用网页版支付宝"国家助学贷款还款"功能。可在还款日前，使用计算机登录支付宝→单击菜单栏"应用中心"→选择"国家助学贷款还款"，实时完成还款。③使用手机端支付宝 APP "国家开发银行助学贷款"生活号。可在还款日前，使用手机登录支付宝 APP→搜索"国家开发银行助学贷款"生活号→在线还款，实时完成还款。④使用手机端支付宝 APP "国家开发银行助学贷款"小程序。可在还款日前，使用手机登录支付宝 APP→搜索"国家开发银行助学贷款"小程序→在线还款，实时完成还款。

(2) 使用国家开发银行专用 POS 机，刷储蓄卡还款。该 POS 机已覆盖河南省各高校和各县(区)学生资助管理部门。

(3) 使用手机端银联云闪付 APP "国家开发银行助学贷款"小程序还款。可在还款日前，使用手机登录银联云闪付 APP→搜索"国家开发银行助学贷款"小程序→在线还款，实时完成还款。

2. 提前还款申请操作

登录高校助学贷款在线系统→单击菜单栏"提前还款申请"→选择还款方式(全部结清、部分结清)→选择要结清的合同→选择还款途径完成还款。

(六)贷款展期(还款计划变更)申请

登录高校助学贷款在线系统→单击菜单栏"贷款展期申请"→点选所有合同编号→填写新就读高校信息→在规定的时间内向原就读高校学生资助管理部门提交《国家开发银行高校助学贷款展期申请表》和录取通知书复印件(一式两份)。

(七)毕业确认申请

1. 毕业确认申请操作

登录高校助学贷款在线系统→单击菜单栏"个人信息变更"修改个人信息→单击菜单栏"毕业确认申请"提交毕业申请→院(系)经办人审核→导出并打印《国家助学贷款毕业确认申请表》，进行现场毕业确认。

2. 注意事项

(1) 学生应将个人信息中的 QQ、E-mail、家庭联系地址、家庭联系人、联系电话、工作单位等信息补充完整。

(2) 在更新个人基本信息过程中，除灰色字体外的部分均可由个人进行修改，如需修改灰色字体部分，需按照信息变更的相关要求，提交高校学生资助管理部门进行修改。

(3) 学生要认真核对每一笔贷款合同，特别是贴息截止日期和贷款到期日期。如发现错误，务必联系高校学生资助管理部门进行修改。

(八)贷款信息查询

1. 贷款与应还款查询

登录高校助学贷款在线系统→单击菜单栏"贷款与应还款查询"，可以查询合同编号、贷款金额、贷款开始日期、贷款到期日期、贷款余额、逾期本金、逾期利息、应还款日期、应还本金、应还利息、支付宝账号、已扣本金、已扣利息、扣款合计、当月扣款明细。

2. 还款信息查询

登录高校助学贷款在线系统→单击菜单栏"还款明细查询"，可以查询还款明细、贷款合同号、还款类型、应还金额、实还金额、应还款日期、扣款日期。以上信息还款次月方可查询。

3. 应还本息测算

登录高校助学贷款在线系统→单击菜单栏"本年应付本息测算"，可以查询合同编号、贷款次数、应还本金、应还利息、财政贴息。

第三节　服兵役国家教育资助

应征入伍服兵役高校学生国家教育资助指国家对应征入伍服义务兵役、招收为士官的高校学生，在入伍时对其在校期间缴纳的学费实行一次性补偿或获得的国家助学贷款实行代偿；对应征入伍服义务兵役前正在高等学校就读的学生(含按国家招生规定录取的高校新生)，服役期间按国家有关规定保留学籍或入学资格、退役后自愿复学或入学的，实行学费减免；对通过全国统一高考或高职分类招考方式考入普通高等学校的全日制自主就业退役士兵学生，实行学费减免。河南经贸职业学院服兵役学生国家教育资助管理办法(试行)如下。

一、总则

为响应国家推进国防和军队现代化建设号召，鼓励我校学生积极应征入伍服兵役，根据《财政部教育部人力资源社会保障部退役军人部中央军委国防动员部关于印发〈学生资助资金管理办法〉的通知》(财教〔2021〕310号)和《退役军人事务部等七部门关于全面做好退役士兵教育培训工作的指导意见》(退役军人部发〔2021〕53号)文件精神，结合我校实际情况，特制订河南经贸职业学院服兵役学生国家教育资助管理办法。

服兵役国家教育资助，是指国家对应征入伍服义务兵役、招收为士官的我校学生，在入伍时对其在校期间缴纳的学费实行一次性补偿或获得的国家助学贷款实行代偿；对应征入伍服义务兵役前正在我校就读的学生(含按国家招生规定录取的我校新生)，服役期间按国家有关规定保留学籍或入学资格、退役后自愿复学或入学的，实行学费减免；对退役一年以上，自主就业，通过全国统一高考考入我校并到校报到的入学新生，实行学费减免。退役士兵国家教育资助助学金(以下简称"退役士兵助学金")，是指国家对应征入伍服兵役的应征青年，退役后考入大学(退役后通过高考考入大学)以及退役复学(服役期间按国家有关规定保留学籍或入学资格，退役后自愿复学或入学的)的学生，在校期间每年可享受国家助学金的资助。

本细则所称学生是指河南经贸职业学院全日制在校生。下列学生应征入伍服兵役不享受国家资助：

(1) 在校期间已通过其他方式免除全部学费的学生。
(2) 定向生(定向培养士官除外)、委培生。
(3) 其他不属于服义务兵役或招收士官到部队入伍的。

二、受助标准及年限

学费补偿、国家助学贷款代偿及学费减免标准，专科生每人每年最高不超过 8000 元。学费补偿或国家助学贷款代偿金额，按学生实际缴纳的学费或获得的国家助学贷款两者金额较高者执行，据实补偿或者代偿。退役复学后学费减免金额，按学校实际收取学费金额执行。超出标准部分不予补偿、代偿或减免。全日制在校退役士兵学生全部享受本专科国家助学金，资助标准为每生每年 3300 元，退役士兵助学金与国家助学金不能重复获得。

获学费补偿学生在校期间获得国家助学贷款的，补偿资金应当首先用于偿还国家助学贷款。获得国家助学贷款的在校生应征入伍后，国家助学贷款停止发放。

入伍资助年限按照国家对专科生规定的基本修业年限据实计算。以入伍时间为准，入伍前已完成规定的修业年限，即为学费补偿或国家助学贷款代偿的年限；退役复学后接续完成规定的剩余修业年限，即为学费减免的年限；退役后考入高校的新生，规定的基本修业年限，即为学费减免的年限。

三、申请、审核和发放

学费补偿或国家助学贷款代偿应遵循以下程序：

(1) 应征报名的我校学生登录全国征兵网，按要求在线填写、打印《应征入伍服兵役高等学校学生国家教育资助申请表 I》(以下简称《申请表 I》，一式两份)并提交学工部学生资助管理中心。在校期间获得国家助学贷款的学生，需同时提供《国家助学贷款借款合同》复印件和本人签字的一次性偿还贷款计划书。

(2) 学工部会同财务处负责对《申请表 I》中学生的资助资格、标准、金额等相关信息审核无误后，在《申请表 I》上加盖公章，完成学校的信息确认。一份留存、一份返还给学生。

(3) 学生在征兵报名时将《申请表 I》交至入伍所在地县级人民政府征兵办公室(以下简称县级征兵办)。学生被批准入伍后，县级征兵办对《申请表I》加盖公章并返还学生。

(4) 学生将《申请表I》原件和《入伍通知书》复印件，寄送或委托他人送至学工部。

(5) 学工部在收到学生的《申请表I》原件和《入伍通知书》复印件后，对各项内容进行复核和上报国家、省学生资助管理系统，符合条件的，及时向学生进行学费补偿或国家助学贷款代偿。

对于办理校园地国家助学贷款的学生，由学工部按照还款计划，一次性向银行偿还学生校园地国家助学贷款本息，并将银行开具的还款凭证交寄学生本人或其家长。偿还全部贷款后如有剩余资金，汇至学生指定的银行账户。对于在户籍所在县(市、区)办理了生源地信用助学贷款的学生，由学工部学生资助中心根据学生签字的还款计划，将代偿资金一次性汇至学生指定的银行账户。

对于办理退役士兵助学金的学生，需向学工部提供《退役士兵国家助学金申请表》、退伍证复印件(盖章处必须清晰)、学生本人身份证复印件、学籍在线验证报告(学信网下载)。学工部在收到学生的材料后，对各项内容进行复核和上报国家、省学生资助管理系统，符合条件的，及时向学生进行资助发放等后续工作。退役士兵有助学金补报的时间限制，一般情况下只可补报一年。

退役后自愿回校复学或入学的学生和退役后考入我校的入学新生，到校报到后向学工部一次性提出学费减免申请，填报《应征入伍服兵役高等学校学生国家教育资助申请表II》并提交退役证书复印件。学工部在收到申请材料后，会同财务处对学生的申请资格和具体学费进行审核。符合条件的，将办理学费减免手续。

入伍资助资金不足以偿还国家助学贷款的，学生应与经办银行重新签订还款计划，偿还剩余部分国家助学贷款。

应征入伍服兵役的往届毕业生，申请国家助学贷款代偿的，应由学生本人继续按原还款协议自行偿还贷款，学生本人凭贷款合同和已偿还的贷款本息银行凭证向学校申请代偿资金。

各二级学院应高度重视，做好政策宣传工作，主动收集本年度服兵役学生的相关信息，并告知办理时间，指导学生完成材料的填写和审核盖章等，确保学生及时准确递交申请材料。同时建立和完善服兵役国家资助学生数据库，以备检查。

四、管理

因故意隐瞒病史或弄虚作假、违法犯罪等行为造成退兵的学生，以及因拒服兵役被部队除名的学生，取消其受助资格。

被部队退回或除名并被取消资助资格的学生，如学生返回我校就读，已补偿的学费或代偿的国家助学贷款资金由学校会同退役安置地区级征兵办收回。收回资金后，学校及时上缴河南省学生资助管理中心。

因部队编制名额缩减、国家建设需要、因战因公负伤致残、因病不适宜在部队继续服役、家庭发生重大变故需要退役等原因，经组织批准提前退役的学生，仍具备受助资格。其他非正常退役学生的资助资格认定，由其余相关政府部门确定。

学校严格按照规定要求，对入伍资助学生的申请进行认真审核，及时办理补偿代偿和学费减免，并做好相关档案保管备查工作。

第四节　河南经贸职业学院校内奖助学金

一、校内奖学金评定办法(试行)

(一)总则

为了激励学生勤奋学习、努力进取，促进学生德智体美劳等方面全面发展，把竞争、激励机制引入学生教育和管理工作中；同时营造"人人皆可成才、人人尽展其才"的良好环境，努力培养高素质劳动者和技术技能人才。根据上级部门的有关文件精神，结合我校实际情况，制定本办法。

校内奖学金分为校学业奖学金和校单项奖学金；学业奖学金主要用于奖励学习成绩优异，刻苦钻研的学生；单项奖学金主要用于奖励在价值塑造、人文素养、习惯养成、精神文明等日常生活和学习的各个方面表现突出，取得进步的学生。

(二)奖学金的评定范围及条件

1. 评定范围

(1) 校学业奖学金。学业奖学金评定范围为我校在校学生。

(2) 单项奖学金。单项奖学金评定范围为我校在校学生。

2. 学业奖学金评定条件

凡具有正式学籍的学生，在校期间认真学习，自觉遵守学校纪律，无下列情况之一的学生，均有资格参与学业奖学金的评选。

(1) 因违纪受到警告及以上处分的。

(2) 因违纪受到纪律处分的(包括受到党、团组织处分)。

(3) 本学年有考查、考试课不及格者。

(4) 欠缴学费者。

3. 单项奖学金评定条件

凡具有正式学籍的学生，在校期间认真学习，自觉遵守学校纪律，无欠缴学费的学生，均有资格参与单项奖学金的评选。同时满足以下条件：

(1) 坚持四项基本原则，拥护党的方针、政策。

(2) 遵守国家法律法规，品行端正。

(3) 学习态度端正，勤奋刻苦，热爱所学专业。

(4) 符合所在学院单项奖学金的评选条件。

(三)奖学金评定比例及奖励标准

1. 校学业奖学金评定比例及奖励标准

校学业奖学金的比例及标准见表 5-2。各学院依据学习成绩排名确定(以教务处青果系统数据为准)。

表 5-2　校学业奖学金评定比例及标准

等　级	比例(%)	金额(元/人)
一等	1	2000
二等	2	1000
三等	3	500

2. 校单项奖学金评定比例及奖励标准

学校学生资助管理中心根据学校拨付的经费情况、各学院学生数,分配资助名额和金额;各二级学院根据资助名额和金额结合本学院学生的实际情况制定奖励类别、奖励标准及获奖比例。原则上奖励标准范围 50～1500 元。

(四)评定原则

(1) 所有奖学金评审坚持公开、公平、公正、择优的原则。

(2) 校内奖学金按学年申请和评定。

(3) 同一学年内,获得国家奖学金的家庭经济困难学生可以同时申请并获得国家助学金,但不能同时获得国家励志奖学金和校学业奖学金。

(五)评定时间与发放办法

(1) 学业奖学金按照学年评定,大三实习不再评定。由所在二级学院依据上学年各班学习成绩名次评定为依据,会同辅导员意见确定奖学金获得者名单,并公示 5 个工作日,上报学生资助管理中心。

(2) 单项奖学金按照学年评定。学生大二上学期评定大一学年,大三上学期评定大二学年,大三下学期评定大三上学期,大三下学期不再评定。

(3) 学业奖学金、单项奖学金由各学院负责本学院奖学金评定工作的具体方案制定和评审工作的实施,并经主管校领导批准后,按照要求提供相关评选和发放资料,报学生资助管理中心,经主管学生工作的校领导审批后,统一由财务部门发放。

(4) 单项奖评选程序:各学院公布评定办法(经主管校领导批准)→学生本人申请→班级评议推荐→各学院评定→校学生处审核备案→校领导批准→公示 5 个工作日。

(六)实行奖学金跟踪调查追回制度

(1) 学生获奖后,凡出现以下情况,应立即追回所发奖学金:

① 凡因弄虚作假而获得奖学金者,一经查出立即终止,并追回已发放的奖学金,同

时要给作假者及相关当事人纪律处分。

② 获奖后放松要求，受到校、院通报批评者。

(2) 追回的奖学金用于对品学兼优学生的奖励和特困生的救助。

二、志愿服务奖励发放办法(试行)

为了激励学生积极参加志愿服务活动，结合我校实际情况，制定本办法。

(一)发放对象

参与志愿服务活动符合条件的学生。

(二)奖励等级

志愿服务奖励等级和金额见表 5-3。

表 5-3　志愿服务奖励等级和金额

等　级	金额(元/人)
一等	300
二等	200
三等	100

(三)发放依据

以校团委提供的学生每学期青年志愿服务积分为准，全校由高至低排序，原则上前 15%学生享受奖励，也可根据各二级学院情况予以调整。依据志愿服务项目预算金额、志愿服务具体积分情况，确定三个等级分数线。

(四)发放要求

每学期进行一次评选工作，一般安排在下学期开学后一个月内进行。若有学籍异动学生，不予奖励，按排名顺延。奖励名单公示无异议后，奖励一次性发放。

三、大学生特困补助(精准资助)管理办法(试行)

(一)总则

为了进一步巩固和拓展脱贫攻坚成果，在过渡期内保持学生资助力度总体稳定，对易返贫致贫家庭学生给予重点关注和帮扶，大力推进教育精准资助工作。根据《国务院关于建立健全普通本科高校高等职业学校和中等职业学校家庭经济困难学生资助政策体系的意见》(国发〔2007〕13 号)文件精神，结合学校实际，特制定本办法。

精准资助用于解决特殊困难学生，家庭突发意外或者其他实际情况易返贫致贫家庭学生造成生活上困难给予的资助。每学期评定一次。

本办法适用于我校全日制在籍在读专(本)科学生。

(二)经费来源

精准资助经费主要来源于学校事业收入中提取的资助专用经费，资助金额依据当年预算确定。在经费使用过程中应遵循专款专用原则，任何单位和个人不得挪用。

(三)申请条件

学生申请精准资助的基本条件：

(1) 学生家庭人均月收入在城乡人均最低生活保障标准以下的，且平时生活节俭，完成学业确有困难的学生。

(2) 家庭所在地处边远经济较落后的农村地区，或父母下岗无固定经济来源，以及残疾学生、单亲家庭(低收入家庭)的学生。

(3) 烈士子女、孤儿、父母患有严重疾病或残疾(丧失或部分丧失劳动能力的)以及特殊困难家庭，家庭持有《特困证》《社会扶助证》《最低生活保障证》，难以维持基本生活的学生。

(4) 因近期家中突发重大事故，导致家庭突然生活困难或易返贫家庭的学生。

(5) 家庭经济困难学生在校期间表现良好，严格遵守校规校纪，积极参加学校组织的各项活动，作风正派，关心集体，热心为同学们服务，积极参加志愿服务活动和勤工助学活动。

(6) 其他特殊情况需要给予补助的学生。

(四)资助标准

分三个等级：一等资助2000元，二等资助1500元，三等资助1000元。

(五)申请程序

精准资助申请程序：

(1) 学生申请。学生提交《河南经贸职业学院学生助学金申请审批表》以及相关证明材料(材料可包括诊断书、住院记录、残疾证等)交所在学院。

(2) 辅导员推荐。对于学生不愿申请但是家庭实际情况确实困难的可由辅导员推荐，积极引导学生申请。

(3) 所在学院审核。所在学院通过家庭电话访问、宿舍访谈、班委调查等方式核实学生上交的申请书以及相关证明材料是否真实，并进行筛选和分等级，最终形成推荐情况说明。主管学生工作的学院领导签字盖章，并根据实际情况提交具体评审报告及评审建议。

(4) 学校审批。学生工作部(学生资助管理中心)审核后报学校审批。

(5) 公示。学生工作部(学生资助管理中心)对精准资助候选名单公示不少于5日。

(6) 补助发放。由学校财务处将助学金一次性发放到学生银行卡内。

(六)相关要求

申请精准资助的学生，如发现受助学生有弄虚作假、奢侈浪费等行为，核实后将取消其资助资格，并报学生资助管理中心备案，同时予以相应的处理。

申请精准资助的学生，出现违反学校校规校纪的行为给予处分的，依据相关规定予以处理。

四、大学生临时困难补助管理办法(试行)

(一)总则

为进一步加强家庭经济困难学生资助工作，规范学生临时困难补助管理与使用，充分发挥临时困难补助的应急救助功能，做到应助尽助。根据《国务院关于建立健全普通本科高校高等职业学校和中等职业学校家庭经济困难学生资助政策体系的意见》(国发〔2007〕13号)文件精神，结合河南经贸职业学院实际，制定本办法。

临时困难补助资金是由学校教育事业收入中按比例提取的专项经费。

临时困难补助主要用于帮助我校学生解决学习、生活中遇到的突发性、临时性、特殊性的经济困难，保障其顺利完成学业。

(二)申请、审批与发放

(1) 我校全日制在校在籍学生中符合下列条件者，可以申请临时困难补助：

① 本人或直系亲属突患大病、重病或者遭受意外伤害，影响到学生的正常学习和生活。

② 本人在校期间发生意外伤病，经学院认定需要进行资助的；

③ 家庭出现突然重大变故，影响到学生的正常学习和生活；

④ 遭遇其他突发性、特殊性经济困难；

⑤ 经学院认定需要进行的其他临时资助。

(2) 具有下列情形之一的，学校不予补助或取消其受助资格并责令其退还已领的补助金额。

① 有高消费行为或铺张浪费。

② 在申请困难补助过程中弄虚作假。

③ 其他未列举不宜补助的。

(3) 学生在申请临时困难补助的同时，学校鼓励通过参加勤工助学和申请国家助学贷款来解决生活、学习费用。

(4) 临时困难补助的申请与审批

① 本人向辅导员提交临时困难补助书面申请，填写《河南经贸职业学院临时困难补助审批表》，并提供相关证明。

② 辅导员对申请临时困难补助学生的情况进行核实并签署意见。

③ 学院分管学生工作的书记初审并填写建议资助金额。

④ 经学生处审定、备案；或经主管学生工作的校领导审批。

⑤ 通过财务处将资助金汇入受助学生个人账户。

(三)经费管理与使用

临时困难补助的使用原则和要求：

(1) 临时困难补助由学校统一掌握使用，只能用于帮助家庭经济困难学生解决学习、生活上临时出现的困难，任何单位和个人不得挪作他用。

(2) 临时困难补助不能平均使用，应根据学生实际情况，合理确定资助金额，原则上学生单次申请资助标准 500 至 3000 元。

(3) 受助学生必须合理使用临时困难补助，以解决学习、生活中的困难。

五、河南经贸职业学院勤工助学管理办法(试行)

(一)总则

为规范管理学生勤工助学工作，促进勤工助学活动健康、有序发展，保障学生的合法权益，帮助学生顺利完成学业，充分发挥勤工助学育人功能，培养学生自立自强、创新创业精神，增强学生社会实践能力。根据教育部、财政部《高等学校勤工助学管理办法(2018年修订)》(教财〔2018〕12 号)和《普通高等学校学生管理规定》(教育部令 41 号)等文件精神，结合学校实际，制定本办法。

(1) 本办法适用于我校在读全日制普通专科(本科)学生。

(2) 本办法所称勤工助学活动，是指学生在学校的组织下，利用课余时间，通过自己的劳动取得的合法报酬，用于改善学习和生活条件的社会实践活动。

(3) 勤工助学活动是对学生进行思想教育的重要阵地，是提高学生综合素质和资助家庭经济困难学生的有效途径，是落实学校"三全育人"的有效平台，是落实立德树人根本任务的重要举措。学校学生资助管理部门、各设岗部门及工作人员都负有育人职责。

(4) 学校勤工助学活动坚持"立足校园、服务师生"的宗旨，坚持"学有余力、自愿申请、信息公开、遵纪守法、竞争上岗、扶困优先"的原则，由学校在不影响正常教学秩序和学生正常学习的前提下有组织地开展。

(5) 勤工助学活动由学校统一组织和管理。学生私自在校外兼职的行为，不在本办法规定之列，学校不承担相关责任。

(二)管理机构及工作职责

勤工助学工作实行"统一指导、归口管理、分级负责"的管理体制。学校设立勤工助学工作领导小组。由主管学生工作的校领导任组长，学生处、团委、财务处、教务处、安保处、后勤处等部门负责人为小组成员。学校勤工助学工作领导小组负责全面领导学校勤工助学工作，协调校内有关部门充分发挥作用，为勤工助学活动提供指导、服务和保障。

学校学生资助管理中心是专门的学生勤工助学管理服务组织。具体职责是：制定有关管理制度，监督、审核用工单位关于岗位的申报、招聘、录用、考评等工作，审核岗位报酬标准、发放报酬等工作。

用工单位是指校内各接收学生进行勤工助学工作的责任部门，应由各院部负责人负责勤工助学工作。各用工单位指派一名同志负责本部门的勤工助学活动。主要职责：提出勤工助学岗位申请，负责勤工助学岗位的招聘、录用、培训、教育、管理、考核及信息申报工作。

各二级学院主要职责：接受学生参加勤工助学活动申请、初审、推荐并配合学校学生资助管理中心安排学生参加勤工助学活动；加强对勤工助学学生的思想政治教育和日常管理，及时了解勤工助学学生的具体情况；负责所属勤工助学学生的各项具体问题。

(三)校内勤工助学岗位设置及要求

勤工助学岗位设置以校内教学助理、行政管理助理、学校公共服务等为主要内容。用工单位需提交设置岗位申请表，表明申报岗位的必要性。

(1) 校内勤工助学岗位设置固定岗位和临时岗位。

① 固定岗位是指持续一个学期以上的长期性岗位和寒暑假期间的连续性岗位，寒暑假勤工助学时间可根据具体情况适当延长。

② 临时岗位是指不具有长期性，通过一次或几次勤工助学活动随即完成任务的工作岗位。

(2) 设岗原则具体包括：

① 设立勤工助学岗位应本着合理、精干的原则，合理分配资源，杜绝浪费人力。

② 勤工助学岗位所从事工作必须符合国家的法律法规和社会公德，符合学校人才培养目标和规章制度。

③ 不影响学校正常的教学和管理秩序。

④ 不影响学生正常的学习和生活。

⑤ 不得组织学生参加有毒、有害和危险的生产作业以及超过学生身体承受能力有碍学生健康的劳动。

⑥ 不能替代校内教职员工的本职工作。

⑦ 实施一人一岗制，学生工作时间原则上每周不超过 8 小时，每月不超过 40 小时。

(3) 勤工助学岗位主要由校内各用人部门提供。设岗单位根据本部门的工作特点和实际需要向资助中心申报设岗计划，填写《校内勤工助学固定岗位设置申请表》经部门主管校领导审批后，报学生处审核、主管学生工作校领导批准，设立助学岗位。用工部门临时性用工，应当提前 5 个工作日向学校学生资助管理中心提出用工申请，填写《校内勤工助学临时岗位设置申请表》经学生处审核，报主管学生工作的校领导批准后，安排学生上岗。

(4) 寒暑假需要用工的单位，应当在放假前 2 周内向学生处提出用工申请，经学生处审核后，报主管学生工作的校领导批准后，用工单位可在寒暑假期间用工。用工部门在放假前一周将《河南经贸职业学院寒暑假用校务助理申请表》报送学校学生资助管理中心。

(四)岗位的申请、招聘与录用

勤工助学岗位申请者应当具备下列条件：

(1) 遵守校纪校规，道德品质良好。

(2) 学习成绩合格，身体健康。

(3) 家庭经济困难者优先。

(4) 有岗位专长者优先。
(5) 学习成绩优秀者优先。

为了培养学生的社会实践能力，避免设岗部门需求与学生学习时间的冲突，勤工助学岗位采取公开招聘与学生自愿相结合的办法。

用工部门根据岗位要求和学生申请情况负责组织学生面试，并将结果和拟录名单按要求报至学校学生资助管理中心审核备案。对于未招满的设岗单位，空缺岗位可由学校学生资助管理中心统一安排学生。

(五)校内勤工助学岗位的管理

勤工助学固定岗每学年换岗一次。用人部门应在每学期开学第一个月(通常为 9 月)向学生资助管理中心提出岗位设置申请，填写《校内勤工助学固定岗位设置申请表》或《校内勤工助学临时岗位设置申请表》并报送。用工部门中途解聘学生或者岗位变动的，用工部门需提交《校内勤工助学岗位变动表》，报学校学生资助管理中心审核备案。

(1) 校内勤工助学固定岗位设置每学期核准一次。凡未按规定向资助中心提前申请岗位和及时上报信息的，将不予发放相应岗位补助。

(2) 用工部门应当对勤工助学学生根据岗位要求，进行相应的岗前培训加强对勤工助学学生的思想政治教育、安全教育、纪律教育等，帮助学生树立正确的劳动观。

(3) 勤工助学学生应当遵守用工单位的劳动纪律，按要求完成工作任务，无特殊原因，不得提出辞职。如有特殊原因需离岗，学生应提前 10 个工作日向用工单位提出离岗申请，经用工单位批准后做好相关工作交接，方可离岗。

(4) 用工单位负责对参加勤工助学的学生按月进行工作考核，考核不合格者，学校学生资助管理中心将不予发放本月劳动报酬。用工单位每学期结束前应对上岗学生进行工作鉴定，提交用工单位对勤工助学学生工作考评表，将学生表现情况报至学校学生资助管理中心。学校学生资助管理中心每年根据用工单位对勤工助学学生的工作考评情况，评选出勤工助学优秀个人若干名，并予以奖励。

(5) 勤工助学学生在工作中表现突出，受到用工单位好评者，在下一学年勤工助学岗位招聘时优先录用。

(6) 学校学生资助管理中心将对在勤工助学活动中表现突出的团队和个人予以表彰。
① 设立"自强之星"奖，对在勤工助学活动中表现突出的学生予以表彰奖励。
② 设立"勤工助学优秀组织奖"，对在勤工助学活动中表现突出的二级学院予以表彰奖励。
③ 对表现突出的学生，推荐其参加河南省的有关评比。

(7) 对有下列情形的学生，学校根据相关规定予以纪律处分：
① 未向学生资助管理中心申报，擅自为校外单位或个人从事经商活动，不听劝阻者。
② 盗用学生资助管理中心名义组织勤工助学活动，扰乱学校勤工助学活动秩序者。

(8) 勤工助学学生有下列情形之一 的，予以退岗，并取消其下一学年勤工助学岗位申请资格：
① 未经批准，擅自不到用工单位报到的。
② 无正当理由，拒不服从用工单位工作安排的。

③ 不履行岗位责任或者不遵守劳动纪律的。

④ 学期考核不合格的：一学期有 2 门(含 2 门)以上或者连续两学期累计 4 门(含 4 门)以上课程不及格的。

(六)岗位酬金审核与发放

(1) 用人部门要充分体现资助贫困的原则和按劳取酬的原则，不得虚报、多报劳动量，杜绝有岗无人现象发生。

(2) 学生资助管理中心依据用工部门每月 1—5 日报送的《河南经贸职业学院学生勤工助学考核表》，计算勤工助学学生岗位酬金、报学校财务处发放工资。

(3) 根据岗位性质和上岗时间，学生勤工助学固定岗位按月计酬，原则上每月不超过 40 个工时。学生勤工助学临时岗位按小时计酬，劳动报酬原则上不低于每小时 12 元。

(4) 学校保护学生通过诚实劳动获得报酬的权利。用工单位应当按照学生实际工作情况如实填报考勤，如有虚报、假报、瞒报情况，将取消该用工单位本年度用工资格。

(5) 学生参与校内非营利性单位的勤工助学活动，其劳动报酬从勤工助学专项资金中支付；学生参与校内营利性单位勤工助学活动，其劳动报酬原则上由用人单位支付。

(七)法律责任

校内开展勤工助学活动，学生及用工单位须遵守国家及学校各项相关管理规定，并依法承担相应责任。

在勤工助学活动中，若出现协议纠纷或学生意外伤害事故，协议各方应按照签订的协议协商解决。如不能达成一致意见，按照有关法律法规规定的程序办理。

第五节　资助育人活动

一、"诚信校园行"系列活动

诚信是中华民族的传统美德，是社会主义核心价值观的重要内容。开展诚信征信教育主题活动是做好大学生资助工作的前提和基础，也是资助工作持续健康发展的重要保障。为营造诚信校园氛围，进一步推动国家助学贷款工作持续、健康发展，鼓励受助学生树立诚信自强、报答社会的责任意识，河南经贸职业学院开展大学生"诚信校园行"系列活动。

(一)活动主题

昂首阔步新时代，树信立德展风采。

(二)活动目的

大力宣传普及资助政策和金融基础知识，深入挖掘中华优秀传统文化中爱祖国、守诚信、崇正义、懂感恩的时代价值，不断增强大学生的诚信感恩和金融风险安全防范意识，引领广大青年学子更好地争做时代新人，传承红色基因，牢记初心使命，努力成为德智体美劳全面发展的社会主义建设者和接班人。

(三)活动对象

河南经贸职业学院所有在校学生。

(四)活动内容

1. "诚信校园行"学生资助知识大赛

以赛促学，通过学生资助知识竞赛促进同学们了解、学习国家资助政策，普及金融知识，树立诚信自强的意识。

2. "诚信校园行"短剧大赛

通过话剧来诠释主题，使同学们更加深刻地了解国家资助奖学金和助学金的重要意义，激发同学们在日常生活、学习中吃苦耐劳、团结奋进的精神，为祖国的发展、民族的团结奋斗拼搏。

3. "诚信校园行"演讲大赛

以诚信为主题，同学们创作演讲文章，演讲内容健康、积极向上、讲究文采，以演讲的形式弘扬民族文化、传承中华民族传统美德，倡导诚信精神。

4. "诚信校园行"辩论大赛

以辩论赛的形式，将中华民族的优良品德——诚信在大学生中深入宣传，引起广大学生的广泛关注。

(五)活动流程

1. "诚信校园行"学生资助知识大赛

初赛：各学院自行组织开展院内比赛，通过班级、学院层层选拔，确定参加校赛队伍。以学院为单位，各学院选拔出一支参赛代表队，每支代表队由 1 名领队兼指导老师、3 名参赛队员组成(可增报一名替补队员)。

决赛：全校决赛共 11 支参赛队伍抽签决定出场顺序，按照分组淘汰的方式确定名次。一等奖 2 名，二等奖 3 名，三等奖 5 名。

2. "诚信校园行"短剧大赛

初赛：各学院自行组织开展院内比赛，通过班级、学院层层选拔，确定推荐 1 个最佳短剧参加校赛。

决赛：全校决赛共 11 个短剧抽签决定出场顺序，有评审小组打分评选。一等奖 2 名，二等奖 3 名，三等奖 5 名。

3. "诚信校园行"演讲大赛

初赛：各学院自行组织开展院内比赛，通过班级、学院层层选拔，确定推荐 2 个同学参加校赛。

决赛：全校决赛共 11 个同学抽签决定出场顺序，由评审小组打分评选。一等奖 2 名，二等奖 3 名，三等奖 5 名。

4. "诚信校园行"辩论大赛

初赛：各学院自行组织开展院内比赛，通过班级、学院层层选拔，确定参加校赛队伍。以学院为单位，各学院选拔出一支参赛代表队，每支代表队由 1 名领队兼指导老师、3 名参赛队员组成(可增报一名替补队员)。

决赛：全校决赛共 11 支参赛队伍抽签决定出场顺序，按照分组淘汰的方式确定名次。一等奖 2 名，二等奖 3 名，三等奖 5 名。

(六)活动奖项设置

所有校赛参与者加个人荣誉积分，一、二、三等奖颁发荣誉证书及奖励；设立优秀组织奖若干，对在初赛、复赛和决赛阶段组织得力、成绩突出的学院进行表彰。

二、"助学·筑梦·铸人"主题作品征集活动

为深入学习贯彻习近平新时代中国特色社会主义思想和党的十九届五中全会精神，落实教育部"进一步加强学生资助工作"要求，大力宣传国家资助政策及成效，激励广大受助学生奋发自强、立志成才、感恩奉献，河南经贸职业学院开展"助学·筑梦·铸人"主题作品征集活动。

(一)活动口号及主题

活动口号：脱贫攻坚·谁的青春不奋斗

活动主题：助学·筑梦·铸人

(二)活动对象

河南经贸职业学院接受过国家资助(含奖励)的学生(含在校生及毕业生)，以及从事资助工作的教师。

(三)活动主要内容及形式

参与人员重点关注脱贫攻坚政策实施以来，家乡、家庭、个人的深刻变化，通过各类作品集中展现脱贫攻坚成果，解读青年学子的乡土情结，汇聚同心追梦的青春力量。

1. 征文比赛

以"助学·筑梦·铸人"为主题，以宣传国家资助政策及成效为重点，请受助学生亲自撰写，或由同学、朋友、师长，以第三人称讲述脱贫攻坚政策实施以来他们在学生资助政策的帮助下有关家乡、家庭、个人的青春奋斗故事；教师撰写自己亲身经历或见闻到的感人助学故事。体裁为记叙文，要求紧扣学生资助帮助家庭经济困难学生健康成长、顺利

求学这一"资助育人"主要内容,感情真挚,内容真实,突出人物个性和独特经历,传递正能量,题目不限,字数不超过 2000 字。征文中涉及的受助学生应学习勤奋、生活俭朴、热心公益活动;已毕业的助学贷款受助生必须诚实守信,按时偿还助学贷款。

2. 短视频大赛

以"助学·筑梦·铸人"为主题,以宣传国家资助政策及成效为重点,拍摄脱贫攻坚政策实施以来受助学生在生活、工作、学习中的瞬间,或是通过制作歌曲、编排短剧、相声、小品等文艺作品,以此展现他们青春激昂、奋斗不息、追梦不止的精神风貌,并用不超过 200 字的篇幅对视频内容进行简要概述。视频长度 1 分钟,不超过 1G,MP4 格式。标清分辨率作品:采用标清 4:3 拍摄,分辨率设定为 720×576,标准 PAL 制式 DVD 影碟。高清分辨率作品采用高清 16:9 拍摄,分辨率不超过 1280×720,MPG 文件(MPEG-2 视频解码)。

3. 艺术作品大赛

以"助学·筑梦·铸人"为主题,设计与学生资助相关的艺术作品,并用不超过 100 字的篇幅对图片内容进行简要概述。要求主题突出,作品风格、形式不限(可以为国画、油画、版画、剪纸、手绘、摄影等多种形式)。作品需分别提交电子版和纸质版。电子版作品需提交 5M 以上的 JPG 格式图片(纸质版作品拍照提交),纸质版作品提交实物(评选完归还)。

(四)活动流程

学校举办校级"助学·筑梦·铸人"主题宣传活动,评选出校级优秀作品,并将全部优秀作品推荐报送至全国活动组委会,参与全国评选。

各学院分别推荐优秀征文作品不少于 6 篇,视频、音频和宣传画作品分别不少于 3 篇。

(五)相关要求

各学院要充分重视本次宣传活动,及时将通知转发,精心组织实施,加强宣传,积极引导鼓励广大学生、教师参与此次活动。

本次提交的作品,必须保证从未公开发表或曾参评其他类似活动但未获奖;严禁抄袭,一经发现,当即取消参评资格,相关责任均由提交者本人承担。本次活动组委会对参赛作品拥有使用权。

(六)奖项设置

学校组织评审专家,评选出学院优秀组织奖 3 名;学生征文一等奖 3 名、二等奖 5 名、三等奖 10 名,教师征文优秀奖若干;评选出视频、音频及宣传画优秀奖各 5 名,教师作品优秀奖若干;所有奖项颁发荣誉证书及奖励。

第六章　青春修炼手册

青年兴则国家兴，青年强则国家强。青年朝气蓬勃，像早晨八九点钟的太阳；青春富有梦想，在拼搏奋斗中绽放光芒。青年是整个社会力量中最富有生气、创造性和开拓精神的群体，是推动社会前进的重要力量。历史昭示着我们：赢得了青年，就赢得了未来、赢得了希望。青年是社会发展的新鲜血液，有着重要的角色和地位，不管是国内还是国际方面都对青年发展格外重视。习近平总书记在党的二十大报告中强调，全党要把青年工作作为战略性工作来抓。这一论断，深刻揭示了青年工作在党和国家事业全局中的战略地位，为做好新时代党的青年工作指明了前进方向、提供了根本遵循。

第一节　学 生 干 部

一、对学生干部的认知

首先，学生干部是学生。既然是学生，就应该践行学生的本分，做一名合格的学生。学生的本分是什么呢？评价学生的标准是什么呢？是学习。在这里，学习的意义是广泛的，既包括现代科技的学习、文化知识的学习，又包括思想道德的学习、文艺体育的学习；既包括理论上的学习，又包括实践中的学习；既包括自己的学习，又包括同学间的学习。不言而喻，大学生的学习主要还是专业知识的学习和思想道德的学习。

其次，学生干部是干部，是学生的干部。既然是干部，就应该履行干部的职责，做一个合格的干部。干部的职责是什么呢？是紧紧围绕促进学生学习这个中心，牢牢抓住培养学生成才这条主线，协助老师，带领同学，服务同学，为学校的稳定发展作出自己的贡献。同时，也要提高自己的综合素质和能力，不仅是组织协调能力，而且要培养自己认真工作、乐于奉献的精神，也就是要在工作过程中，学会做事、学会做人、学会做干部。很多情况下，要通过组织学生开展活动实现这些目标。因此，组织活动就成为干部的一项重要工作，一种重要的手段，但绝对不是唯一手段，更不是目的本身。如果把开展活动作为干部的目的，把开展活动作为评价学生干部的唯一标准，那就是手段与目的颠倒，是本末倒置。

最后，学生干部既是学生，又是干部，两者不可分割。因此，如果只顾自己学习而不顾服务同学，这样的人可能是合格的学生，但不是合格的学生干部；如果不顾自己学习而专搞所谓的活动，或者只为自己的私利，这样的人既不是合格的学生，也不是合格的学生干部。学生干部不是社会上的干部，所以，不要变成脱离同学，高高在上，只对老师负责、不对学生负责的官僚主义干部。

总而言之，学生干部，首先是学生，其次是干部，最后是学生干部。他们的作用是服务同学、提高自己、奉献学校。这样的人，就是学校、老师和同学们都欢迎的品学兼优的学生干部。

二、学生干部应具备的基本素质

学生干部是学生群体中优秀学生的代表，一方面作为学生要维护和彰显当代大学生的良好精神面貌，另一方面作为干部要辅助学校老师开展各项工作，发挥好学生与老师之间的关系纽带作用。因此，学生干部应具备以下基本素质。

一是思想道德素质。习近平总书记曾提出"勤学、修德、明辨、笃实"八字箴言，这是对青年树立和培育社会主义核心价值观的基本要求。勤学，就是要以知识奠定青春奉献的基础；修德，就是要确保青年的才华要用得其所；明辨，就是要把握青春奋斗与奉献的航向；笃实，就是要扎扎实实干事，踏踏实实做人。"德"是一个人成长成才的根本，修不好德，就没有坚定的立场，没有明确的方向。作为学生干部，在思想上，更要有崇高的理想信念，有党、国家和人民的大局观，有集体和个人的荣辱观，有担当与奉献的思想觉悟。在道德上，把握正确的价值观念，遵守文明高尚的道德准则，要有引领表率的行为准则，这样才能走得正、走得宽、走得远，才能圆梦人生。

二是人格魅力素质。"魅力"一词在《现代汉语词典》中解释为"很能吸引人的力量"，在学生干部队伍中，人格魅力的显现主要建立在广大同学认可的基础上。它的产生并不是天生的，而是后天不断学习、不断充实、不断完善的。学生干部的人格魅力要具有独特的才华、个人的魅力、睿智的思维、广博的知识和高度的自觉性。对学生具有号召力、影响力、效仿力；对待工作目标明确，不盲从，不鲁莽；对待阻力不退缩，勇往直前。我们只有不断地培养人格魅力，才能在学习、生活、工作中起到楷模的作用。

三是个人能力素质。学生干部个人能力素质中包括组织能力、决策能力、分析判断能力、语言表达能力、读书思考能力、公文写作能力、沟通协调能力、团结协作能力、敏锐洞察能力、自我控制能力、处理突发事件能力、开拓创新能力这12项能力。这12项指标既是对个人能力的历练，同时也是一个难得的提升自我的机会。学生干部在工作过程中除了要培养个人分析问题、观察问题、解决问题的能力外，也要培养团队精神、大局意识，更重要的是树立克服困难、勇往直前的理念。这些工作经历和经验，会大大缩短学生进入社会的时间，较好地找准个人定位，快速成长。

四是身心同行的素质。毛泽东曾言：身体是革命的本钱，一个人要想做成一件事，必须具有多方面的素质，但所有的这些都必须依托于一个前提条件——要有健康的体魄。学生干部在校既承担学习的重任，也兼顾着学校的日常工作，有时候会众多事务缠身，忙不过来。因此我们要学会合理调整自己的时间，提高工作效率，在有限的时间内更高效地完成工作任务，此外加强锻炼，注意饮食也是很有必要的。同时，我们还要关注自身心理健康，反观自身是否存在攀比、抱怨、炫耀、自负、官僚、暴躁等心理问题。学生干部要及时发觉自己的心理问题，快速调整，不能失去平衡、迷茫躁动，尽量以一种平和的心态面对困难和诱惑。有研究证明，健康的人和快乐的人会分泌内啡肽，它能够激发人的生命力、抵抗力、记忆力和创造力，有益于学习、有益于生活、有益于工作。所以只有身心同行，才能获得成功和幸福。

三、如何成为学生干部

学生干部,在学生中扮演着"学生学习的榜样""守纪的楷模""管理的标兵"等角色,能够带动学生增强学习能力、提高学习效率、培养规则意识,以身作则,提升自己的管理才能和集体荣誉感,培养较强的责任心、语言表达能力、化解矛盾的能力、沟通能力、应对突发事件的能力和果断的决策能力。

那么怎样成为一名学生干部呢?"学生重在学""干部重在干""学生干部重在学生"。学生干部,首先是学生,其次才是干部。学生要尽到学生应尽的本分——要围绕学习这个中心,提升专业技能、提高自我学习意识;学生干部职责是一名干部——要贯彻学校严管厚爱的精神,坚持真抓实干,做好桥梁沟通工作,坚持从学生中来、到学生中去,真正为学生发声,维护学生利益,发挥上下联动作用。

所以,学生干部要紧紧围绕学习这个中心,抓住培养学生成才这条主线,协助老师工作,并带领同学、服务同学。同时,也要提升自身综合素质和能力,更好地贯彻学生干部的"四个学会"原则:学会做人、学会做事、学会学习、学会与人相处。

1. 先人后己、大公无私

作为学生干部,首先要具有牺牲精神,自觉做到热情地为同学服务,全心全意为同学服务。考虑问题不能从小团体利益出发,也不能从个别学生利益出发,更不能从个人利益出发,而要代表大多数同学利益,为全体同学服务。凡是对同学有利的事情,都要不怕麻烦,认认真真地去做。学生干部对学生中出现的问题,不能只凭自己的主观臆断做出决定,而要发扬民主,注意征求同学的意见,又不能因个别或部分学生的反对而改变正确的工作计划。全心全意为同学服务是学生干部做好工作的思想基础,而这一基础的建立来自大公无私的思想品质。学生干部要"先天下之忧而忧,后天下之乐而乐""吃苦在前,享受在后"。只有这样,才能教育和引导广大同学树立崇高的理想。

2. 襟怀坦白、言行一致

学生干部要表里如一、言行一致、襟怀坦白、助人为乐。对待同学要真诚相见、坦率直爽;对待自己要严格,勇于自我批评,绝不文过饰非,要坚决杜绝挑拨是非、孤芳自赏。只有这样,才能处理好同学之间、干部之间的关系,取得学生的信赖和支持;才能在学生中建立起威信,说话才有人听,工作才能取得好的效果。

3. 谦虚谨慎、戒骄戒躁

谦虚谨慎是学生干部应具备的一种美德。学生干部要取得同学的信任,要成为学生的楷模,就必须注意取人之长,补己之短,虚心待人,谨慎处事。只有把自己看成是学生中的普通一员,把当学生干部看成是为同学服务和向同学学习的机会,在工作中多听同学意见,发挥同学的积极性、创造性,才能获得同学拥戴。

4. 严于律己、自我反省

批评和自我批评,是我们党的优良传统,也是学生干部必须具有的优良品质。了解、正视自己的优缺点,针对自己的失误和不足加以总结和批评,通过发现和改正缺点来达到自我教育和保持在同学中的威信的目的。学生干部在工作中要敢于负责，敢于讲真话，实事求是地反映情况；要敢于正视自己的缺点和失误，经常剖析自己；不要做表面文章，更不能弄虚作假。只有这样，才能让同学真正感到你的诚实和可信，从而更多地支持你的工作。

四、学生干部的任用

以强烈的责任感，深沉的忧患意识，提升学生干部的工作意识。学生干部正式入职后，通过多渠道解决其工作"动力源"问题，以"荣誉""责任""热情"作为三个动力源，激发全体学生干部的工作热情。不断地加强指导，努力打开工作新局面，让其在充分发挥"自我教育、自我管理、自我服务"职能的过程中不断创出新成绩，取得新成效，健全各项规章制度，推动规章的规范化、制度化建设。

(一)学生干部应当具备的条件

(1) 理想信念坚定。具有共产主义远大理想和中国特色社会主义共同理想，坚决执行党的路线、方针、政策，模范遵守国家法律法规，模范遵守学校的各项规章制度，无违纪行为。

(2) 道德品行端正。诚实谦虚、公正公平、崇尚科学、反对邪教，注重深入到同学当中，积极主动地在同学中开展有效服务，具有较好的群众基础。

(3) 学习成绩优良。具有认真、进取、勤奋的学习态度，具有改革、竞争、开拓创新等意识。

(4) 工作作风扎实。公道正派，求真务实，积极参加社会实践、志愿服务等活动，具有较强的领导、组织、管理、协调、表达能力及一定的行文能力，具有创新、实干、奉献精神，能够胜任本职工作。

(二)学生干部选拔任用程序

1. 班级学生干部选拔

在坚持民主集中制原则的前提下，学生干部候选人可采用推荐、选举和竞聘的方式产生并报相关主管部门审批或备案。

2. 校、院学生干部选拔

校学生干部经学院团组织推荐，经学工部、团委审核后确定，确定后进行公示；院级学生干部由班级团组织推荐，由学院团组织审核，报学院党组织确定，确定后进行公示。

五、学生干部的作风及任务

在"信任并尊重每一个人，和谐发展、合作共赢"的核心价值观的引导下，以推动并实现学校开放式、人性化管理，构建平安文明和谐校园生活为最终目标。

(一)学生干部的工作作风

秉承"沟通无极限,服务每一天"这一指导思想,贯彻执行学生干部的各项工作,确保工作迅速、有效地开展,并体现严谨、高效、务实的作风。

(1) 严谨。"严谨",就是要提高学生干部的素质,通过制定会议考勤与考核制度,从会议通知、会议参加与会议纪律抓起,逐步增强其责任心与纪律意识。

(2) 高效。"高效",就是讲究效率,有针对性地开展工作,少开会,开短会。在最短的时间内把工作分配落实下去。

(3) 务实。"务实",就是要求学生干部在工作中必须从实际出发,站在服务同学、服务学校的立场上去工作。

(二)学生干部的基本任务

学生干部的基本任务是:贯彻党的教育方针,团结和带领全体学生热爱祖国,热爱学校,勤奋学习,努力提高综合素质,成为一名合格的大学生。

(1) 自觉遵守国家法律和校规校纪,不断提高自身素质,引导和督促广大学生认真学习和正常有序地参加各项教育活动。

(2) 关心和团结同学,维护学校稳定,倡导健康文明向上的校园氛围,优化育人环境,营造良好的学习风气。

(3) 维护全体学生的正当合法权益,促进学生之间的团结互助,热心为全体学生服务,发挥好老师与学生、学生与学生之间的桥梁纽带作用。

(4) 完成上级布置的各项工作。

六、学生干部工作管理的原则

学生干部是高校学生工作的重要依靠力量,是学生管理活动的桥梁。随着知识经济时代的到来,高校学生管理工作日趋复杂化和多样化,加强学生干部的管理建设被提上了重要议程。高校学生干部作为由若干学生干部及班级组成的群体,是一个复杂的系统,在建设的过程中,应遵循以下基本原则。

(一)开放性原则

整体性是系统论的基本思想。整体性追求系统的整体功能。亚里士多德说"整体大于局部之和",系统的整体具有其组成部分在孤立状态下所没有的新功能。按照这个原理,作为一个系统,其整体功能大于学校各级各类个体功能之和。系统的整体功能来自各组成部分的合理结构。在改善局部功能时,要考察它对整体功能的影响,局部与整体有复杂关系和交叉效应。局部功能和整体功能并不总是一致的,从局部看有利的事,从整体看并不一定有利,有时甚至可能因损伤另一局部而对整体有害。现代化管理要求用系统的思想和方法,建立合理的系统结构,取得整体的最佳功能。将这一原理应用于高校学生组织建设,就是要求各级各类学生组织从提高队伍整体功能着眼,相互开放,纵横沟通,彼此关联,优势互补,协调发展,形成合力,提高整个学生组织的工作效率和工作水平。这就是高校学生组织建设的开放性原则。

目前，在我国高校中，各种学生工作之间纵向不衔接、横向不联系、各行其是的现象大量存在。一方面，某些工作多人抓，某些工作又无人做，导致了重复建设和工作缺位；另一方面，学生组织之间相互封闭、掣肘，彼此推诿、扯皮，争人争钱争物，人为地形成许多负面效应，导致整体功能的减弱，也不利于学生干部能力的提高和工作的改进。因此，贯彻学生干部建设的开放性原则，一方面，各类学生干部之间要加强先进工作理念、工作方式方法的交流，加强相关工作的相互合作，在人才资源方面相互补充；另一方面，要相互促进，相互支持，相互服务。

(二)能级性原则

层次性是系统的基本属性。系统具有一定的层次结构，系统运行效率的高低，在很大程度上取决于能否把各个层次的功能都充分发挥出来。分清层次就是确定各层次的功能级别，明确各子系统的职责范围，使之各尽其能，形成强大的合力。按照层次性原则建设高校学生干部队伍，就是要依不同系统合理地构建学校、院系、班级干部队伍，明确各级干部队伍的工作职责，充分发挥每一个学生干部的能量。这就是学生干部队伍建设的能级性原则。

贯彻这一原则，一方面，要明确不同级别学生干部队伍的功能，规定相应的权利和责任，实现责权统一；另一方面，要发挥各级学生干部的能量，每一级别既要对上级负责、大胆工作，又不要过多地干涉下级的日常工作，杜绝"撒手不管"和"抱着走"两种错误倾向。这样才能实现资源的优化组合，提高整个学生干部队伍的整体工作效益。

(三)方向性原则

目的性是系统的价值取向。系统论将系统分为五类，其中之一是人工系统。人工系统强调明确的目的，构成它的各子系统都围绕一个明确的目的进行组合。各子系统目的不明确，或者混淆了不同的目的，就会影响整个系统目标的实现。高校学生干部队伍就属于人工系统，其目的一方面是要组织学生干部成为学生工作的有效力量，另一方面是促使每位学生干部通过锻炼，提高自身综合素质，成长为全面发展的优秀大学生。各级各类学生干部队伍建设都要围绕这一目标，增强学生干部的工作意识、学习意识，实现工作促学习、学习促工作的良性循环，促进学生干部队伍的健康成长。这就是学生干部队伍建设的方向性原则。

贯彻这一原则，就是要对学生干部做到选拔、培养并重。在选拔方面，既要考虑其已有的综合素质，又要考虑其在所工作领域发展的可能性，所以，良好的思想品德、一定的组织能力、活跃的人际交往、勤学善学的素质，是选拔学生干部必须重视的条件。在培养方面，要引导学生干部正确处理工作和学习的关系，营造浓厚的学习氛围，创造良好的学习机会，促使其在工作中体会学习的重要，从而实现学生干部的自我教育和自我发展。当前，一些学生干部存在重活动能力提高、轻专业知识学习的现象，开展活动精神抖擞，听课学习昏昏欲睡，甚至以工作为借口旷课逃课，以致期末多科"挂彩"，既影响在同学中的威信，又使工作开展受到损失。在对学生干部进行培养时，要特别重视对这一偏向的纠正。

(四)激励性原则

动态性是系统的生命力所在。任何系统都处于不断变化发展之中，静止状态是相对的，运动状态是绝对的。动态有两种：一种是积极的动态，它可保持系统的整体性，维护系统的层次性，符合系统的目的性；另一种是消极的动态，它将破坏系统的整体性，打乱系统的层次性，干扰系统的目的性。产生动态的根本原因在于系统内部各构成要素之间的矛盾。在社会系统、人工系统和复合系统的内部，起决定作用的因素是人。人的变化及其带动的其他因素的变化，导致系统出现积极性动态或消极性动态，对系统的目的产生正效应或负效应。高校学生干部队伍作为一个人工系统，人的因素更是起着至关重要的作用。只有及时掌握学生干部的思想动态和工作动态，善于激发他们的积极性，及时把消极动态转化为积极动态，才能做到"人尽其才，才尽其用"，才能实现系统目的。这就是学生干部队伍建设的激励性原则。

贯彻激励性原则要做好三方面工作。

其一，物质激励与精神激励共存。激励必须以分析人的需要为基础，因为需要是有机体内部的一种不平衡状态，"是被人感受到的一定生活和发展条件的必要性""它反映有机体内部环境和外部生活条件的稳定的要求"，是个人活动积极性的动力。对学生干部的激励要以其需要为基础，当前形势下，物质激励和精神激励同等重要。一方面，在给优秀学生干部以精神嘉奖的同时，辅以台灯、笔记本等实用的物质奖励；另一方面，建立目标责任制，让学生在实现工作目标的过程中体会成就感，增强精神动力。

其二，集体激励与个人激励并重。在集体中，没有个体动力就没有集体动力，而没有集体动力，个体动力就会失去方向和依靠。高校学生干部队伍建设必须正确处理个体与集体的关系，因势利导，综合平衡，有机统一，使其获得最佳运作效果。学生干部激励要注意处理好二者的关系：一是注重组织文化建设，让每个学生干部都在良好的组织文化氛围中增强自豪感和自信心；二是注重个别引导，给予充分机会，让每个学生干部体会到自己的责任、义务，积极地为组织作出贡献。

其三，要掌握适宜的刺激量。一是激励要适度，切忌搞平均，吃"大锅饭"，要选好典型，树立榜样，突出奖励，形成示范；二是激励要有针对性，奖励目标要明确，不能含糊不清，要有透明度，使人信服，实现最佳激励效果；三是激励要有适时性，要把握好对学生干部激励的时机，在他们最需要的时候给予激励，才能产生动力功效高倍放大的作用；四是激励要有创造性，要适时、适地、适人地灵活运用多种激励方式，加大对学生干部的激励力度。

七、学生干部应避免的问题

(一)名利至上

学生干部中有的把名利看得很重，在工作中首先把个人名利问题作为出发点，一旦个人目的未能如愿，便产生了消极情绪，缺乏上进心，使工作的主动性、积极性受到影响。

(二)角色错位

学生干部在学生中扮演着"特殊的角色"，因为他们既是学生又是干部，具有双重身份，但有些干部往往定位不明确。有的学生干部一心扑在工作上，忽视了学业；有的学生干部一心学习，不能完成自己的本职工作；有的干部在各个方面都不能起模范带头作用，把自己等同于一般同学。上述几种情况都是由于没有认识自己的角色而导致了失败。

(三)距离不当

这里的"距离"有两种含义。其一为学生干部与教育者的距离。由于工作的需要，学生干部与教育者接触较为频繁，与教育者的言谈举止显得较为随便。其二为学生干部与同学之间的距离。由于未把自身位置摆正，以为高人一等，疏远了与同学们的关系，使工作不能顺利进行，甚至起到了阻碍作用。

(四)关系不清

这里指的"关系"即学生干部与普通同学的关系、工作与学习的关系。有些学生干部骄傲自满，不尊重同学，从而得不到同学们的支持，缺乏群众基础。有些学生干部在处理学习工作关系上错误地认为自己由于工作的原因，学习成绩差一些会得到老师和同学们谅解，从而放松了对学习的要求。这两种错误的认识，在学生干部队伍中是较为突出的问题。

第二节　河南经贸职业学院学生会

河南经贸职业学院学生会(以下简称"经贸学生会")是接受中国共产党河南经贸职业学院委员会领导、共青团河南经贸职业学院委员会指导的学生组织，以全心全意服务同学为宗旨，是学校联系广大同学的桥梁和纽带。学生组织工作人员在学生工作中则起到了带头、桥梁和榜样作用，是学校各项工作在学生中的活动组织者、沟通协调者和一线执行者。

一、经贸学生会的基本情况

经贸学生会以马克思列宁主义、毛泽东思想、邓小平理论、"三个代表"重要思想、科学发展观、习近平新时代中国特色社会主义思想为指导，遵循和贯彻党的教育方针，开展形式多样、健康向上、格调高雅的校园文化活动，促进同学德智体美劳全面发展，不断增强中国特色社会主义道路自信、理论自信、制度自信、文化自信，自觉树立和践行社会主义核心价值观，为实现中华民族伟大复兴的中国梦而努力奋斗。

经贸学生会的任务是在党的领导、团的指导下，团结和引导同学紧跟党走中国特色社会主义道路，努力成长为德才兼备、全面发展的中国特色社会主义事业的合格建设者和可靠接班人；遵循和贯彻党的教育方针，引领同学培育和践行社会主义核心价值观，组织同学开展学习、文体、社会实践、志愿服务、创新创业等各项活动，促进同学全面发展；维护校规校纪，倡导良好的校风、学风，促进同学之间、同学与学校教职员工之间的团结，协助学校建设良好的教学秩序和学习、生活环境；组织同学开展有益于成长成才的自我服务活动，协助学校解决同学在学习和生活中遇到的实际困难；沟通学校党政与同学的联系，通过学校各种正常渠道，反映同学的建议、意见和要求，参与涉及学生的学校事务的民主管理，维护同学的正当权益；发展同其他高校学生和学生组织的联系和交流，发展友谊和合作。

经贸学生会建立以"服务同学、锻炼能力、自我管理、群众监督"为主要内容的工作机制。

经贸学生会的权力机构：最高权力机构是河南经贸职业学院学生代表大会(简称"学代会")。本会实行民主集中制，学代会代表由民主选举产生，全校同学通过学生代表大会依法行使民主权利，参与河南经贸职业学院学生事务的民主管理和监督。学代会进行选举和通过决议实行表决制，学代会每年召开一次，须经学校党委和省直学联批准。

经贸学生会的执行机构是学生会。学生会主席团是学生会的最高执行机构，学生会主席团由学生代表大会选举产生，选举结果应向大会公告。主席团会议定期举行，讨论、布置学生会各项工作；学生会实行主席团负责制，主席团不设主席、副主席，设执行主席，执行主席由主席团成员轮值担任，以学期为一个轮值周期，执行主席负责召集会议、牵头日常工作。

经贸学生会的主席团职权：执行本章程，执行学生代表大会的决议；负责主持学生会的全面工作，监督各部门日常工作与活动情况，参与学校有关学生事务的管理，维护学生权益；保持与各院学生会的联系和交流，不断改进各项工作；决定学生会的其他重大问题，行使学代会赋予的其他职权；筹备下一届学代会的召开，并向学代会汇报工作。

经贸学生会的各职能部门：学生会根据工作需要下设职能部门5个，分别为办公室、组织建设部、权益部、文艺部、青年发展部；各部门负责人不超过3名，不得设主席助理、部长助理等岗位；学生会各职能部门是学生会的办事机构，实行集体领导与分工负责相结合的工作原则；学生会各职能部门实行部长负责制，各部部长领导本部门的工作。部长经公开选拔产生，在学生会主席团领导下开展工作，并对其负责。学生会主席团聘请校团委专职副书记或干部担任秘书长，秘书长负责指导和监督学生会的日常工作。

经贸学生会的基层组织：各院学生会是校学生会的基层组织，是校学生会的执行机构，受所在院党总支和校学生会的双重领导，在院团总支指导下开展工作，在全校性学生活动中接受校学生会统一协调。院学生代表大会每年召开一次，审查并决定院学生会的工作，选举新一届院主席团成员。校学生会每年至少1次以会议或者书面形式听取各院学生会工作报告及建议意见。

院学生会的职权：执行校学生代表大会、院学生代表大会的决议、决定，积极全面地配合校学生会的全校性工作，加强同其他院部学生会之间的联系和交流；根据本院特点积极开展工作，活跃本院学生的课余文化生活；对校学生会工作的建议权；定期向校学生会汇报工作，并接受工作考核；收集同学的建议、意见和要求，并及时向上级有关部门反映；指导本院各班级委员会的工作，班级委员会(简称"班委会")是本会最基本单位，由班级全体成员直接选举产生，对全班同学负责并报告工作。班委会的组织机构、职责权限、工作程序由所在院学生会规定。

二、经贸学生会的组织文化

经贸学生会组织文化的主要内容有以下几方面。

(1) "服务师生"的工作宗旨：全心全意为同学服务。

(2) "合作共赢"的价值观念：信任并尊重每一个人，合作共赢，分享成功。

(3) "勿忘初心"的工作态度：用最初的心做永远的事。

(4) "种子理论"的倔强精神：我们是一粒种子，一粒积蓄力量破土而出的种子，没有什么能够阻挡我们向上的梦想。

(5) "双手向上"的拼搏进取：我们双手向上，不是为了摘取天空中最高最亮的那颗星星，而是为了保持一种进取的姿态、一种向上向善之心。

(6) "雁行理论"的高效团队：没有一只野雁升得太高，如果它只用自己的翅膀飞行。单打独斗的时代已经过去，一个人的力量已不能主导全局，只有利用团队相互协助作战，利用集体智慧才能很快地达到目标。

(7) "与爱随行"的工作责任：责任就是对你所做的事有一种爱。为什么我的眼里常含泪水？因为我对这片土地爱得深沉。

(8) "不可替代"的成长追求：一个人存在的价值在于他不可被替代的程度。

(9) "吃苦幸福"的风雨共度：自己选择的路跪着也要走完。累，我也愿意，因为有一群人值得我和他们在一起，和他们在一起吃苦也是幸福的！

(10) "现场直播"的时不我待：人生就像一张有去无回的单程票，没有彩排，每一天都是现场直播，把握好每次演出便是最好的珍惜。

三、学生组织工作人员的选拔与聘用

正因如此，学生组织工作人员的选拔与聘用是打造"信念坚定、品学兼优、朝气蓬勃、心系同学"的学生干部队伍的重要一环，是构建学生干部的"宗旨意识、表率作用、严实作风"基础及关键所在，也是强化学生干部的"群众意识、责任意识、奉献意识"工作中的重中之重。

规范学生组织工作人员选拔标准、评价机制，建立健全学生组织工作人员退出机制，促进学生组织工作人员严格自律，接受广大同学监督，从而以实际行动做好广大同学的表率，赢得广大同学的信赖。

(一)学生组织工作人员选拔的基本条件

1. 学生组织工作人员的条件

河南经贸职业学院学生组织工作人员，是指各级学生会、学生自律委员会、学生社团联合会工作人员，进入学生组织的所有人员必须符合下列要求：

(1) 应当为共产党员或共青团员，理想信念坚定，热爱和拥护中国共产党，具有强烈的爱国意识、爱国情感，积极弘扬和践行社会主义核心价值观。

(2) 热爱学生组织工作，具备学生工作经验，熟悉学生组织的性质、职能、工作理念及工作流程，具有强烈的进取精神和奉献精神，能起到模范带头作用。

(3) 应是学有余力、学业优良的学生，能很好地协调学习和工作的关系，学习成绩综合排名在本专业前30%以内，且无课业不及格情况。

(4) 品行端正，作风务实，乐于奉献，具有全心全意为广大同学服务的觉悟和能力，有较强的组织和协调能力，具有大局意识和良好的群众基础。

(5) 具有较强的开拓精神、创新意识和开阔的学生工作视野，对学生组织工作现状及发展有自己独到的认知，善于创造性地开展工作。

(6) 入学以来无任何违纪现象。

2. 学生会主席团成员条件

(1) 符合学生组织工作人员基本条件。

(2) 要具有代表性，应从校、院学生会工作人员和各领域优秀学生典型中产生。

(3) 原则上应为大二学生，且有一年以上的学生会工作经验(应届生在高中或中职阶段应有两年以上主要学生组织工作人员经历)，特别优秀的可适当降低标准。

3. 学生会各部门及其他学生组织负责人条件

(1) 符合学生组织工作人员基本条件。

(2) 学生会各部门及其他学生组织负责人原则上应为大二学生，且有一年以上的学生组织工作经验(应届生在高中或中职阶段应有一年以上学生组织工作人员经历)，有网页制作、摄影、写作、舞台设备操作等特殊专长的不受限制。

(二)学生组织工作人员选拔的基本原则

1. 公开、公平、公正原则

学生组织工作人员的选拔必须遵循"公开、公平、公正"的原则，只有这样才能选出真正乐于为学校和同学服务的优秀学生干部。

2. 能者上、弱者退的原则

学生工作需要对学生组织工作人员各方面的能力都有一定的要求，因此学生组织工作人员的选拔必须遵循"能者上，弱者退"的原则，只有这样才能选出真正有能力为学校和同学服务的学生组织工作人员。

3. 少而精原则

学生组织工作人员队伍要精干，要能真正调动每一位同学的积极性和创造性，防止出现全民皆"官"的局面，否则会导致工作效率低下，组织僵化的现象。

4. 宁缺毋滥原则

岗位宁可暂时空缺，也不能让不适合的人占据。要根据学生事务发展的实际情况设置岗位，而不是设置岗位后才考虑发展某种学生事务，不能本末倒置。

(三)学生组织工作人员的任用

1. 学生会主席团成员

(1) 校级学生会主席团成员一般为5人，院级学生会主席团成员一般为3人。

(2) 校级学生会主席团候选人应由学院团总支推荐，经学院党总支同意，由学工部、团委联合审查后，报学校党委确定；院级学生会主席团候选人应由班级团支部推荐，经学院团总支同意，由学院党总支审查后，报校团委确定。

(3) 学生会主席团成员由学生代表大会选举产生。

(4) 学生代表大会闭幕后，校级学生会主席团成员名单经学校团委审定后进行公示(公示期为5个工作日)，院级学生会主席团成员名单经学院团总支审定后进行公示(公示期为5个工作日)。

(5) 新产生的主席团成员试用期为一个月，试用期合格后，正式任用。

2. 学生组织工作人员

(1) 校级学生会各部门及学生组织负责人由学院团总支推荐，经学工部、团委审核后确定，确定后进行公示(公示期为5个工作日)；院级学生会各部门及学生组织负责人由班级团支部推荐，由学院团总支审核，报学院党总支确定，确定后进行公示(公示期为5个工作日)。

(2) 学生组织一般工作人员由各学生组织推荐，主管老师审核后确定。

(3) 新产生的学生组织工作人员试用期为一个月，试用期合格后，正式任用。

(四)学生组织工作人员的考核

(1) 校学生会负责校级学生组织工作人员的考核工作，院学生会负责院级学生组织工作人员的考核工作。

(2) 考核包括日常考核、服务质量、工作加分和工作扣分四部分，考核等级每学期末公布，考核办法见《河南经贸职业学院学生组织及其工作人员考核办法(试行)》，院级可参照校级执行。

(3) 根据考核结果，学生组织工作人员学期末加一定的任职分及敬业分，考核结果分为优秀、良好、合格、不合格四个等级，考核优秀的学生组织工作人员在学校推优入党、评优评先、青马学员选拔中，同等条件下优先推荐；考核不合格的学生组织工作人员取消其推优入党、评优评先、青马学员选拔资格。加分办法详见《河南经贸职业学院学生荣誉积分办法》。

(4) 校级学生组织工作人员考核工作由校团委、校学生会主席团负责监督，院级学生组织工作人员考核工作由院团总支、院学生会主席团负责监督。

(五)学生组织工作人员的退出

1. 当出现以下几种情况时，学生组织工作人员可退出学生组织

(1) 自愿退出，是指学生组织工作人员因个人或其他原因，自行退出。

(2) 自动退出，是指学生组织工作人员因实习、毕业等原因，自动解除学生组织工作人员身份，退出当前学生组织。

(3) 引咎退出，是指学生组织工作人员因工作严重失误、失职造成恶劣影响，学习成绩出现不及格，本人受党、团、行政处分的，责令其辞去现任职务，退出当前学生组织。对不辞职及不退出的，应当免去现职，开除出现学生组织。

2. 学生组织工作人员的退出说明

(1) 自愿退出必须写出书面申请，主管部门应在一周内予以答复，并报校团委备案，

未经批准，不得擅离职守。

(2) 引咎退出的由所在学生组织的主管部门出具相关证明，并报校团委备案，引咎退出的学生组织工作人员，退出后一年内，不得在校内加入其他学生组织；自退出一年后，表现突出，经民主选举通过的可重新加入学生组织。

(3) 为保证工作顺利进行，对于退出的学生组织工作人员应在其退出后的 3 个工作日内在学生组织内部进行通报。

(4) 主席团成员原则上不允许辞职，确有特殊缘由不能继续工作的，应向主席团和团委(团总支)汇报情况，由团委(团总支)根据情况做出相应处理。

四、学生组织工作人员的培养

高校学生组织工作人员的管理是高校学生管理的重要组成部分，一方面能够促进高校管理水平的进一步提高，培养学生自我管理、自我发展的能力；另一方面也能够增强学生自身综合素养，促进学生形成良好的管理发展水平，培养学生组织管理能力，促进学生全面发展，使其成为一名立场坚定的学生组织工作人员、一名勤奋学习的学子楷模、一名关心同学的知心朋友、一名以身作则的青年榜样。

(一)优秀学生组织工作人员培养的内在因素

1. 思想政治觉悟

学生组织工作人员要平衡好学习与能力并行发展，始终把学习放在第一位，其次才是协助老师做好桥梁，服务好师生，正确地处理好学习与工作的关系。大学生正处于人生观、价值观的重要塑造阶段，他们的生理心理不断成熟，政治理论修养不断提升，作为学生管队伍，要及时给学生组织工作人员补足思想、精神之"钙"，防止因个人政治站位不高、思想修养境界不足导致思想懈怠、立场不坚定等情况，避免出现官僚主义、以权谋私等不良生活作风和迷失自我的行为。

2. 工作动机

现在的学生组织工作人员主要特点之一就是务实，其背后也隐藏着功利主义的务实，这种务实就会蒙蔽一些学生组织工作人员的本心，导致有的学生组织工作人员进入学生组织的初衷不是服务同学、锻炼自己，而是想通过担任学生组织工作人员获得评奖助学金、评优评先、介入各种大型活动拓展人脉、获取入党的资格、为毕业简历"镀金"等各种荣誉和光环。这类学生组织工作人员初期工作积极投入，工作能力也很强，但是一旦达到预期目的，就开始对工作不再上心，前后反差明显，甚至直接脱离学生组织工作人员的队伍。

3. 工作目标

学生组织工作人员的工作目标不仅是个人的目标，也是集体的目标。指导老师要明晰每一个部门的工作目标和学院的大方向目标。一些学生组织工作人员思想出现游离，对待工作不认真，出现不知道工作是什么、为了什么、为什么要做、应该怎么做、要做出什么样的效果等情况，其原因归根到底是平时对工作没有深入思考、工作目标不明确。这种学生组织工作人员就是"边缘性"人员,认为老师布置什么就做什么,指导老师不动他不动,"佛系"感十足。

4. 学生组织工作人员自身能力

学生组织工作人员工作的动力之一就是通过日常工作而获得的满足感、获得感和认同感。一些学生组织工作人员由于自身的组织、沟通、协调、配合、专业等方面能力不足,不能保证自身工作的基本质量,无法在学生组织中发挥一定作用,自我价值难以实现,缺乏满足感、获得感和认同感。随着时间的推移,他们就失去了动力。

(二)优秀学生组织工作人员培养的外在因素

1. 社会环境

学生组织工作人员正处于"三观"(人生观、价值观和世界观)形成的关键时期,存在思想建设不成熟、判断是非能力不足、抵制诱惑的能力不强、抗干扰能力弱等问题,他们的思想和行为也很容易受到外部环境的影响。5G时代的到来,让信息化更加现代化,黑科技和网络漏洞百出,享乐主义、拜金主义、网贷等不正之风在互联网上迅速蔓延,对思想不够成熟的学生组织工作人员的影响很大,甚至导致学生组织工作人员萌生意识形态上的诱惑和不劳而获的想法。

2. 学校管理与评估机制

学生组织工作人员选拔的主要方式为教师推荐、学生推选、干部选拔等方式,整个过程虽然客观、公正,但是仍然存在很大的人为因素和主观因素。由于选拔过程很难看清楚个人思想素质和修养,所以在选拔的时候以工作能力为主;在学校管理与评估机制体系中,重在工作能力的评估,忽视个人思想品德的评估,思想状况、工作态度等评估机制缺乏标准性、可视性、过程性和结果性,导致评估不够深入、流于形式等状况。

3. 指导老师的监管与引领作用

指导老师没有研究和思考"如何引导学生组织"的问题。大多数对学生组织工作人员的指导仅仅是布置工作时的浅层沟通,没有在进行树立理想信念、培养责任感、狠抓工作落实等方面进行深层次的思想教育和沟通交流。学生组织工作人员的工作只能依靠上一届干部传授的一些经验去工作,很难取得成效。指导老师采用这种"放羊式"的指导方法,不用心培育和指导,会导致学生组织工作人员逐渐失去动力。

4. 学生组织工作人员队伍的氛围

近年来,屡次出现学生组织工作人员因为"官僚化""娱乐化"等问题上新闻的事件。学生组织工作人员队伍虽然经过优中选优,但还是存在一定的素质差异,因为工作或者是个人等问题会造成内部氛围不和谐,偶尔发生争执、吵闹等情况,这时候指导老师的艺术处理很关键。如果指导老师处理不当,学生组织工作人员的工作环境就会不和谐、不愉快。有些学生组织工作人员如果受不了这种环境,就会失去动力,开始懈怠,有些甚至辞职去找其他合适的学生组织。

(三)学生组织工作人员的角色定位

高校学生组织工作人员的角色定位及能力塑造是我国高校教育形式和教育内容逐步改革的重要体现,组织学生积极开展自我管理、动手实践,是促进学生全面发展的重要措施,也是高校培养实用型人才的重要途径。做好经贸的学生组织工作人员,就是要做到以下六个方面。

1. 恪守学生本分

学生组织工作人员要带头勤奋学习,学好专业知识,培养科学精神,模范遵守法律法规、校规校纪和学术规范,不能本末倒置、荒废学业,不能因学生会工作而迟到、早退、缺课、旷课。

2. 牢记本会宗旨

学生组织工作人员要把努力为同学服务作为主要目标,从同学中来、到同学中去,认真倾听广大同学的诉求,积极畅通校园沟通协调渠道,真心实意帮助同学解决困难。

3. 永葆理想主义情怀

学生干部要珍惜代表服务同学的荣誉和锻炼能力的机会,公私分明,甘于奉献,不借组织平台为个人"镀金""铺路",不借担任学生干部的机会谋求"加分"等私利。

4. 扎扎实实做事

学生组织工作人员要把让广大同学满意作为工作目标,反对漂浮作风,反对形式主义,要扎根同学、勤于交流、求真务实,力戒模仿行政化的工作方式。

5. 营造平等氛围

学生组织工作人员要牢记自己的首要身份是学生,牢记学生会工作的本质是群众工作,坚决反对"官"本位思想和作风,彼此互相帮助、平等相待,不追求头衔、不装腔作势。

6. 摒弃庸俗习气

学生组织工作人员要努力建设充满朝气、干净纯粹的组织文化,不吃吃喝喝、不贪图玩乐、不讲究排场,坚决抵制社会不良习气的侵蚀。

奋斗无止境、永远在路上。我们期待有更多学生投身其中、为之努力,能够响应和参与此倡议并立即行动起来,从自己做起、从身边做起、从每件事情做起,让责任、奉献和自律常驻心间,彰显我们充满朝气、积极向上的底色,共同锻造我们新的形象、创造我们新的业绩!

【知识拓展】

一些国家的领导人也曾在大学担任过学生干部职位,例如江泽民曾任上海交大学生会宣传部部长,胡锦涛曾任清华大学学生会主席,李克强曾任北京大学学生会主席,相信他们成功的背后也少不了在大学时光里历练带来的成长与进步。

思考: 如果你当了学生干部,你会怎么做?

面试小 tips

学生干部招新时除了笔试考核外，还有不可避免的面试，并且能否成功进入部门往往取决于面试情况。这里有一些面试小 tips 分享。

学生干部面试常涉及到的问题如下。

(1) 自我介绍(姓名、班级、爱好、特长竞选优势)。
(2) 请叙述一下你对你所竞选的部门的认识。
(3) 你将如何处理好工作和学习的关系。
(4) 说一下你如果竞选成功之后的工作计划。
(5) 谈谈你对"团队合作"的理解。
(6) 你对我们自管的工作有什么建议。
(7) 你当过班干部吗？在学生问题中最令你棘手的问题是什么？
(8) 假如你通过了面试，你会怎么做？有什么想法？

第七章　学 生 社 团

"不管一个人多么有才能，集体常常比他更聪明和更有力。"大学里的学生社团就是这样一个集体，在这里能够充分发挥每个人的聪明与才智，在这里能遇到和你志同道合的人，说不定还会有你的挚友，更是你参与学校生活、培养兴趣爱好、延伸求知领域、丰富内心世界的重要平台。同时还会让你的大学生活更加丰富多彩，让你的眼界更加开阔。学生社团是一个充满团结、充满友爱的团体，是校园一道亮丽的风景线，是校园文化生活的重要组成部分。

学生社团集知识性、趣味性于一体，适合青年学生思维跳跃、接受信息快、可塑性强的特点。学生社团建设是实施大学生素质教育的重要途径，社团活动的蓬勃发展为营造积极健康的校园文化氛围和加强学生综合素质培养提供了有力的帮助。

在本章你能了解到学生社团是如何招新、如何成立的，以及社团活动是怎样举行的，同时会为你详细介绍社团有怎样的规则制度。学生社团会给你更好的发展平台，会让你的大学生活变得丰富多彩，相信加入后一定不会让你后悔。

第一节　学生社团概述

一、学生社团内涵

学生社团是指由在校学生根据成长成才需要，结合自身兴趣特长，在学校党委的领导和团委的指导下开展活动的群众性学生团体。如河南经贸职业学院学生社团分为专业类社团和综合类社团。专业类社团以二级学院相关专业和学生特点为依托，充分服务学生专业技能培养，一般分为思想政治类、学术科技类、创新创业类等；综合类社团以学生兴趣爱好为出发点，发挥丰富学生校园文化生活的积极作用，一般分为文化体育类、志愿公益类、自律互助类等。

学生社团在高校建设和发展中扮演着非常重要的角色，是高校思想政治教育、校园文化建设、丰富课余活动、提高学生个人能力的主力军和重要载体，加强学生社团建设与管理，将会对大学生的知识学习、技能塑造、思想道德培养等方面起到重要的作用。学生社团对学生思想道德水平的提升起到了潜移默化的作用，社团活动对繁荣和活跃校园文化也起到了非常重要的作用。同时，学生社团活动可以促进学生知识结构的不断完善，为学生的技能训练提供了良好的环境。学生社团是高校育人工作的重要组成部分，在高校整体育人工作中发挥着不可或缺的作用。

二、要加入学生社团的原因

李开复曾经说过:"不要把大学当作第二个高中来上,很被动地等着老师来教,自学是很重要的一个能力,高中我们都在挤独木桥,但是大学我们要学会走立交桥,学会独立。"因此,大学生参加学生社团是大学生涯里不可缺少的一部分,它们丰富着学生的校园生活,影响着众多学子。上大学前,很多人就被传说中多姿多彩的社团生活深深吸引,上大学后,几乎每个人都参加过学生社团。大学社团的生活如此丰富多彩,但是仍有很多学生在犹豫要不要加入社团,我在社团中能学到东西吗?会浪费我的学习时间吗?下面就为大家介绍为什么要加入学生社团。

1. 培养兴趣

兴趣是学生最好的老师,它可能对你一生受用,也有可能在未来成为你的事业。大学以前,学生除了学习课本知识外,极少有机会去挖掘兴趣、培养兴趣。而学生社团,每年举办各种各样的活动,为大学生挖掘兴趣、培养兴趣提供了一个广阔的平台。

2. 扩展人脉

参加学生社团是大学生扩展人际关系网的重要渠道,在社团里你能够找到更多优秀的、志同道合的人,而在这些志同道合的人中,你们会成为学习和成长上的好伙伴,甚至是一辈子的好朋友。

3. 增加阅历

参加学生社团的人会比宅在宿舍的人做更多的事,在做事的过程中你会学习到另一个领域的东西,你会发现眼前的世界与你十二年寒窗中所看到的截然不同,这些会极大地丰富你的阅历,也为你将来脱离学校的生活打下基础,而不是在找工作的时候才发现自己是个只打了三年游戏、什么规则都不懂的"愣头青"。

4. 提高能力

学生社团是大学生学习的第二课堂,加入学生社团,利用课余时间参加会议、组织活动、社会实践,能够使学生提高自我管理能力、组织策划能力、逻辑思维能力和语言表达能力。

三、学生社团的选择

进入大学必将面对学生社团的诱惑,军训后的百"团"大战必将把你拉入一个个"深渊",如何在各种各样的社团面前站稳阵脚,找到自己心中所热爱的能够为之付出的社团,这是一个难题。

学生社团组织一般在学生活动频繁的地区设摊摆点(学校的主干道、文化广场等),他们一般置办简易的帐篷、几张桌子和几把椅子,然后贴上自己社团的介绍,拉一条横幅,委托几个学长或者社团的老成员,就可以招新了。没有社团的大学是没有色彩的大学,对于大一新生而言,参加什么社团才能有所收获呢?

首先当然看兴趣,"兴趣是最好的老师",这就是说一个人一旦对某事物有了浓厚的兴趣,就会主动去求知、去探索、去实践,并在求知、探索、实践中产生愉快的情绪和体验。如果选择了没有兴趣的社团,那么我们将没有动力去完成社团的一些任务,不过兴趣也是可以后天养成的,一些有意思的社团如花艺社等,不少学生在加入不久后就产生了浓厚的兴趣。

其次,如果你的意向是锻炼自己的能力,帮助自己将来找一份好工作,那么这个时候你就要盯准社团的两个条件,一个是社团规模,一个是社长个人魅力。平台决定高度,大型社团(如校级社团或星级社团)活动经验丰富,经费充足,组织机构严谨有条理,因而会给你提供更多学习锻炼的机会,但同时你也必将面临巨大的压力。你选择了社团,但社团未必会选择你,或者加入后你无法达到他们的预期而被无情地踢出。

除了规模,社长更加重要,社长就是社团的魂,好的社长会组织很多有意思的活动,让你学到很多东西。比如有的社团会定期给社员组织培训,训练你的演讲能力、团队领导力等;有的社团会积极挖掘资源,带领社员参加校内外各种活动,为大家提供交流和展示的平台。那么跟着这样的社长,自己也会变得越来越优秀。

最后,无论大家是否加入学生社团,以及加入怎样的社团,都希望大家能认真对待,认真过好自己的大学生活,在学校里尽情地展现自己,带着梦想飞翔,为明天的辉煌而努力奋斗!

四、河南经贸职业学院社团信息

河南经贸职业学院学生社团分为专业类社团和综合类社团。专业类社团以二级学院相关专业和学生特点为依托,充分服务学生专业技能培养;综合类社团以学生兴趣爱好为出发点,发挥丰富学生校园文化生活的积极作用。现有专业类社团 91 个,综合类社团 26 个,共计 117 个,如表 7-1、表 7-2 和图 7-1 所示。

表 7-1 专业类社团汇总表

数字金融+	金融科技创新协会	智能估值	投资理财协会	会计技能社
会计大师孵化社	智能财审社	市场营销协会	电子商务协会	品牌策划社团
跨境电商社	网络营销社团	蚂蚁创业社	国际货运代理学社	食品专业社团
物业管理协会	工商企业管理专业社团	踏瑞社	职场精英社	物流学社
人力资源协会	潜意识英语学习社团	英语悦听社	清雅中外名诗诵读社	中华茶艺社
雅致礼仪社	译线通翻译社	英语写作坊	英声茂实口语社	"豫彩"导游服务社
餐饮服务社	移动应用与 Web 开发社团	网络技术服务协会	物联网协会	电子协会
艺格工作室	影子社	河南经贸 Linux 社	星愿动漫社	卓画工作室
云艺文创社	非凡设计	装饰绘画艺术社	手作社	视觉 ME
创艺社团	漆艺社	UC 地带高达模型	创研社	陶艺社

续表

淡墨书法社	美艺软装社	国匠艺术社	追光逐影电影社	市场调查与分析社团
数学社	BIM 社	建筑识图社团	算量社团	数智财税
创学团	ICE Gang	中文速录社	看见摄影社	锖色广播剧配音社
陌上花文创社团	溯梦超级演说家	马克思主义理论学习研究会	大学生法律咨询与服务协会	中医文化传承协会
大学生思想政治研究会	羽毛球社	雷枭排球社	形体舞蹈社	健美操社团
排舞社团	花样跳绳社团	飞奥飞竞技飞盘社	悠悠球社团	太极孝拳协会
网球社	空手道社	跆拳道社	菲梵瑜伽社	J-crew 街舞社
足球社	经贸跑友会	武艺社	乒乓球社	篮球社团
健身健美社团				

表 7-2 综合类社团汇总表

左岸吉他社	悦聊心理社	豫商文化学社	硬笔书法社	逸风尚音乐社
旋木尤克里社	行知社	舞道舞蹈社	万象棋社	素质拓展工作坊
拾橞文学社	清源汉服社	青衫相声社	青鸟话剧社	青年传媒中心社
品一堂社	经贸达人讲师团	金像金声播音主持社	花艺社	葫芦丝韵社团
红色文化研学社	国际交流社	飞行协会	创意美食社	冲冲滑板社
YJ 魔术社				

图 7-1 丰富多彩的社团活动

第二节　社团招新与社团成员

一、社团招新

（1）各学生社团只能在学校团委规定的时间、地点统一招收新成员，不能擅自招收新成员，如有特殊情况需要另外招收新成员时，须向指导单位和学校团委申请，经批准后才能招收新成员。

（2）各学生社团应有专人负责维护招收新成员工作现场的秩序。

（3）招收新成员时，各学生社团负责人需认真回答学生咨询并指导学生填写报名表。

（4）招收新成员工作结束后，各学生社团要如实向指导单位上报确定的社员名单。

二、社团成员

（1）社团成员的条件：应当是具有正式学籍的本校在读学生。

（2）社团成员的权利：了解所在社团的章程、组织机构和财务制度，对社团的管理和活动提出建议和质询，按照章程申请加入或退出该社团，向上级管理部门反映社团及其成员出现的违反法律法规或校纪校规等问题。

（3）社团成员的义务：应定期注册，并按要求参加社团相关活动，每名学生最多加入2个学生社团。

（4）社团负责人的条件：政治立场鲜明、学习成绩优秀、组织能力突出。学习成绩综合排名须在班级前50%以内。思想政治类社团和志愿公益类社团的主要负责人应为共产党员或共青团员。

（5）社团负责人的权利：制定社团的发展目标，组织管理所在社团，积极开展各类社团活动。

（6）社团负责人的义务：接受指导单位和指导教师的指导，定期汇报社团活动的开展情况，反馈社团成员的意见和建议，积极配合学校团委的各项工作，执行学生社团建设管理委员会的各项决议。

（7）学生社团全体成员大会制度。拟批准成立的学生社团要召开全体成员大会或成员代表大会，通过社团章程，选举产生社团执行机构和负责人候选人。已注册的学生社团要定期召开全体成员大会或成员代表大会，依照社团章程行使职权，包括选举和更换社团负责人候选人，审议社团工作报告，对社团变更、解散等事项做出决定，修改社团章程，监督社团财务及活动开展情况等。

通过以上学习，相信同学们都对社团招新和社团成员有了一定的了解，那么同学们都适合加入什么样的社团呢？

第三节 学生社团的成立、年审及变更

一、学生社团的成立

在学校党委的领导下,党委学生工作部牵头组织各相关部门及学生社团业务相关领域专家成立学生社团建设管理评议委员会,负责对学生社团注册登记及年审进行评议审核。评议审核结果须提交校党委核准后方可执行。原则上在把控质量的前提下,促进学生社团精品建设、健康发展。

学生社团成立应按照思想政治类、学术科技类、创新创业类、文化体育类、志愿公益类、自律互助类等六个门类进行申报。综合类社团原则上由党委学工部、团委负责管理;专业类社团原则上由二级学院党组织负责管理。专业类社团成员以二级学院内学生为主,可以适当地吸收其他二级学院的学生。社团成立要经过学生社团建设管理评议委员会审核通过。

(一)学生社团成立应具备下列条件

(1) 由 20 名以上在读学生联合发起,所有发起人均须具有正式学籍,未受过校纪校规处分,具有开展该社团活动所必备的基本素质。

(2) 有规范的名称和相应的组织机构,名称应与其业务性质相符,准确反映其特征,应符合法律法规要求,不得违背校园文明风尚和社会公共道德。

(3) 有明确的业务指导单位,原则上业务指导单位应是党委学生工作部、团委和二级学院党组织。

(4) 有至少 1 名指导教师。

(5) 有规范的社团章程,包括社团类别、宗旨、成员资格、权利和义务、组织管理制度、财务制度、负责人产生程序、章程修改程序、社团终止及其他应由章程规定的相关事项。

(二)学生社团成立应履行下列手续

(1) 由筹备组主要负责人向校团委提交社团成立筹备申请书、发起人和拟任负责人基本情况(包括思想表现、学习成绩等)、指导教师确认书、业务指导单位确认书以及社团章程草案。

(2) 校团委初步审核后,提交学生社团建设管理评议委员会审议。

(3) 学生社团建设管理评议委员会审议通过后,履行正式审批手续。

(4) 学生社团应尽快以公告或公开会议的形式宣布成立。

(三)社团负责人的选定

学生社团负责人依据学生社团章程从本社团中产生,报经指导单位同意,并向校团委备案。学生社团负责人任期一年,连任不得超过两届。有下列情况之一者,不得担任学生社团负责人：
(1) 学习成绩综合排名未在班级前 50%以内。
(2) 留(降)级学生。
(3) 受到留校察看以上处分者。
(4) 曾因违反有关规定，被指导单位撤职的学生社团负责人。
(5) 曾因违反有关规定被责令解散的学生社团中原负责人或主要成员。
(6) 外出实习学生。
(7) 有其他不宜担任学生社团负责人情况的。

(四)社团名称的标准

学生社团名称应体现社团宗旨，符合法律、法规的规定，不得使用对国家、社会或者公共利益有损害的名称，不得违背校园文明风尚。企业、社会机构或个人原则上不得在学校建立特定冠名的学生俱乐部、协会等社团。对于与企业、社会机构或个人联系紧密的创新创业类社团，确有冠名需要的，须报校党委批准。

(五)社团指导教师的要求

(1) 学生社团指导教师的主要职责：指导学生社团发展建设，把握社团发展正确方向，加强社团成员思想政治教育，规范学生社团日常管理，参加学生社团相关活动，开展学生社团骨干培训，定期对所指导社团工作进行总结，及时发现掌握、指导整改社团建设、活动中存在的突出问题，并向党委学生工作部报告等。

(2) 学生社团指导教师应为在职在岗教职工，具备较强的思想政治素质、组织管理能力和与社团发展相关的专业知识，工作经验丰富，热心公益事务，具有奉献精神，关爱学生成长。

(3) 思想政治类社团和志愿公益类社团指导教师须为中共党员。鼓励选聘高水平的思政课教师担任思想政治类社团的指导教师。

(4) 指导教师实行聘任制，每个聘期为 1 年。原则上每名指导教师最多指导 2 个学生社团。

(六)社团标识的要求

学生社团在征得指导单位同意后，可自备各种形状的艺术图章或其他标志，以便开展工作，但不得刻制任何公章。

(七)凡有下列情形之一的，不予批准成立

(1) 申请成立时弄虚作假的。
(2) 在同一学校同一校区已有性质相同或相似学生社团的。
(3) 涉及宗教文化的。
(4) 涉及民族排他性或地区排他性的。
(5) 跨地跨校联合成立的。
(6) 未经学校审核批准的校外机构会员单位或分支机构性质的学生组织。
(7) 其他不宜批准成立的。

二、学生社团的年审

(1) 年审时间：每年年底，学生社团建设管理评议委员会按照年度对社团情况进行评议，评议结果公示后，报校党委批准。

(2) 年审内容：主要包括社团成员构成、社团负责人工作及学习情况、年度活动清单、指导教师工作情况、业务指导单位意见、财务状况、有无违纪违规情况等。

(3) 注册登记：对年审合格的学生社团进行注册登记，只有进行注册登记的学生社团方可继续开展活动。

(4) 社团整改：对年审不合格的学生社团提出整改意见，由业务指导单位负责督促学生社团进行整改，整改期限一般 3 至 6 个月，整改期间社团不得开展除整改以外的其他活动。

(5) 学生社团有下列情形之一的，不予继续注册登记：

① 参加学生社团的人数连续 6 个月不足 20 人的。

② 年审不合格，拒不整改或整改无效的。

③ 全体成员大会决议解散的。

④ 举办违反法律法规、校纪校规或社团章程宗旨活动的。

⑤ 其他不宜继续注册登记的。

三、学生社团的变更

(1) 学生社团的登记、备案事项需要变更的，应当在形成决议后 7 个工作日内向指导单位申请变更登记；学生社团修改章程，应将修改意见报指导单位审核后方可提交会员大会或会员代表大会审议，指导单位对学生社团提交的章程修改意见应于 7 个工作日内给出答复意见。

(2) 学生社团更换负责人，应于会员大会或会员代表大会通过起 7 日内递交《学生社团负责人变更申请表》报指导单位审核，经指导单位批准并报校团委备案后方可办理工作交接。

(3) 学生社团更换指导教师，应填写《学生社团指导教师变更申请表》报校团委，经学生社团建设管理评议委员会审核同意后方可办理工作交接。

第四节　学生社团活动

一、学生社团活动的意义

社团活动就是以素质教育为核心，以学生的兴趣爱好、个性发展为基本准则，通过有组织的、有辅导的、有发展的、有实践的学生课外活动，达到全面发展学生、个性发展学生的目的，为学生的全面、个性成才搭建平台、拓宽渠道。

(1) 在丰富的社团活动中，拓宽了学生发展的渠道，全面提高了学生的综合素质。学生们在自己的社团中，解放了自己的头脑，解放了自己的双手，充分利用自己的生活空间，把一个个社团变成自我展示的小舞台，尽情地发展个性，展现才能，培养特长，提高了自己的审美、实践、创新能力，综合素质得到了显著的提升。

(2) 社团活动整合了社会资源，延伸了学生的学习领域，增强了学生的社会责任感。学生在课堂上学到的知识显然是不够的，"新课改"揭示了培养学生探究能力、创新能力的新路子。在各科学习中，充分挖掘本土资源，延伸学习领域，是社团活动的重要阵地。社团成员在实地考察、亲身体验中获得美的感受，提升了爱国、爱家乡的思想情感。

(3) 社团活动丰富了校园文化，提高了学校的办学水平。校园文化建设是学校建设的重要组成部分，而社团的发展极大地推动了校园文化建设。学校社团活动的时间可根据集中与分散相结合的原则，充分利用学生的课余时间，同时各社团可以利用休息日或寒暑假期自行开展丰富多彩的活动。总之，学校一切可以开展社团活动的场所都应充分发挥它的功能，使学生社团成为校园文化中一道亮丽的风景线。

二、学生社团开展活动应遵循的原则

(1) 学生社团依据法律法规、校纪校规、社团章程广泛开展社团活动。定期举办学生社团文化节，积极创新载体形式，充分利用新媒体技术，不断增强社团活动的吸引力和感染力。

(2) 学生社团在举办各类活动之前，应向指导单位提交活动申请和活动经费预算，活动方案经批准后方可开展。活动结束后，学生社团负责人应向指导单位提交书面的总结汇报。

(3) 学生社团举办与校内其他单位或校外团体、单位的联合活动，应事先征得指导单位同意后上报合作单位的证明材料及活动方案，由校团委批准后方可进行。

(4) 学生社团不得开展任何以营利为目的的商业性活动，也不得开展超出其宗旨的活动。

(5) 原则上学生社团不应涉及外事事务，确有需要的，须报校党委批准。

三、学生社团举办讲座、报告应遵守的规定

(1) 学生社团邀请校外人员在校内举办讲座、报告等活动，应提前一周向党委宣传统战部提出申请。申请时要说明被邀请人员的姓名、单位、讲座或报告的内容、时间、地点、主要负责人等，必要时应出具被邀请人的身份证明或单位介绍信。

(2) 讲座、报告经批准后方可举行，会场秩序由学生社团负责维持，指导单位进行监督，讲座、报告的内容与申请不符者，追究社团负责人、指导教师和指导单位的责任。

四、学生社团网站、新媒体平台、刊物管理规定

(1) 学生社团建立网站、新媒体平台及印发刊物等，须报党委学生工作部审核备案。

(2) 业务指导单位加强对社团运营网站、新媒体平台、印发刊物的管理、指导和监督。建立内容把关机制，学生社团开展线上线下宣传、发布活动信息须经指导教师、业务指导单位审核同意，确保发布内容积极健康。

第五节　学生社团管理

一、管理的意义

　　无论是国家还是个人，无论是古代还是现代，只要有人群的地方就有管理，管理是保证组织有效运行必不可少的环节，即使是一个小小的家庭，也需要管理。社团作为一种学生组织也需要管理，管理是协调各部分的活动，使组织与环境相适应。一切组织如果没有管理，那么这个组织就会散架。大家要认真学习学生社团的管理制度，以避免产生不必要的麻烦。

二、日常管理

　　(1) 学校团委为加强对学生社团工作的指导和管理，成立社团管理科。社团管理科依据校团委的授权，负责全校学生社团的日常管理工作。

　　(2) 学生社团活动的责任由社团、指导教师、指导单位共同承担。学生社团负责人及其主要成员在活动过程中有错误或重大失误的，其个人也应承担相应责任。学生社团负责人或其主要成员以学生社团的名义所进行的活动视为学生社团活动。

　　(3) 校团委每年根据各学生社团活动情况，评选出优秀学生社团及优秀社团成员，并给予奖励。

　　(4) 对违反规定的学生社团，各学生社团指导单位有权对社团负责人及其他负有责任的成员给予批评教育并督促整改。对有严重错误者，报经学校党委学工部予以校纪处分。

　　(5) 因在学生社团活动中违反规定受到校纪处分的学生，未经校团委同意，不得参加任何学生社团活动。

三、学生社团财务管理与监督

　　(1) 学生社团的活动经费由学校拨付，不收取社团成员会费。学生社团原则上不接受校外资助，确有资助需要的，由指导单位对其进行资助事宜的合法合规性审核，报校党委审批。校党委批准后，将各项资助经费纳入学校财务统一管理。

　　(2) 各学生社团运行费用采用项目申报制度。学生社团每年初提交社团项目建设申报书，由指导单位根据年度预算情况进行审批。

　　(3) 学生社团的经费必须用于章程规定的活动。经费开支应建立严格的财务管理制度，做到账目清楚，定期公布，实行民主管理并接受监督。学生社团经费应由专人负责，每学期必须向全体社员公布经费使用状况。经费支出需按照学校财务管理制度凭票报销。

　　(4) 指导教师课时指导费用按照学校《学生社团指导教师考核办法》执行。

　　(5) 学生社团实际经费支出金额不得超出年运行费批复数额。

第六节　社团与社员荣誉

一、社团荣誉

荣誉是一定社会或集团对人们履行社会义务的道德行为的肯定和褒奖，是特定人从特定组织获得的专门性和定性化的积极评价。"荣誉和美德是灵魂的装饰，要是没有它，那肉体即使真美，也不应该认为美。"(塞万提斯《堂吉诃德》)社团也需要荣誉，团队的荣誉是团队中每一个成员共同努力的结果。无限大的万分之一等于无限大；零的一万倍仍等于零。社团荣誉感是团队建设中事关工作成败的重要环节，是社团中的每一个人都应努力去争取的。学生社团是大学文化的重要组成部分，是校园生机活力和魅力的重要体现，是培养大学生综合素质的重要载体。学生社团在繁荣校园文化和丰富课余生活方面发挥了重要的作用，成为学校对外交流的重要窗口之一。为了激发各学生社团的发展潜力，调动学生社团的竞争意识，保持学生社团的生机与活力，学校每年面向全部学生社团评选出一批优秀社团。

二、优秀社团的评选办法

(一)优秀社团的基本条件

(1) 应为学校正式注册登记的学生社团，成立 1 年以上，最近 1 次年审合格，充分发挥政治教育和思想引领作用，积极参与、配合、支持学校的大型活动。

(2) 在规范落实《学生社团建设管理办法》各项要求基础上，积极开展方向正确、健康向上、格调高雅、形式多样的社团活动，为繁荣校园文化促进学生德智体美劳全面发展作出积极贡献。

(3) 定期开展社团活动，年度开展活动次数不低于 6 次，活动有相关佐证材料。

(二)评选办法

优秀社团的考核评定由三部分组成，如表 7-3 所示。

表 7-3　优秀社团的考核评定项目与比例表

项目	日常考核	社团成果展示	申报材料
所占百分比	20	50	30

(1) 日常考核包括各学生社团参加工作例会情况、配合校团委工作情况等。

(2) 社团成果展示由各社团代表进行 6~8 分钟的成果展示，汇报本年度的社团建设情况，由评定小组进行评分。

(3) 各社团需提交本年度的社团建设佐证资料，包括社团指导教师授课情况、社团活动开展情况和社团获奖情况等。

(三)结果评定

根据日常考核、社团成果展示和社团申报材料，由评定小组对各指导单位推荐的学生社团进行评选，最终确定优秀社团名单。优秀社团数量为全部社团数量的30%。

三、社员荣誉

(一)优秀社员的基本条件

(1) 严格服从学生社团建设管理评议委员会、学工部、校团委的领导，积极参与社团管理。

(2) 积极参加社团活动，学风端正，学期内无不及格科目，学业积分不低于35分，荣誉积分不低于18分。

(3) 严格遵守学校的各项规章制度，在校园、教室、宿舍、餐厅等公共场所举止文明，宿舍星级达二星。

(二)评选办法

(1) 优秀社员按社团总人数的5%推荐，由社员本人提出申请，经社团全体成员大会按评选条件进行选拔，征求指导教师意见后进行推荐。

(2) 校团委对推荐名单复核后给予表彰奖励。

【知识拓展】

北京大学山鹰社

北京大学山鹰社成立于1989年4月1日，是全国首家以登山、攀岩为主要活动的学生社团。自成立以来，山鹰社以"存鹰之心于高远，取鹰之志而凌云，习鹰之性以涉险，融鹰之神在山巅"为社训，开展了登山、科考、攀岩、野外等各种形式的活动，攀登过念青唐古拉、格拉丹东、玛卿岗日、慕士塔格等多座山峰，足迹遍布青海、西藏、四川、新疆、甘肃、云南。截至2018年年底，已培养至少276名登山队员，其中有11名国家登山运动健将、10名国家一级登山运动员和多名国家二、三级登山运动员。

存鹰之心于高远·成立

山鹰社的成立起因于著名冰川学家、北大教授崔之久老师从北极归来的一次讲座。在讲座中，崔教授深有感触地诉说雪山攀登对于我国国民经济的重大意义，并意味深长地说："难道中国大学生就没有一点冒险精神？北大学子就不能挑起这个重担？"在爱国激情高涨、无数青年寻找为国效力机会的年代，教室温柔的灯光顿时像道利剑刺向一群年轻人的心。地质系86级古生物专业本科生李欣、刘劲松和陈卫华等人当即开了碰头会，决定为了北大、为了青年、为了中国走出这一步。1989年4月1日，北京大学登山协会正式成立。1990年，在李欣的建议下，社团更名为"北京大学山鹰社"。

成立初期，社团面临极大的困难。没有办公楼，宿舍便是会议厅；没有登山攀岩装备，军训用过的背包带就派上了用场；没有成熟的攀岩场地可供训练，他们就用学生宿舍楼间的裂缝作为天然的攀岩场地；没有资金赞助，他们只能走街串巷去卖赞助的方便面。每天进行六七十里的远距离长征，从北安河到妙峰山涧沟村，从北大到香山，从东灵山到怀柔，都留下了他们的足迹。

在学校领导的关怀下，在团委与体教部的支持下，在中国登山协会和社会各界的帮助下，山鹰社很快就发展起来，并于 1990 年首次出征。1990 年 8 月 23 日，北京大学登山队在加利加(天津)有限公司的赞助下，成功攀登了东昆仑玉珠峰(6178 米)，"开辟了中国群众性登山运动的新纪元"(时任中国登山协会常务副主席王凤桐语，1990 年 10 月)。

取鹰之志而凌云·辉煌

30 年来，山鹰社已经成为北京大学最具影响力的社团之一，连续多年获得品牌社团，每年招新达 800 人。社团开展了包括登山、科学考察、攀岩、野外生存等各种形式的活动，不仅为大批北大学子提供了接触户外的平台，也为中国的民间登山运动和高山科学考察事业作出了自己的贡献。山鹰社发掘了祖国广阔的山岳资源，培养出一大批青年登山爱好者和国家登山运动员，并深入祖国边远地区了解民情，服务当地人民，在校内外都产生了极其广泛的影响。教育部部长陈至立女士、《人民日报》社长邵华泽先生、国家体育总局伍绍祖先生等知名人士均曾为山鹰社寄发贺信或题词。

作为山鹰社的核心组织，北京大学登山队克服了种种困难，在不断提高和完善自身的同时，争取社会各界的支持，向社会展示了北大这所优秀高校的学生拼搏向上、自强不息的精神风貌。自首次攀登玉珠峰以来，山鹰社每年暑期都会组织例行攀登活动，曾完成过西藏念青唐古拉中央峰(7117 米，1992 年)、格拉丹东峰(6621 米，1994 年)、桑丹康桑峰(6590 米，2000 年)、甲岗峰(6444 米，2007 年)等多座山峰的中国首登或人类首登，也曾成功攀登新疆博格达峰(5445 米，2006 年)等高难度技术型山峰。此外，山鹰社还组织过几次特别攀登活动。1998 年北京大学百周年校庆之际，山鹰社三名队员成功攀登了世界第六高峰——卓奥友峰(8201 米)，填补了民间业余组织攀登 8000 米高峰的空白。2018 年北京大学一百二十周年校庆之际，包括七名山鹰社成员在内的北京大学珠峰登山队，从北坡成功登顶世界第一高峰——珠穆朗玛峰(8844 米)。

习鹰之性以涉险·辉煌背后

1991 年，山鹰社初试新疆境内被称作"冰川之父"的慕士塔格(7546 米)。由于种种原因，山鹰未竟而归。然而，在哪里失败就在哪里爬起来。1993 年，山鹰重返慕士塔格，十名队员成功登顶并被授予"国家一级登山运动员"荣誉称号。

1999 年，山鹰社组织的中国第一支女子登山队于暑期攀登四川雪宝顶(5588 米)，然而队员周慧霞却在登顶过程中不幸遇难。2002 年，山鹰社攀登西藏境内的希夏邦马西峰(7292 米)时，林礼清、卢臻、雷宇、杨磊、张兴柏五名队员遭遇雪崩，再也没能回来。

融鹰之神在山巅·展望

经历了 30 年的风风雨雨，山鹰依旧在向前行，而且"从无知的向往到知道代价的坚持之间，山高水长"。雪山之巅依旧是山鹰社的圣地，山鹰经历过展翅试翼、羽翼渐丰、痛苦折翼后，不执着于冰冷的雪山海拔，而是在一次又一次艰难跋涉之中，力图突破自我极限，叩问生命本身的高度。

点题成金

(1) 请和周围同学交流一下,山鹰社给你留下深刻印象的是哪一部分?

(2) 请和周围同学讨论一下,山鹰社有哪些精神值得当代大学生学习?

(3) 如果有机会,你是否会加入山鹰社?请和周围的同学交流一下你的选择和原因。

(资料来源:北京大学山鹰社,北京大学体育教研部,新闻资讯.教育教学,https://pe.pku.edu.cn/info/)

第八章　大学学业规划

　　立志是一件很重要的事情。工作随着志向走，成功随着工作来，这是一定的规律。立志、工作、成功是人类活动的三大要素。立志是事业的大门，工作是登堂入室的旅程，这旅程的尽头就有个成功在等待着，来庆祝你的努力结果。

——巴斯德

　　知识是就业的基石，立志是择业的灯塔，勤奋是事业的风帆，坚韧是从业的桥梁，自强是立业的支柱，劳动是创业的天梯。

——马克思

　　大学是人们的梦想和目标，也是另一个梦开始和圆梦的地方。步入大学校园，同学们该如何科学规划，度过充实而有意义的大学生活呢？学习、社团、实践、比赛……这些都是关键词，而学习则是其中最重要的，它是大学生未来就业的基石，也是大学生走出校门，走向社会之前能够有充足的时间来系统地学习知识的一个重要时期。大学生摆脱高中的学习压力来到大学，由于没有往日学习的压迫感，身心得到了解放，可能会产生懈怠心理，选择躺平的生活方式，未能及时树立新的学习目标，造成了考上大学前后的动机落差。如果长期松懈与懒散，就会产生厌学、焦虑、迷茫等问题。良好的学业规划不仅能使大学生更好地认识自我，确定发展目标，快速成长成才，而且可以促进大学生的全面发展与提高。

第一节　了解学业规划

一、学业规划的含义

　　学业规划，是指为了提高求学者的人生职业(事业)发展效率，而对与之相关的学业所进行的筹划和安排。大学生学业规划，是指大学生对与其未来事业发展相关的学业所进行的安排和规划。具体来讲，是指大学生通过对性格特点、能力特点和社会未来需要的深入分析和正确认识，确定自己的事业目标，进而结合自己的实际情况制定的学业发展规划。

二、大学生进行学业规划的重要性

(一)进行学业规划是大学生人生发展的需要

　　大学阶段的学习对大学生来说是一个非常重要时期，在这个阶段，大学生在学习专业知识，提升专业能力的同时还要锻炼实践能力，人际交往能力，学会做人、做事以更好地适应复杂的现实社会。因此，从大一年级开始就必须培养学会学习、学会做事、学会生活、学会生存、学会做人的意识，更重要的是做好个人学业规划，通过学业规划使大学生进一步认清自我，树立自己的学习目标，激发自身的学习动力，在目标引领下有目的计划地度过大学生涯，为未来人生的长足发展打下良好的基础。

马斯洛需求层次理论

马斯洛需求层次理论是行为科学的理论之一，由美国心理学家亚伯拉罕·马斯洛于1943年在"人类激励理论"论文中所提出的。书中将人类需求像阶梯一样从低到高按层次分为五种，分别是：生理需求、安全需求、爱与归属需求、尊重需求和自我实现需求。

马斯洛理论把需求分成生理需求(physiological needs)、安全需求(safety needs)、爱和归属(love and belonging)、尊重(Esteem)和自我实现(self-actualization)五类，依次由较低层次到较高层次排列。在自我实现需求之后，还有自我超越需求(self-transcendence needs)，但通常不作为马斯洛需求层次理论中必要的层次，大多数会将自我超越合并至自我实现需求当中。

通俗理解：假如一个人同时缺乏食物、安全、爱和尊重，通常对食物的需求量是最强烈的，其他需要则显得不那么重要。此时人的意识几乎全被饥饿所占据，所有的能量都被用来获取食物。在这种极端情况下，人生的全部意义就是吃，其他什么都不重要。只有当人从生理需要的控制下解放出来时，才可能出现更高级的、社会化程度更高的需要，如安全的需要。

五种需要像阶梯一样从低到高，按层次逐级递升，但这样的次序不是完全固定的，可以变化，也有种种例外情况。需求层次理论有两个基本出发点，一是人人都有需要，某层次需要获得满足后，另一层次需要才出现；二是在多种需要未获满足前，首先满足迫切需要；该需要满足后，后面的需要才显示出其激励作用。一般来说，某一层次的需要相对满足了，就会向高一层次发展，追求更高一层次的需要就成为驱使行为的动力。相应地，获得基本满足的需要就不再是一股激励力量。

(资料来源：[美]马斯洛. 马斯洛人本哲学[M]，唐译编译. 长春：吉林出版集团有限公司，2013.)

(二)进行学业规划是大学生做好职业生涯设计的需要

近年来高校扩招使得毕业生数量大大增加，就业形势严峻，因此毕业生做好职业生涯规划显得十分重要。学业规划设计是职业生涯的重要组成部分，也是做好职业生涯设计的前提和基础。就业形势的严峻，迫使大学生必须放眼未来规划自己的职业发展远景，广大学生也已经意识到职业生涯规划对个人发展的重要性。基于人生发展的整体性与连续性，可以说学业规划是职业生涯规划的"序曲"，它关系到大学生职业生涯能否真正落到实处。

(三)进行学业规划是大学生提高自我认识合理确立发展目标的需要

一份有效的学业规划设计，包括自我分析和现状分析两个方面，因此它能够引导大学生认识自身的个性特征、现有的和潜在的资源优势，帮助他们重新认识自我并考虑如何使其持续增值，引导他们对自身的长处和短处以及综合素质进行对比分析，引导他们弄清个人目标与现状之间的距离，引导他们学会如何运用科学有效的方法、采取切实可行的步骤，不断增强自己的专业竞争力，从而实现自己的职业理想。学业规划中的长远目标应该相对固定以保持一定的稳定性，而规划中的短期目标则是可以根据实际情况不断地调整的，目的是为实现长期目标作保证，属于阶段性的目标。

(四)进行学业规划是增强青年大学生学习主动性的需要

很难想象一个没有人生规划的人能够走出精彩的一生，同理，一名大学生如果没有自己的学业规划，他也不能在相对宽松的大学学习环境中取得理想的成绩。拥有自己学业规划的学生可以合理安排自己的日常学习生活，只有在学业规划指引下的学习生活才能更科学更有效，也只有在学业规划的时刻鞭策下，他们主动学习的意识才会增强，由"要我学"变为"我要学"，由被动学习变为主动学习。

三、大学生学业规划的意义

(一)大学生学业规划使大学生增强自我约束力和自我管理的能力

没有大学生学业规划，大学生的时间、精力处于荒废和散乱之中，生活漫不经心，心态消极，很容易进入跟学业无关的琐事中，虚度大学美好光阴、浪费青春，导致自我约束力下降。而大学生学业规划对大学生的日常学习具有指导作用，让大学生明白，现在做的每一点都是实现未来目标的一部分，从而增强自我约束力。同时让大学生重视现在、把握现在，集中时间、精力和资源于自己选定的学业，进而使大学生提高自我管理的能力。

(二)大学生学业规划使大学生积极向上和自我完善

大学生学业规划是大学生努力的依据，也是对大学生的鞭策，给大学生一个看得见的彼岸，使大学生看清使命、产生动力。随着大学生学业规划的每一个具体目标的实现，大学生就越来越有成就感，大学生的思想方式及心态就会向着更积极向上的方向转变。由于大学生学业规划向大学生提供了完成学业的清晰图画，使得大学生对自己的学业的实现过程有了清晰透彻的认识，进而产生信心、勇气，达到自我完善。

(三)大学生学业规划有助于大学生进行自我定位

所谓的自我定位，就是在很好地认识和了解自己以后，确立自己将来在社会上所处的位置和大概的行动方向。换而言之，就是认识自己。大学生要不断地了解自己、发掘自己的特点，进而不断进行调整及修正；找出自己感兴趣的领域，确定自己能干的工作或优势所在，明确切入社会的起点，其中最重要的是明确自我人生目标，即给自我定位。大学生学业规划确立的过程是一个有弹性的动态的规划过程，是一个认识自身优势与弱势、机会与威胁的过程，是一个自我定位、规划人生的过程，是一个明确"我能干什么？""社会可以提供给我什么机会？""我选择干什么？"等问题的过程，进而使理想具有可操作性，为步入社会提供明确方向。

SWOT 分析法

SWOT 分析法，即态势分析，就是将与研究对象密切相关的各种主要内部优势、劣势和外部的机会和威胁等，通过调查列举出来，并依照矩阵形式排列，然后用系统分析的思想，把各种因素相互匹配起来加以分析，从中得出一系列相应的结论，而结论通常带有一定的决策性。

运用这种方法，可以对研究对象所处的情景进行全面、系统、准确的研究，从而根据研究结果制定相应的发展战略、计划以及对策等。SWOT 分析法常常被用于制定集团发展战略和分析竞争对手的情况，在战略分析中，它是最常用的方法之一。

成功应用 SWOT 分析法的简单规则：①进行 SWOT 分析的时候必须对分析对象的优势与劣势有客观的认识。②进行 SWOT 分析的时候必须区分分析对象的现状与前景。③进行 SWOT 分析的时候必须考虑全面。④进行 SWOT 分析的时候必须与竞争对手进行比较，比如优于或劣于你的竞争对手。⑤保持 SWOT 分析法的简洁化，避免复杂化与过度分析。⑥SWOT 分析法因人而异。

(资料来源：[美]斯蒂芬·P. 罗宾斯. 管理学[M]. 13 版. 北京：中国人民大学出版社，2017.)

(四)大学生学业规划有助于开发潜能

每个人都是一个不同于他人的个体，所具有的能力和潜能都不一样，而潜能对于每个人来说都是很重要的东西，所以认识自我的潜能就显得格外重要。在大学里，你会拥有很多展示自己的机会和场合，以便在发挥才能的同时认识和开发自己的潜能。大学生学业规划在帮助学生有效完成学业方面作用突出，而个性化、分层次的人才培养模式在为学生提供自由选择空间的同时，也为大学生学业规划带来了挑战。所以大家应该以认真的态度去对待自己的大学规划，它不再是你中学时期一个单一的计划那样简单，它应该是以客观求实的态度去看待你所处的社会环境、你面临的机遇挑战、你拥有的条件和未来发展的方向，由此出发以你期望的未来为航向标制定的一个意义深远而又重要的规划。

第二节　制定学业规划

学业规划制定是在认识自我、了解社会的基础上，从自身实际和社会需求出发，确定职业发展的方向，制定在校学习的阶段目标和总体目标，拟定实现目标的步骤和具体实施方法的过程。

一、学业规划的特点

(1) 独特性。每个人的生涯发展都是独一无二的，学业生涯是学生依据自己的人生理想，为了自我实现而逐渐展开的一种独特的学习历程，不同的学生有不同的学业生涯，也许某些学生的学业生涯有某些相似之处，但实质可能是完全不一样的。

(2) 发展性。人是生涯的主动塑造者，学业生涯是一个动态的发展历程，学生在校学习的不同阶段会有不同的要求，这些要求会不断地变化与发展，学生也会因此而不断地成长。

(3) 综合性。学业生涯以学生角色的发展为主轴，也包括其他与学习有关的角色，如公民、子女等涵盖人生整体发展的各个层面的各种角色。

二、制定学业生涯规划需要遵循的原则

(1) 可行性原则。学业生涯规划是针对学生的实际做出的，所谓可行性，就是指制定出来的学业生涯规划应切实可行，具有现实性、可能性和可操作性，每个阶段的目标以及达到目标的方法应力求科学、合理，是经过努力能够实现的。

(2) 可调节原则。学业生涯规划具有发展性的特点，不是孤立的、静止的，应该能够根据社会需求的发展变化与学生个体主观条件的变化随时修正，比如在阶段性目标上，可以根据进展的程度，酌情提高目标或降低目标。

(3) 最优化原则。应力求做到身心和谐，使个人的性格、兴趣、知识和能力等与目标和谐统一，实现优化组合。

(4) 共性与个性相结合原则。学业生涯规划既要反映学生发展的共性问题，又要满足学生各种需求，有效地培养和发展学生的兴趣、爱好、特长，使学生的先天禀赋和个性潜能得到充分发展。

三、大学生学业规划的五大步骤

1. 学业规划选定

首先，分析自己的兴趣爱好，认定自己想干什么。古今中外，因兴趣之花而点燃成功之火的事例不胜枚举。兴趣是理想产生的基础，兴趣与成功概率有着明显的正相关性。兴趣可以造就伟人，兴趣可以使人为自己所钟爱的事业奋斗终身。但目前有很多大学生对自己的兴趣模糊，甚至没有。所以一定要认定自己的兴趣爱好是什么。择己所爱，选择自己喜欢的专业方向和研究领域进行奋斗和学习。

其次，分析自己的能力、特长，确定自己能干什么。能力是人的综合素质在现实行动中的表现，是正确驾驭某种活动的实际本领、能量和熟练水平。能力是实现人的价值的一种有效方式，也是左右与支配人生命运的一种主导性的积极力量。因为任何职业都要求从业者掌握一定的技能，具备一定的条件，所以每个大学生都应该结合自己的兴趣爱好，在认定自己想干什么的基础上确定已经具备的能力和应该培养的能力。

再次，分析未来，确定社会要求干什么。着眼将来、预测趋势，立足于社会不断发展变化的需求。避免盲目跟风，因为最热门的并不一定是最好的。选择社会需要又最适合发挥自身优势的专业方向和研究领域才是最好的。要把自己的兴趣爱好、能力特长、社会需要结合起来，把想干什么、能干什么、社会要求干什么有机地结合起来。这几方面的结合点和链接处正是大学生学业规划的关键所在。

2. 强化学业规划

当学业规划选定以后，很多大学生或者拖延不动或者草率行动，结果导致学业规划不

能实施或实施后不能持久，最终无法实现既定的学业。这些现象的出现是因为大学生在制定学业规划时缺少了一个重要环节：对学业规划的强化。强化学业规划就是学业规划的执行者在执行之前充分运用想象，详细地罗列出达成学业规划的好处，从而培养出积极的心态，进而增强动力、产生更大的执行力，确保学业规划顺利完成。

3. 学业规划分解

学业总目标制定出以后，要能自上而下地分解，即制订学习计划。这可以按照以下的思路进行：三年的总学习目标——年学习目标——学期学习目标——月学习目标——周学习目标——日学习目标。使得学业规划落实到学习生活的每一天，确保学业的严格执行。

4. 学业规划评估与反馈

在实施的过程中，及时地对环境和条件做出评价和估计，对自己的执行情况做出评估。由于现实生活中种种不确定因素的存在，要求学业规划的设计具有一定的弹性，评估结果出来以后应进行反馈，以便于自己及时反省和修正学业目标，变更实施措施与计划。所以应做到定期评估与反馈：每年、每学期、每月、每日进行检查评估与反馈，进而分析原因与障碍，找出改进的方法与措施。

5. 激励与惩罚

激励措施能将人的潜能和积极性激发出来，惩罚可以防止惰性的产生。一定要制定出完成阶段目标后对自己的奖励和惩罚措施：完成后怎样奖励自己，完不成将怎样惩罚自己。

对于在校的大学生来说，只有及早设计自己的学业规划，明确自己的学业目标，在充分了解自身学什么、怎么学、什么时候学等问题的基础上提高素质优势，才有可能在将来激烈的竞争中把握住机会获得成功。

第三节　河南经贸职业学院学业规划

一、河南经贸职业学院学业规划路线图

图 8-1 是我们经贸的学业规划基本路线，大家可以按照图中的步骤指示来思考一下自己的学业规划大致是什么样的。学校鼓励大家做出学业规划，也期待大家能够通过这样一个学业规划成就自己的美好人生。

正所谓青年兴则国家兴，青年强则国家强。随着高等教育由精英小众向日益大众化的转变，大学生实际上成为社会丰富的人力资源。大学生的培养实现了由一般意义上的普通人力到专门人才，由备选资源到有用、好用以至可堪大用之材，影响因素众多，需要做的工作更是不少，加强对大学生学业规划的引导和指导是高等院校重要的基础性工程和有效举措。所以我校针对这一问题提出了对大学生学业规划的指导策略。

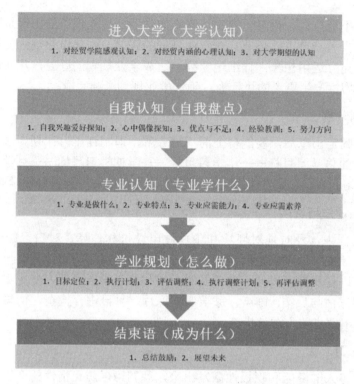

图 8-1　河南经贸职业学院学业规划路线图

二、大学生学业规划指导策略

所谓指导策略,不是针对特定学生、特定专业、特定学业开展的指导,而是原则性、方法论的思考,是对关键环节的把握和对有效路径的梳理。它重点包括以下 8 个层面。

(一)观念先导

制定并实施学业规划,观念是基础、认识是前提。要加强"三观"教育引导。世界观、人生观、价值观是思想和行为的总开关。世界观决定人生观、人生观决定价值观。"三观"如何,决定着一个人的思想境界、道德情操和行为准则,影响一个人的人生高度、宽度和深度。学校将教育引导学生摒弃不正确的世界观、沉沦颓废的人生观、取舍失当的价值观,反对和防止享乐主义、拜金主义、极端个人主义和利己主义;同时引导学生树立胸怀天下、物我关联的世界观;积极进取、利乐宽宏的人生观,服务奉献、以作为求定位的价值观。学校目前已经把理想信念教育融入学业规划观念引导之中,第一要加强学业规划观念教育引导,提升学生认知学业规划的意义,珍视学业规划的价值;第二要加强学习观念引导教育,使学生明确学习目的端正学习态度,增强学习自觉性、主动性、积极性,为学生制定学业规划提供条件,为学生落实学业规划奠定基础;第三要加强就业观念教育引导,帮助学生处理好个体小我与国家社会大我、学业与就业、先期就业与后期发展、就业与立业及创业等的关系,帮助学生转变和消解唯我独尊、好高骛远、不切实际、不思进取、不负责任,影响学业规划制定与实施的态度和观念。

(二)技术指导

技术指导是指关于学业规划的专门性教学安排和专业性指导。学校把握了以下三个结合：第一是普遍指导与个性指导相结合。系统、普遍地开设学业规划课程，针对不同年级特点进行教学：一年级侧重于专业与学业的关系、学业基本理论；二年级侧重于引导自我塑造，了解学业对人的要求；三年级侧重于培养决策能力，开展学业探索实践，主要讲授学业道德、求职心理准备、技巧等；注重个体特性，有针对性地开展学业规划指导。第二是注重内容与注重方法相结合。既把学业规划要素内容诸如自我评价、确立目标、环境评价、学业定位、实施策略、评估与反馈等讲透彻，又把制定学业规划的方法诸如调查法、访谈法、讨论法、计算机辅助系统法、见习实习法、测评法以及对比排序法、筛选法、权重计分法、综合归纳法等方法讲明白。第三是引导学业追求与把握学业要求相结合，使学业基于学业，学业成就学业。

(三)学业辅导

关于学业辅导，第一要坚持学业主导原则：以学为主，打牢基础知识和专业功底，毕竟学习是学业的基础，不能忽视学习而空谈学业，前后失序，本末倒置。第二要优化改进课程设置体系：对接经济社会发展和学生未来就业需要，优化学科专业设置，建立专业设置、学生就业与社会人才需求相衔接的预测预警和专业动态调整机制；有效构建"通识课程+专业课程+创新创业课程+学业规划指导课程+实践实训教学"的模块化课程体系。第三要注重促进学生学业素质提升的工作创新：放宽大学生休学创业的年限和次数，建立支持学生创新创业学分转换的制度，既重视不落一人的全面学业关注，也注重因人而异、因材施教的个性化学业辅导。

(四)实践训导

实践训导是大学生由学习到学业，由知识掌握到知识运用、由学校到社会的培训过程和衔接环节，是训练学生知识应用和学业适应的教学过程。要将校内实训和校外实训结合起来，开展好教学见习、教学实训和准岗实训；要将技能鉴定达标实训和岗位素质达标实训结合起来，注重通用技能实训和专项技能实训；要将动手操作技能实训和心智锻炼实训结合起来，提升综合素质和创业就业能力；要注重产学合作，加强实训基地、场所设备条件、师资队伍等建设，优化实训项目、创新实训方式，充分发挥实践训导提升学业素质和学业能力的作用。

(五)评估督导

评估督导既是纠偏措施，也是落实机制。开展评估是发现薄弱环节，调整目标路径和行为偏差、补足条件短板、改进工作措施的有效方式。学校十分注重学业规划的可行性评估。学业规划的可行性建立在学业目标的合理性和实施路径的科学性基础之上，学校会利用专业测评工具和测评方法对学生学业素质进行测评，以学业素质测评为基础，以环境测评为依据，对规划目标和路径不断匡正纠偏，增强规划实施的可行性。学校同时对学业规划执行的有效性进行评估。通过评估，掌握规划执行进度和实现程度。相应建立规划检验标准和执行量表,既有自律措施,也有他律机制。另外,学校会注重社会因素变化影响的损益性评估,针对变化的环境,找出偏差所在,并做出修正,力求趋利避害、增益减损。

(六)问题疏导

学生思想认识不高、规划文本质量不高、规划执行度不高是比较普遍的问题。

首先是思想认识问题,学业规划意识淡薄,或茫然不知学业规划的功能,或不屑学业规划的作用,不能有效利用学业规划为学业发展做分析和谋划。对此,学校应从大学生进入校门起就将学业规划作为新生教育的开门课之一进行安排,在整个大学学习生活期间进行统筹递进式、理论和实际相结合的教育指导,注重发挥学生社团组织及朋辈群体积极影响和环境营造作用,提升学业规划意识和能力。

其次是自我认识不清、发展定位不准、学业理解不够、社会环境不明,再加上规划编制要素不清和方法不当,致使学业规划文本质量不高。学校会指导学生对自己、对学业、对社会有全方位的认知和深层次的分析。学校要提升专业教师的指导水平,加强实践检验纠偏工作。

最后是关于学业规划执行度不高的问题。要合理设定规划目标,科学设计规划路径,如果目标桃子是跳起来可以摘得到,路径就是合适的跳板。要针对懒惰懈怠的不作为、学艺不精准的作为影响既定规划实施打折扣的问题,培养学生执着坚毅、守信重行的意志品质和践诺能力。如因社会变迁、经济转型影响学业规划的执行,要注重调整方案,主动适应,因势利导。如受家庭因素的影响,学校则在尊重家庭意见的同时,增强自主性,避免受到不当干预。

(七)典型宣导

学生要注重工作总结。学生要对已定学业规划以及执行情况进行及时总结,扬长补短、完善思路、完善文本、改进落实举措;学校要对制定和实施学业规划总体情况进行分析、总结和把握,提炼模式、树立样板,同时注意发现问题、解剖问题、由点及面、探究规律。要组织交流互鉴,针对学业规划制定理念、制定方法、实施路径、保障措施、共性问题等开展多形式、分专题的研讨交流,分享经验、集成智慧、共同提高。要推介宣传典型,注重发现、注重挖掘、注重宣传在学业规划理解认知和制定实施以及通过学业规划促进思想进步、学业进步、学业发展等方面的先进典型,发挥好典型引领效应和示范带动作用。要推进形成重视学业规划的浓厚校园氛围和学业规划促进学生成长成才的育人文化。

(八)跟踪引导

跟踪的对象是已毕业的学生,一是了解毕业生职业发展状况,掌握毕业生当前状况与其在校时学业理想、学业目标、预设路径的关联度、吻合度、匹配度、流变度及其影响关联因素,分析主客观原因,总结经验和教训,作为对在校学生开展学业规划指导的鲜活案例和生动教材;二是延展学校的责任和义务。在跟踪过程中,也充分利用学校条件和资源,诸如先进理论、专家知识、科研成果、实训条件、集成信息等对入学新生进行必要的指导,掌握学生的实际学业发展状况,给予可能的帮助,使其学业规划实现得更好、学业生涯发展得更为顺畅。应当建立"学生学业生涯数据库",适时请毕业生返校或"充电",或传帮带,这也是人才培养方式的有效创新。

三、大学生学业规划制定方向

大一时:初步了解自己所学专业以后可以从事的职业,提高人际沟通能力,了解自身情况,例如兴趣爱好等。其具体实施内容有:和学长学姐们进行交流,询问就业前景;通过参加学生会或社团等组织,了解自己的兴趣爱好,锻炼自己的各种能力,从中寻找自己的努力方向;参加学校活动,增加交流技巧,结识更多的朋友;学习专业知识,为以后的工作打下基础。

大二时:提高基本素质,提升专业技能,了解社会情况。其主要实施内容有:参加专业考试,例如英语等级考试、计算机等级考试等;尝试兼职、社会实践活动等,从中学习一些以后工作中可能要遇到的处理事情的方法以及初步认识了解社会;认真学习专业技能,扎实地掌握专业知识,提高自己的核心竞争力。

大三时:提高求职技能,搜集实习机构信息。其主要实施内容有:认真参加实习活动,积累相应的工作经验,学习学校里学不到的知识,为以后的工作打基础,同时能够积累一定的人脉;撰写专业毕业论文,结合所学知识和实习经验提出自己的见解;提前参加和专业有关的暑期工作,多和同学交流求职工作、心得体会;掌握简历、求职信的写法及其技巧,了解搜集工作信息的渠道,并积极尝试;对前三年的准备做一个总结,开始毕业后工作的申请,积极参加招聘活动,在实践中检验自己的积累和准备;预习或模拟面试、参加面试等;积极利用学校提供的条件,强化求职技巧、进行模拟面试等训练。

四、大学生学业规划实施路径

大一时:①尽可能多地参加社团活动,找寻自己的定位,增长自己的见识,提高自己的能力,加强与同学之间的交流,建立自己在学校的关系网。②学好专业知识,为将来的就业打好基础。③积极地与即将毕业的学长学姐沟通,了解就业前景,为自己的未来做好准备。

大二时:①努力学好各门必修课和选修课以及技能培训课程,积极参加社会实践活动,珍惜每一个锻炼自己的机会。②加强对专业的大范围学习及其课外深广度学习,争取比书本知识更进一层,能更好地驾驭书本知识。③通过专业证书考试,提升自己。④尽可能多地尝试不同的兼职,区分各个职业的侧重点,对照自身需求增强优势、消减劣势。

大三时:①开始为就业积极做准备,学会简历的撰写,把所学的专业知识与现实相结合,理论联系实际。②锻炼自己的工作能力及应聘能力,巩固扎实专业知识并应用到实习中。③继续对目标完成情况做出判断及总结并及时修正目标计划,使得各项准备更加科学化。④寻找合适的工作岗位投递简历。

第四节　大学常用学习方法

在大学里，同学们要适应大学的教学规律，掌握大学的学习特点，选择适合自己的学习方法。

一、端正学习态度

正所谓："细节决定成败，态度决定一切。"树立正确的学习态度，能克服在学习过程中出现的问题。态度明确，注意力专注，学习效率也就提高了。一要制定学习计划。没有一个学生不想要好成绩，学业有成，而行动是实现愿望的最佳方式。到了大学，没一个学习计划是不行的，没有学习计划的学习是低效率的。因此，你需要制定个详细的学习计划，以周或月为单位，列明具体的科目和计划学习的内容，贴在你的书桌前，还可以添上几句学习名言鼓励自己。二要学好专业知识。在大学阶段，你一定要把专业知识基础学扎实，你可以去一些网站上看相关的论文，上课记笔记，并与老师讨论你的看法等。

二、巧用高效学习技巧

一是计划要有规律。"长计划，短安排"，在制定一个相对较长期目标的同时，一定要制定一个短期学习目标，这个目标要切合自己的实际，通过努力是完全可以实现的。最重要的是，能管住自己，也就挡住了各种学习上的负面干扰，如此，那个"大目标"也才会更接地气，这就是"千里之行，始于足下"。

二是预习要靠自觉。预习的目的是要形成问题，带着问题听课，当你的问题在脑中形成后，第二天听课就会集中精力听教师讲这个地方。所以，发现不明白之处你要写在预习本上。

三是听课要重效益。听课必须做到跟老师，抓重点，当堂懂。要跟着老师的思维走，重要的是抓自己觉得重要的内容，抓自己预习中不懂之处。当堂没听懂的知识当堂问懂、研究懂。

四是复习要讲方法。有效复习的核心是做到五个字：想、查、看、写、说。想：即回想，回忆，是闭着眼睛想，在大脑中放电影；查：回想是查漏补缺的最好方法；看：即看课本，看听课笔记；写：随时记下重难点、漏缺点；说：就是复述，听明白不是真的明白，说明白才是真的明白。

三、善用校内学习资源

一是走进图书馆。学校图书馆内不仅有大量的书籍，还设有阅读共享空间、自助服务区等公共区域，同学们可以自行选择自习空间。

二是走进自习室。同学们平时可以在自习教室里学习，这里环境适合学习，还能碰到志同道合一起学习的伙伴。

三是走进实训室。进入了大学，除了学习和活动之外，另外一项重要的部分当属实训。"实践是检验真理的唯一标准"，利用好学校的资源，自己去实践才能得到"真理"。此外还有我们手机里的各种学习软件和网站，要充分利用起来。

四、推荐十大学习方法

(1) 分散式学习。在最后一分钟把信息塞进脑子里，可能帮助你顺利通过考试或会议，但很快从记忆中消失。把学习时间分散，在不同时间段深入研究学习材料，而不是像跑马拉松一样地一次性完成。如果想把信息记得越久，就越需要延长分散式学习的时间间隔。

(2) 实际测试。要做更多的测试，但不是为了获得成绩而进行的测试。有研究表明，仅仅是回忆脑海中的信息这一过程就能有效强化知识，并且在未来重拾知识时派上用场。

(3) 使用记忆卡片。把想记的东西做成卡片，反复测试并设定复习时间。制作卡片要点：要有标题，概括出所摘写的内容；摘抄内容必须完整，且不可过长，注明出处，尤其是外文文献卡片；制作导片分类，集中放置。

(4) 心理意象。在脑海中做具体的想象，并信任自己内心的理想图像。常用的方法是看图片记文字，会耗费比较多的时间，而且只对能联想得到图片的文字有用。

(5) 自我解释。强迫自己解释文中出现的细节内容，而不是在学习后再被动地重新阅读。但是，这种方法是否有效取决于学习者的解释是否完整、精确。

(6) 交叉实践。把几种不同的问题组合在一起，用不同学科的思维解决问题，有助于培养多元化思维。但从学习效率来说，不会太高，在学习开车之类的实践性活动时较为有效。

(7) 精细化整合。边读边问自己为什么，最好在阅读完一遍、把握整体之后再提问，一般根据文章题目、重点词汇段落、自己感兴趣或疑惑的内容提问。

(8) 关键词助记。找到生词和已知词汇或者生活背景的联系，常用于外语学习，如 extravagant "过度的"和 extra "额外的"联系。一般来说，由简单词派生、前后缀明显、合成词、和已知单词相似、发音独特和近义词这几类有明显特点的词汇适合用此方法。

(9) 突出显示和划重点。不宜划得太多太细，一般不超过全文的 20%，而且只需划出关键性的语句。最好是在迅速浏览一篇文章后，再把重点和难点、需要花时间精读的部分突出显示。不过，划重点可能会把注意力转向各个独立的事实，妨碍学习者理清关系和做出推论。

(10) 做汇总或列出主要观点。要根据自己的理解重新整合知识框架，构建体系，把有联系的知识点连接起来(图 8-2)。如果只是单纯地摘抄文章的内容，对记忆帮助不算太大。做汇总会花费较多时间，所以对于擅长做汇总的学习者更有效。

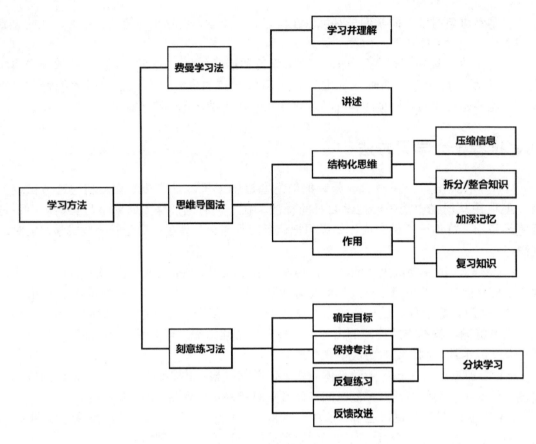

图 8-2　知识框架图

补充阅读【学习金字塔】

学习金字塔是美国缅因州的国家训练实验室研究成果，它用数字形式形象显示了采用不同的学习方式的情况下(图 8-3)，学习者在两周以后还能记住内容(平均学习保持率)的多少。它是一种现代学习方式的理论。最早是由美国学者、著名的学习专家爱德加·戴尔 1946 年首先发现并提出的。

在塔尖，第一种学习方式——"听讲"，也就是老师在上面说，学生在下面听，这种我们最熟悉最常用的方式，学习效果却是最低的，两周以后学习的内容只能留下 5%。

第二种，通过"阅读"方式学到的内容，可以保留 10%。

第三种，用"声音、图片"的方式学习，可以达到 20%。

第四种，"示范"，采用这种学习方式，可以记住 30%。

第五种，"小组讨论"，可以记住 50% 的内容。

第六种，"做中学"或"实际演练"，可以达到 75%。

最后一种在金字塔基座位置的学习方式，是"教别人"或者"马上应用"，可以记住 90% 的学习内容。

爱德加·戴尔提出，学习效果在 30% 以下的几种传统方式，都是个人学习或被动学习；而学习效果在 50% 以上的，都是团队学习、主动学习和参与式学习。

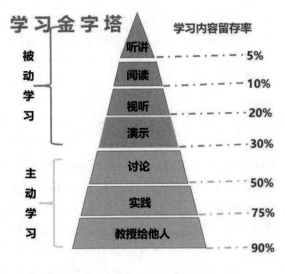

图 8-3 金字塔

第五节 树立正确学习观念

鸟欲高飞先振翅，人求上进先读书。习近平总书记时常勉励青年大学生，多读书、勤学习，倡导终身学习，建设终身学习型社会。当代青少年正处于世界观、人生观、价值观形成的关键时期，特别是青年学生，在高等学校这片肥沃的"土壤"上，要摒弃陋习，加强学习，持之以恒、孜孜不倦，博观而约取，厚积而薄发。

一、完成大学学业，需要树立正确学业观

所谓学业观，就是对所学专业、课业的态度和认识，它在很大程度上影响着大学生的学习、生活乃至人生前景。当代大学生在对待学业问题上存在着种种误区：或将学业含义理解得过窄，或对学业生活预期过高，或学业角色定位不准，或职业期望值过高，以至学业不精甚至荒废学业。为此，我们应正确处理以下四种关系。

(1) 正确处理学业与专业的关系。珍重自己的学业，就应该学得其所，努力培养自己的专业兴趣，把自己的爱好和国家的需要及社会发展的要求有机地统一起来，掌握专业知识、专业技能和相关能力，培养自己的专业素质。

(2) 正确处理学业与职业的关系。我们都清楚地知道学业是职业的奠基石，在学习期间学生就应自觉地学好专业知识，培养职业技能，锻炼职业能力，以期在将来的从业竞争中，能够对自己的职业有选择权并立于不败之地。

(3) 正确处理学业与事业的关系。将自己现在的学业、将来的职业和未来的事业联系起来，在学习的过程中，充分认识所学专业在国家建设和社会发展中的意义、作用和发展前景，立志献身其中，在工作中充分实现自己的人生价值。

(4) 正确处理学业与就业的关系。就业与学业存在着密切的关系，就业是学业的导

向，学业决定了就业。以就业为学业的导向，有利于大学生专业的选择、学业目标的调整、学习方式的改变、学习外延的拓展以及综合素质的提高。与此同时，就业也构成了衡量学业成就的重要标志。想要更好地就业，必须具备强烈的事业心、广博精深的专业知识、较强的沟通协调能力、良好的心理素质和强健的体魄以及创新精神。

二、人生继续发展，需要树立终身学习观

终身教育(life-long education)是在 20 世纪 60 年代发展起来的一种国际性教育思潮，普遍的解释是"人们在一生中所受到的各种培养的总和"。终身教育的核心思想之一是强调教育和职业、工作的关系，并强调学习与工作的交替进行。自 20 世纪 60 年代以来，人类正在步入一个以智力资源的占有、配置，知识的生产、分配、使用(消费)为最重要因素的经济时代。在这种时代背景下，传统的单一的以青少年为对象、以学校班级为单位、以全日制学习为特征的学校教育，越来越无法满足人们日益增长的各种教育需求。曾任联合国教科文组织成人教育局局长、法国人保尔·朗格朗在 1965 年巴黎召开的联合国教科文组织成人教育促进国际会议上提出了终身教育思想，并阐述了终身教育的必要性、内容、目标、方法和发展战略。他认为，数百年来，社会把个人的生活分成两半，前半生受教育，后半生工作，这是毫无科学根据的。教育应是持续一生的过程，从生到死，因此，要求有一体化的教育组织。今后的教育应当是随时能够在每个人需要的时刻，以最好的方式提供必要的知识和技能。终身教育的提出，扩大了教育概念，促进了学校制度的变革，使得教育体系不仅有学校教育，还有社会教育；不但有正规教育，也有非正规教育。

大学生要清醒地认识到，大学不是努力的终点，而是终身学习的起点。终身学习，是社会每个成员为适应社会发展和实现个体发展的需要，贯穿人的一生的持续的学习过程，即我们常说的"活到老学到老"或者"学无止境"。终身学习不仅是为人处世的立身之本，更是亘古不变的价值追求。

1. 坚定理想信念，树立远大目标

"孩儿立志出乡关，学不成名誓不还。埋骨何须桑梓地，人生无处不青山。"100 多年前，毛泽东同志离开家乡，踏上求学之路，临别所作，赠予父亲，充分展现了一代伟人的豁达心境和豪情壮志。周恩来同志"为中华之崛起而读书"，年少立志，胸怀远大理想，无不激励万千后辈，奋起直追。经过几代人的努力，我国圆满实现从站起来、富起来到强起来的伟大飞跃。当前，青少年要以更加高昂的斗志和激情，勤学苦练、磨砺心志，成为忠实的青年马克思主义者，将小我融入大我，青春献给祖国。

2. 坚守行为习惯，永葆鲜红底色

"学而时习之，不亦乐乎。"学习是一种能力，也是一种境界。站在时代最前沿，机遇挑战并存，学习永远在路上，盲目自满、停足不前，终将淹没在历史潮流中。建设学习型社会，需要贯穿终身学习理念，这取决于每一位青年大学生的积极参与，取决于每一位青年大学生的分秒必争，取决于每一位青年大学生的以身作则，以点带面，潜移默化地影响着身边人、带动着身边人，身边人再去辐射身边人，形成良好的"蝴蝶效应"。学习是

主动性的、长期性的，也是枯燥的、艰苦的，乐学善学要成为新时代青年大学生奋斗的主要途径，在奋斗中收获，在收获中前行。

3. 坚持学思践悟，激发奋斗动力

"学而不思则罔，思而不学则殆"。只有学习与思考融会贯通、相辅相成，才能提升学识、增长才干，强化自身综合素质，不断充实共产主义奋斗资本。新时代青年要牢固树立"为中华民族复兴而读书"的人生价值观，以政治自觉促进思想自觉、行动自觉，内外兼修，既练就新时代所需过硬本领，勇于攻坚克难，又锤炼青年人应有品德修为，敢于担当重任。充分发挥大学校园第一二三课堂主渠道、大熔炉作用，由表及里，从口眼耳入脑入心，有效进行"化学反应"，在思想认识、理论研究、社会实践等方面发生"跃迁"，为共产主义事业建设发展源源不断地激发动力。

4. 坚持理论实践，固化研究成果

"纸上得来终觉浅，绝知此事要躬行。"理论应用于实践才能检验真伪，去伪存真，否则都是空想，纸上谈兵，毫无意义。温室长不出参天大树。青年接受最优质的教育，汲取最丰富的养分，在最好的时代，既作"思想巨人"，也作"行动达人"，要以"祖国需要什么样的人才就要成为什么样的人才"为己任，精益求精、不懈努力，把所学所思、所感所想与志愿服务、社会实践等有机结合起来，充分利用校内外各类锻造锤炼平台，学做结合，学中做、做中学，把青年的积极性、主动性、创造性转化为理论、科技等实实在在的研究成果。

第六节 创造性学习

人类的知识总量正以前所未有的速度激增，新技术、新理论层出不穷。处在这样一个日新月异的信息时代，每一个人，不论从事什么工作、具有何种学历，都面临继续学习的问题。而传统的学习理念和学习方式，如今已远远不能满足需要。那么，怎样学习才能适应今天的社会发展呢？关键的一条，是要善于创造性学习。

互联网技术和计算机是实现创造性学习、启发创新智慧的最好工具。学习者应善于利用网络检索、查询和下载最新的知识或信息。例如，利用互联网查询最新发表的科学论文，只要输入关键词或主题词，就可以迅速看到有关的最新文献资料。查阅数学公式、分子式等，也只需在网上的百科全书或专业科学辞典内输入所要查阅的关键词，便可立即得到答案，非常快捷和方便。同时，还要善于利用计算机建立个人专有的"知识库、信息库、数据库"。在知识创新时代，由于新知识激增的速度惊人，对那些能迅速扩充自己知识容量的信息和有用的资料数据，应及时在计算机中存盘，以备随时检索和查阅。这样，学习者就只需记忆新知识的核心内容和怎样能够快速而有效地查阅到这些新知识的方法，而不必对庞大繁杂的细节内容耗费心血地记忆，从而大大减轻大脑的工作负担，使精力能够集中于创新问题的研究和思索。这是高科技发展带给创造性学习的得天独厚的条件。

创造性学习强调善于利用"群脑"(群体思想库)与电脑(电子数据库)，实现学习者的头

脑与"群脑"、人脑与电脑相结合的多"脑"协同工作。其中特别要注意实现人脑与电脑的最佳结合，这样才能有效地缩短由学习到创新的过程，提高知识创新的质量和效率。

北京师范大学林崇德教授认为：创造性学习者能主动地安排学习，有较系统的学习方法，并能养成良好的学习习惯。创造型的学生在时间安排上，不一定按规定时间去学习，除了完成课堂作业外，他们能自觉地把更多的时间花在阅读课外书籍或从事其他活动上，从而捕捉与一般学生不同的知识、经验与文化，建构自己的知识结构和认知结构。创造型的学生在选择学习方法时，往往遵循学习的规律，明确学习任务，利用一切可利用的学习条件；根据学习的情境、内容、目标和特点而灵活地应用；他们表现出强烈而好奇的求知态度，不断地向教师、同学或自己提问；想象力丰富，喜欢叙述；不随波逐流，不依赖群体公认的结构，主意多，思维流畅性强；敢于探索、试验、发现和否定，喜欢虚构、幻想和独立行事；善于概括，将知识系统化，等等。高效的创造性的学习方法，必须从认识不良学习习惯并将其打破开始，并且要持续地养成创造性学习的习惯。久而久之，习惯成自然，就形成一种创造性的学习风格，即稳定的学习活动模式。

第七节　课外阅读

我现在是说，爱看书的青年，多看看专业以外的书籍，即课外的书，不要只将课内的书抱住。

——鲁迅

课外阅读是大学生扩大知识面、提高能力的重要途径。一般说来，课外阅读包括专业知识加深型和兴趣型或随意型。大学生的知识面应宽广，不能只局限于专业知识技能领域，所以要提倡广泛的课外阅读。课外阅读要有目的，最好还是要围绕着专业领域拓宽知识面，做到博学相济、文理交融。当然，文学作品、杂志小品等为年轻人所喜闻乐见，作为生活的一种调剂，也不应禁止。

读书分泛读、精读、粗读、熟读、略读等多种，至于采取何种方式，取决于所读之书的价值。不管用哪一种，都要有计划，先读什么后读什么，也应该有体系、有结构，形成一个相互联系和支撑的知识链条，做到这一点将使你终身受用。阅读时，要本着从宏观到微观、从纲目到内容、从大到小的顺序，先浏览一下全书的目录，内容提要和前言(或导论、导语)，弄清作者写作的意图，全书的创新之处和精彩之处，以便对全书有一个整体的印象，然后进入细读阶段(如果值得的话)。在课外阅读过程中，对一些未遇见过的名词术语、新的理论或提法，要查阅相关的工具书，有时还可以随时阅读与之相关的最新杂志，以获得比较准确的知识并加深对新知识的理解。读书要带着问题去读，有问题除了找工具书和杂志帮助外，更要及时地请教老师或同学，一起讨论，这对于提高自己的理论水平和专业修养，有着重要的作用。《礼记·学记》讲得好："独学而无友，则孤陋而寡闻"；《诗经》中也讲："如切如磋，如琢如磨"，意思就是劝人们在读书时要相互学习，取长补短。

时不我待，舍我其谁。学习是时代课题，也是永恒课题。青年要做好大学学业规划、勤奋学习、艰苦奋斗，接续努力、久久为功，不断完善自我、提升自我，勇担党和人民赋予的历史重托，用青春的活力汇聚民族复兴磅礴伟力，用青春的汗水书写时代画卷，用青春的回忆勾勒世纪征程，在全面建设社会主义现代化国家，实现第二个百年奋斗目标中，留下璀璨一笔，无悔青春。

第九章　校园文化活动

如果说人生是一本书，那么大学生活便是书中最阳光明媚的一页；如果说人生是一台戏，那么大学生活便是戏中最让人期待的一幕；如果说人生是一次从降生到死亡的长途旅行，那么拥有大学生活的我们，便能够看到足够灿烂的风景。朋友们，在这人生启航时刻，你是否已经扬起了风帆，正奔向理想的彼岸？你是否已展开那坚强的翅膀，正冲向自由的天空？是否因进入大学而激动万分，心中默许下一个心愿并为之奋斗？

为了这个久违的梦想，我们十年寒窗磨一剑，那些刻骨铭心的日子如今仍旧历历在目。然而在大学生活的画卷铺开时，你是否发现此刻寻寻觅觅的尽头，并不都是以往心里的"那人却在灯火阑珊处"的喜悦。梦里寻他千百度，却是犹抱琵琶半遮面。这个时候，我们迷茫过、徘徊过，然而时间从不会停下它的脚步，正像朱自清写的那样"洗手的时候，日子从水盆里过去；吃饭的时候，日子从饭碗里过去；默默时，便从凝然的双眼前过去。我觉察他去得匆匆了……"是啊！时间如流水，而我们的人生还有很多要做的事，让我们珍惜时光，从此刻开始一点一滴地积累吧！这一章我们将一起了解校园文化活动，看看如何让我们的大学生活变得更加充实、丰富、多姿多彩。

第一节　校园文化简述

对一个国家来说，文化是综合国力竞争中维护国家利益和安全的重要精神武器。而对于现代社会文明的重要组成部分——学校来说，文化已经成为一个学校综合实力的重要标志，成为一个学校兴衰的决定性因素。校园文化建设，越来越显示其独特的一席之地。校园文化建设的基本任务就是通过合理和进步的教育制度培养社会主义合格建设者和可靠接班人，并用健康的文学艺术和生动活泼的文化活动来陶冶大学生的情操，培养大学生高尚的道德品质。因此，加强校园文化建设，创造一种优良的适合学生发展的文化氛围，在培养具有较高综合素质与熟练专业技能的应用型人才中发挥着重要作用。

一、关于校园文化

《辞海》对文化的定义是："从广义来说，指人类社会历史实践过程中所创造的物质财富和精神财富的总和；从狭义来说，指社会的意识形态以及与之相适应的制度和组织结构。"所谓校园文化，就是校园人以社会文化为背景在学校教育过程中形成的校园环境文化、校园精神文化和校园制度文化的总和。

(一)校园环境文化

校园环境文化是学校在实施教育过程中所创造的物质财富。

1. 校园建筑文化

不同学校有不同的特色，即使是标准化学校建设也各有所异。从房子建筑风格来讲，它可能是中式建筑，也可能是西式建筑，房子本身还是房子。但从人们对它的欣赏品位来讲，它可能是一件精美的艺术品，也可能只是一幢普通的房子。

2. 校园绿化文化

一所学校漂亮与否，校园绿化是它的主要文化元素。绿树成荫、花草点缀可为花园式的学校，但它未必具备校园绿化文化的元素。四季有绿树、有花，同时也有花开花谢、树木落叶的校园绿化搭配方式才具备校园绿化文化的元素。随着花草树木的生长变化，校园人可以体会到四季的气候特点，同时也可以体会到各种花草树木具有的人格品质。

3. 学校卫生文化

学校是我家，整洁靠大家。讲究卫生是人们生活中的细节要求，也是人们周而复始要做的工作。这项工作要求我们不断地去做，也要不断地去维护，这样才能保证校园卫生的整洁。

学校建筑文化、绿化文化和卫生文化体现了学校领导者的管理教育艺术。以学校环境文化为载体，在潜移默化中对校园人的鉴赏能力、人格品质和卫生习惯进行培养，是校园文化向校园人传递文化的脉络精髓。校园文化环境是隐性课程，它对校园人具有潜移默化地传播精神文明的作用。学生凭听觉和视觉接收信息，周围所有的人、事、物、语言都能成为信息源。校园环境是校园人学习、工作和休息的地方，对校园人的身心健康、智能发展和形成校园人特色有很大影响和制约作用。一个赏心悦目、和谐奋进的校园环境，使人受到美的熏陶，从而能够产生巨大的、奋进的力量。校园环境建设除了应遵循系统性、互不相干性、安全健康性、量力性原则外，特别要重视"超前性原则"。社会人注重现实，校园人则应重视对未来社会人的培养。校园是培养创造未来社会人的场所，学校环境建设要有超前意识。另外，从广义的校园文化来说，它是学校实践教育过程中所创造的物质财富和精神财富的积淀，这种积淀越久，校园环境文化就越深，感染力就会越强。

(二) 校园精神文化

校园精神文化是学校在实施教育过程中所创造的精神财富。

校园精神文化是校园文化的灵魂，包括了办学指导思想、教育观、道德观、价值观、思维方式、校风、行为习惯等。阎德明在《现代学校管理学》中论述："我们认为，从组织文化的角度看，学校精神就是一所学校在长期的教育实践过程中所创造和积淀下来的并为其师生员工所认同和遵循的文化传统、价值观念和行为习惯等方面的一种整合和结晶，它是学校文化的内核和灵魂。"

校园中塑造的点睛之笔——名人雕像、科技象征和名人名言，代表了一所学校的精神崇尚。如何把这些点睛之笔所蕴含的精神表现出来，不仅要让校园人知晓他们的精神，而且让他们能够在工作中时时刻刻去践行这些精神，这就要求学校的设计者在创造校园精神财富的过程中，不是为了塑造而塑造，而要去挖掘他们所蕴含的精神，真正把它们变成学校精神教育的财富资源，否则，雕像还是雕像，名言还是名言，永远停留在表面上，没有实际的精神教育意义。

从狭义的文化来说："文化是指社会的意识形态以及与之相适应的制度和组织结构。"那么，校园文化就是指学校的意识形态以及与之相适应的制度和组织结构。

学校的意识形态是什么？学校的意识形态，从教育者来讲就是全面贯彻党的教育方针，即"教育必须为社会主义现代化建设服务、为人民服务，必须与生产劳动和社会实践相结合，培养德智体美劳全面发展的社会主义建设者和接班人。"从受教育者来讲，就是要做到德智体美劳全面发展。另外，就学校而言，它属于社会的一部分，它的意识形态与它所属的社会意识形态是一致的。教师作为教育者，应该坚信中国特色社会主义的意识形态，增强对中国特色社会主义理论、制度和文化的信心。只有树立正确的意识形态，才能全面地贯彻落实好党的教育方针。

校园中的名人雕像、名人名言、模范人物，他们弘扬的是中国特色社会主义意识形态，是每个校园人学习的榜样。教师只有对中国特色社会主义意识形态认同，对学校意识形态认同，对名人精神认同，才愿意去学习、去讲，把意愿变成工作中的动力，使校园人真正成为富有校园精神文化的人。

(三)校园制度文化

制度文化是学校育人的制度保证，包括学校的组织机构、规章制度、课程、教材以及人际关系的模式等，目的在于完善学校管理并使之规范化。学校规范化就是学校管理常规。阎德明在《现代学校管理学》中论述："学校管理常规就是一所学校在长期的教育实践过程中形成、积累下来并行之有效和相对稳定的一整套规范、章程和制度等的总称。"

完善学校管理常规要注意科学性、政策性、教育性、严肃性和稳定性。

(1) 科学性就是学校管理常规要反映学校教育、教学的基本规律和学校的实际情况，对师生员工的工作、学习、生活、劳动、文娱、体育等活动要统筹安排，提出严格合理、切实可行的要求。学校管理常规具有科学性，才能为师生员工所接受，并具有约束力。

(2) 政策性就是学校管理常规要根据党和国家的宪法、方针、政策制定，它的各项要求都要符合党和国家的宪法、政策、法令、法规，符合教育方针、政策，符合国家颁布的有关条例、守则。

(3) 教育性就是学校管理常规是师生认同、遵守的行为准则，每一项常规的内容要求，都要从教育的目的出发，有针对性地对师生员工进行教育。

(4) 严肃性就是学校管理常规一经公布实施，就必须做到令行禁止，赏罚分明，不能马虎，任何人都必须遵守。

(5) 稳定性就是学校管理常规是学校处在静止状态的大量的反复出现的日常事务，按其各自内在规律而制定出来的师生都必须遵守的规定和法则。它应该是稳定的，不能朝令夕改。

河南经贸职业学院有着丰富而完善的学生工作制度，包括学籍管理制度、日常管理制度、学生资助制度、教学管理制度、班级管理制度、评优评先制度、团学相关制度、学生工作质量考核相关规定和综合服务制度等，为广大同学在校生活和学习提供了重要保障。完善的学生工作制度是学校学生工作的一大特色，为维护学校安全稳定、促进学生全面发展发挥了重要而积极的作用。了解学校学生工作制度，是广大同学适应学校、适应大学生活的基础，是同学们融入校园文化的基本要求。严格遵守各项制度，是同学们的责任与义务。

(四)校园环境文化、精神文化、制度文化之间的关系

校园环境文化是看得见的、表象的，对校园人具有潜移默化的教育作用；校园精神文化对校园人具有引领导向作用，是校园文化的核心，也称为软管理文化，是校园文化的"魂"；校园制度文化同样是看得见的、表象的，具有对校园人的规范强制性作用，所以制度文化也称为硬管理文化。

校园环境文化、制度文化是校园精神文化形成的基础，反过来校园精神文化能促进校园环境文化和制度文化的完善与发展。

总之，校园文化是学校教育实践过程中所创造出的物质财富、精神财富、学校意识形态以及与之相适应的制度和组织结构。懂得了什么是校园环境文化、精神文化和制度文化，也就懂得了培植、营造良好的校园文化的方法。

二、校园文化现状

在当今社会，大学校园文化建设与思想政治教育相结合，是将大学校园从平面走向立体化、从单一走向多元化的重要举措，对于校园文化建设具有推陈出新、革故鼎新的重要意义。学校校园文化建设，在丰富学生的精神文化生活的同时也培养了其高尚的道德品质。当代大学生的知识水平、社会地位及年龄心理特征，都使他们向往高尚的文化生活，寻求高层次的精神享受，追求高雅的文化生活氛围。高尚的文化生活，必然是向上的、充满青春活力的，因而在校园文化建设中，应把娱乐学生的身心、陶冶其性情、培养其情操、塑造其灵魂作为指导思想。在种种校园文化活动中，积极引导学生，逐步孕育一种浓厚的文化氛围，使之能够抵御社会上的不正之风。一所大学，若能把学生的学业与校园文化活动妥善地结合起来，便会有力地推动校园内的精神文明建设。共同的文化活动，往往能使大学生产生极大的凝聚力与荣誉感，使校园内的生活更为和谐轻松，更为活跃高雅，青春的活力便得以高度发挥。校园的文化活动是自发的也是自觉的，是受社会生活影响，也受自我心灵主宰的，是充满现代意识的，也是反映大学生复杂心态的，是心灵的自然袒露，也是充满创造力的。因此，加强校园文化建设，培养学生高尚的品质情操，是刻不容缓的事情。

三、校园文化建设

党的二十大报告明确指出："推进文化自信自强，铸就社会主义文化新辉煌。"高校校园文化始终处在社会文化的前沿，既承担着育人的重要职责，也承担着引领社会文化的重要任务。优秀的校园文化不仅是大学精神的具体体现，而且是培养独特文化素质和创新人才的沃土，对于全面提高大学生的素质和能力，促进大学生全面发展具有不可替代的作用。所以，在面对校园文化建设时，要以创新文化为引领，加强校园文化的思想政治教育功能。物质文化是校园文化的表层结构，制度文化是校园文化的中层结构，精神文化则是校园文化的深层结构。校园文化作为一种环境教育力量，对学生的健康成长有着巨大的影响。校园文化建设的终极目标就在于创设一种氛围，以陶冶学生情操，构建学生健康人格，全面提高学生素质。

首先，要深入加强校园环境文化建设工作。在校园文化建设上，须知建设完备的环境文化是必要的前提，这为其他两种文化建设提供了基础性的准备工作。完善大学的校园文化设施是环境文化建设极为关键的环节，可以为大学生构建一个设施完备的和谐校园环境。

其次，要深入加强校园制度文化建设工作。高校必须加强校园组织管理，制定各种科学规范的规章制度，把各种规章制度予以完善和落实，严把各项纪律工作关，积极宣传和落实加强学生思想政治的工作，强化"人人为校园，校园为人人"的思想。在日常的校园生活中应该根据专家和教育研究者的建议，制定一系列完整的规划，要根据"以人为本"的原则，来规范学生和教师的日常生活行为，大力推进日常的管理和监督。积极建设现代大学制度，推动高校的治理和发展，同时也可以更好地加强校园制度文化的长效管理工作。

最后，要深入加强校园精神文化建设工作。精神文化是经过长时间积淀和提炼而成的，具有浓重的文化风格和精神风貌。高校需要开展各种突出育人成效的讲座、比赛和社团活动，充分发挥校园文化的功能，展现校园文化多样性。总之，在新形势下，高校应以创新性的思维方式，推动大学的校园文化建设。

四、校园文化建设的必要性

(一)校园文化建设是学生自身发展的客观需要

(1) 在校园文化建设中，学生既是校园文化建设的主力军，又是行为主体，是校园文化的参与者和组织者。丰富多彩的校园文化活动既可以培养学生的兴趣特长及创造能力，提高学生的动手能力，帮助掌握多种技能，树立热爱劳动的观念，还可以磨炼学生的意志，提高学生的组织管理能力，为以后走向社会奠定坚实的基础。

学生作为未来社会的公民，要想在社会上生存，除了素质全面发展，具备创新精神、实践能力外，还必须具备浓郁的人文素养，懂得"何以为人""为何而生"，具备与人为善的品质，求真的精神，爱国报国之心，拥有自理、自立、自强的能力，具备对他人、对自然、对社会、对世界承担责任的人生态度，具有开阔的胸怀、健康的心理和完整的人格。

(2) 根据心理学的"同伴群体的自我对象作用"，人在自我发展中，除了通过与身边的重要成人建立自我对象关系，将他们的力量内化，促成独立性发展以外，还有一个非常重要的力量来源，那就是同龄人群体。学生的发展，唯有在同伴当中，才可能形成真正意义上的相互支持。同伴关系可以产生社会化行为，但并不必然促进积极的社会化，需要学校为学生建立一种积极的同伴关系。

(3) 校园文化对学生具有导向性、潜移默化性的影响。积极健康的校园文化可以给学生树立起一种正确的导向，帮助学生建立起积极的生活、学习模式，对学生的心理、思想、行为产生积极的影响。

(4) 校园文化建设有助于规范学生的行为。健全的规章制度和健康的集体舆论对学生的学习、生活及思想言行具有规范作用。当学生的思想言行不符合制度规范和集体舆论的要求时，他就会自我调节矫正。学生有时可能不接受老师的教育，但却不能反驳同学们的批评，谁都不愿意成为"众矢之的"。优美的校园环境同样能规范学生的行为，试想：你会在地面光洁、环境优美的场所乱扔纸屑、随地吐痰吗？你会在雪白的墙壁上乱涂乱画吗？不会！这些不良行为都会自动消失。

(5) 校园文化建设能够培养学生的集体意识和协作精神。校园文化建设是以学校集体为单位，注重学校的集体形象。这就要求学生必须处理好个人和集体之间的关系，注意相互间的协作，必要时为了集体利益要牺牲个人利益，否则就会受到来自集体的人际压力。这种来自外部环境的压力和自身发展的需要都要求学生处理好个人和集体的关系，以形成一种友好互助的群体氛围。反过来，一个充满理想、团结友好的集体会使学生亲身感受到集体的温暖，体会到集体力量的伟大，从而树立个人要服从集体、严于律己、宽以待人、"国家兴亡，匹夫有责"的集体主义思想观念。

(二)校园文化建设是实现学校特色的重要部分

(1) 校园文化是一个学校的灵魂。不同的校园文化构成了不同学校的个性风采。走特色化道路是一个学校的生命力所在。"一所优秀的学校必然有其特色所在，优势所在，风格所在。一所学校如果没有特色，就没有强劲的生命力，也就没有优势。""一个学校的品位反映在学生的品格上。学校不但要传输知识，更重要的是要塑造人品人格。"培养时代所需的人才，这是一所学校的生命线所在。有特色的校园文化，无疑是一所学校的生存源泉。

(2) 随着教育改革的深入，学生自主学习、活动的时间增多，学校隐性教育因素对学生的影响越来越大。而校园文化活动是学生德育素质的一个重要实践载体，组织开展文化活动要与学校素质育人内容进行有机融合。高校素质教育包括知识素质、思想素质、心理素质、道德修养、意志品质、文明习惯等内容，积极鼓励和推动学生在德智体美劳等方面得到全面发展和提高。通过多样化文化活动调动教师和学生参与的积极性并注重开展素质教育，不仅是时代发展对加强素质教育的诉求，也是打破传统教育模式开创素质教育新局面的重要途径。高校在设计和开展文化活动时要将德育的功能作为活动的基础，校园文化活动为素质教育的实施提供了多元化平台，对于推动素质教育有效落实和完善具有重要意义。

(3) 高校校园文化建设包括了学校环境文化、精神文化和制度文化的建设，优质的校园文化活动有助于推动校园文化的建设，营造积极和谐的校园文化氛围，树立完整的校园文化形象。校园文化是一所高校发展的灵魂，可以陶冶学生情操、提高文明素质、凝聚学校人心、增进师生情谊、展示学校形象。校园文化氛围不仅对学生道德素养的培养、综合素质的提升、学习视野的拓宽具有深远的意义，也对学校师生的人生观和价值观产生着潜移默化的影响，并激励师生进行不断的反思和超越，始终保持校园文化的生机与魅力。

第二节　河南经贸职业学院校园文化活动

河南经贸职业学院的校园文化活动丰富多彩，主要形式有：文化节、运动会、文艺汇演、各类竞赛、读书活动、知识讲座等。学校的校园文化经过多年的积累沉淀，目前已形成一批在全省影响较大的校园品牌活动，如"双百"工程(即学生在校内做一百个小时志愿服务，校外进行一百天社会实践)、"两操一舞"全民健身舞蹈大赛、"毕业生唱毕业歌"毕业晚会、豫商话剧《商圣范蠡》等，"双百"工程荣获校园文化建设优秀成果一等奖、"两操一舞"全民健身舞蹈大赛荣获校园文化建设优秀成果二等奖、"毕业生唱毕业歌"毕业晚会荣获校园文化建设优秀成果三等奖，豫商话剧《商圣范蠡》荣获共青团工作项目大赛一等奖，如图 9-1 和图 9-2 所示。

图 9-1　两操一舞、毕业生唱毕业歌

图 9-2　豫商话剧《商圣范蠡》

一、校园文化活动路线图

河南经贸职业学院校园文化活动路线图如图 9-3 所示。
大学生科技文化艺术节内容如图 9-4 所示。

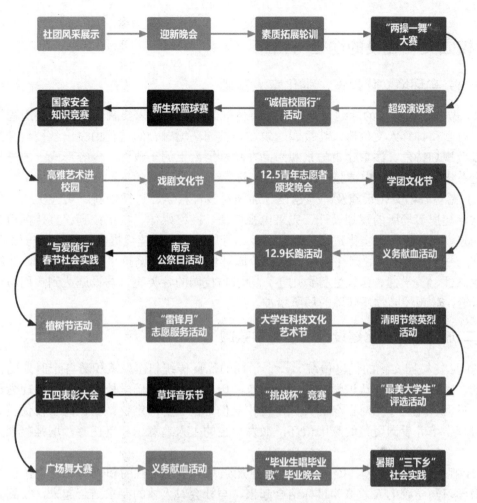

图 9-3 河南经贸职业学院校园文化活动路线图

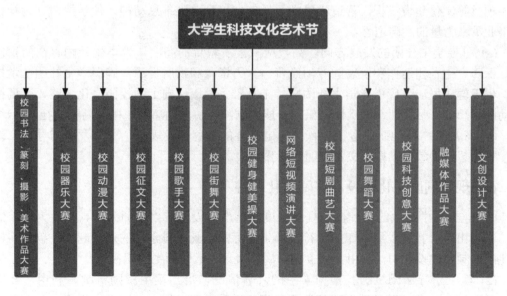

图 9-4 大学生科技文化艺术节内容

二、校园文化建设的途径与措施

(一)夯实环境文化建设,强化育人基础

(1) 做好校园建筑的规划设计。校园整体规划布局过程需要融入学校发展历程、治学理念、办学精神等人文价值,让校园建筑在与校园环境融合的过程中突出学校自身的色彩基调以及规划特色。注重建筑与景观小品在精神层次上的一致性、内容形式上的差异性,让师生在建筑规划设计中体验学校的人文情怀。

(2) 完善教学文化设施及阵地建设。加强对教育教学、科技创新、实验实践、文艺体育、饮食起居等场所的规划设计,完善电视广播、网络媒体、校报校刊、宣传橱窗等固有阵地的建设,积极拓展文化建设的新渠道,为开展校园文化建设提供物质基础与保障。

(3) 注重校园环境的园林绿化。高校校园环境文化建设坚持"因校制宜",在绿化设计的生态性、美学性、延续性等原则下,力求与校园的各类建筑与设施达到实用与审美的有机结合,体现校园物质环境的场所精神。

(二)加强精神文化建设,营造科学氛围

(1) 弘扬校园文化的优良传统。一个学校的优良传统和作风累积着各个时期的校园文化生活,因此,要正确认识学校的历史传统、历史使命,明确学校定位、办学理念、治学精神,进而转化为学生对自身的目标定位、身份定位、价值定位。在认同学校优良文化传统的过程中培养爱国爱校的家国情怀,激发学生的主人翁意识和责任感,增强凝聚力和向心力。

(2) 抓好学风、教风、校风建设。注重加强对学生学习目的和意义的教育,引导他们将自身学习与学校的人才培养目标结合起来,与社会对人才的要求结合起来,找到真正适合学生成长成才的有效途径。通过思想政治教育活动、科技文化艺术竞赛活动、实习实训技能项目等文化建设工程,营造浓厚学习风气,培育自强不息精神,使学生树立为社会主义事业贡献力量的共同理想。

(3) 引导学生社团的发展方向。高校应从素质教育的高度认识学生社团存在的积极意义,保障学生社团运作和发展的专项经费、人力资源和物质资源,确保学生社团在学校党委领导下健康发展。应引导学生社团坚持走高雅、健康、向上的校园文化之路,强调社团活动的思想性、时代性、层次性,倡导开展主题鲜明、内涵深刻、格调高雅的社团活动。

(4) 开展经常性的职业道德教育,制定完善的师德建设规范,充分发挥辅导员、教师在学校思想政治教育和校园文化中的带头作用。

(三)规范制度文化建设,保障文化特性

(1) 建立科学有效的高校校园规章制度。制度建设坚持"以师为本、以生为本"的理念,制定出符合教育发展规律的、符合师生实际的、具备科学性的规章制度。善于将校园文化融入制度建设之中,利用文化上的归属性凝聚、激励师生的积极性。

(2) 建立引导激励机制。根据学生的具体情况,恰当运用激励机制,利用"奖优济困"奖助学金体系,引导学生端正学习态度,注重学习过程,促进学生积极主动地参与校

园文化活动,激发学生的拼搏精神、进取意识。

(3) 建立与时俱进的制度创新。结合时代的变化和社会的要求,结合校园文化的发展轨迹,结合学生的性格特征,创新教育教学管理制度,引导学生不断地提高自身专业技能,强化创新能力,发展自身特色,提升综合竞争力。

通过本节的学习,我们对学校的特色校园文化活动有了初步的认识,下面就让我们一起来了解豫商话剧《商圣范蠡》以及它背后的故事。

商圣剧目品春秋　豫商文化有传承

在七十二年的办学历程中,河南经贸职业学院一直围绕"商"字办学,突出商科、非商融商,以培养商科人才为目的,服务行业,造福社会。为充分发挥商科育人功能,学校在文化育人方面结合商科特色,以弘扬和传承商文化为主题,排演大型原创历史话剧《商圣范蠡》。用话剧的"小切口"撬动文化大主题,通过话剧这种青年学生喜闻乐见的艺术形式去传播豫商文化中优秀的精神内核,将戏剧创作、商贸文化、舞台表演、素养培育有机融合,进一步传承弘扬豫商文化,继承和开拓中华优秀传统文化中的精髓,通过全员参与、不断完善、常演常新,真正做到以文化人,培根铸魂。如图9-5所示。

图 9-5　河南经贸职业学院一角

一、"剧"有趣,紧跟文化传承时代潮流

豫商文化内涵丰富、底蕴深厚,是中华优秀传统文化的重要组成部分。其中所体现出的爱国情怀、诚信为本、勇于开拓、大胆创新等优秀品质,在当今时代仍然具有重要价值,是做好思想引领、培养塑造学生的宝贵财富。通过对豫商文化的精神内涵和现代价值的深入挖掘与梳理,学校选定以春秋时期著名政治家、军事家和经营思想家范蠡忠以为国、商以致富、德以立身的传奇故事为蓝本,于 2020 年排演打造大型原创历史话剧《商圣范蠡》。活动初始,通过海选挑选出 60 名非专业学生演员组成第一支演出团队,并邀请话剧导演对演出人员进行专业指导和舞台排练。历时两个多月的艰苦排练和不断磨合,大型原创历史话剧《商圣范蠡》于河南经贸职业学院 70 周年校庆之际进行首次公开演出。演出现场掌声雷动,好评不断。河南广播电视台超高清转播车也进行了现场转播,网络同步在线直播观看人数达 40 余万人次。多家国家及省市级媒体对《商圣范蠡》的成功首演进行了全媒体报道,如图 9-6 所示。

图 9-6 文化传承汇演

二、"剧"有料，创新文化育人活动载体

新时代大学生接触的新生事物较多，他们追求个性，有强烈的表现意识，愿意展现自我并善于接受新的舞台展示形式。自《商圣范蠡》话剧排演以来，不断吸引学生去接触和了解豫商文化和话剧艺术，不断感悟豫商文化思想、舞台艺术和人文意境。以《商圣范蠡》为起点所举办的河南经贸职业学院"戏中'豫'见"校园戏剧文化节活动中，有 500 余名学生演员参与，涌现出了《典籍中的范蠡》《生命如歌》等优秀话剧作品，校园观看人数达 1 万余人。同时，接续举办范蠡读书会、台词擂台赛、感悟分享等活动，最大限度调动学生的积极性、主动性和创造性，进一步拓展校园文化育人载体，使其更加多元化、时代化。豫商文化系列活动为广大学生提供展示平台，使每一届学生都能够接触、知晓、

认可、参与到豫商文化活动中，实现了教育主体与客体的互动，帮助学生在活动过程中接受教育，从未知到了然、从旁观到参与，逐渐融入到豫商文化的传承与弘扬之中(图9-7)。

图9-7　积极参与并融入豫商文化的传承与弘扬

三、"剧"有效，丰富豫商文化教育资源

学校依托商文化，打造豫商文化特色校园。从传承豫商文化、发掘学校内涵出发，打造了以"豫商历史""豫商文化""豫商精神""商贸典范""民族共融"为主题的文化长廊，建设豫商文化馆(图 9-8)，将豫商内涵外显化。完善商贸文化系列课程，建设豫商微景观，形成了以豫商为主线的校园文化环境，让师生在校园每一个角落都可以感受校园文化的熏陶。话剧《商圣范蠡》的打造无疑进一步丰富了学校豫商文化教育资源，构建了课堂与课外相结合、线上与线下相结合的一体化资源平台。课内学习豫商历史，感悟豫商文化；课外排演豫商故事，体味豫商精神；线上宣传教育特色，推广品牌活动；线下打造教育基地，扩大社会影响。通过多种教育模式结合，立体塑造豫商文化生态，使同学们学有所思、读有所感、演有所悟，自觉做豫商文化的传播者、践行者，在潜移默化中达到"润物细无声"的效果。

图9-8　豫商文化馆

弘扬传承豫商文化，坚守践行文化自信。学校将对豫商文化进行更深层次的挖掘梳理，不断提升《商圣范蠡》剧目以及豫商系列活动的艺术水准和精神内核。通过将本土的豫商文化元素运用到青年学生思想引领过程中，着力把这一育人特色载体做精做优做强，在实现立德树人的目标任务中增添亮丽底色。

第三节　我参加过的校园文化活动

以我参加过的校园文化活动填写如表 9-1 所示。

表 9-1　我参加过的校园文化活动内容

姓名		学院		班级	
我参加过的校园文化活动					
1						
2						
3						
4						
…						
活动感受					

【知识拓展】

北京大学的校园文化

校园文化被视为大学的风骨。

北大精神是北大校园文化的本质和核心。百年来，北大精神一代代传承，尽管在不同的历史阶段，北大人承担着不同的历史使命，但始终本着"爱国、进步、民主、科学"的传统，与祖国同呼吸、共命运。北大精神是神奇的，它使老师和学生在这里自由快乐地交流、畅快淋漓地讨论，更使他们在这里水乳交融、共同进步。

在北大的校园里，老师是一盏盏明灯，是他们为一代又一代的北大学子铸造湖光塔影的真正魅力，培养了一批又一批的高素质人才；学生是北大的主人，来自五湖四海的学子，在燕园播种理想，在这里收获希望。他们在北大的空气中自由呼吸、展翅翱翔，突破创新、碰撞出绚烂的思想火花，创造了丰富多彩的北大校园文化生活(图 9-9)。

图 9-9　北京大学校园景色

一、浓厚的学习氛围

从蒋梦麟校长提出"博学、审问、慎思、明辨"的希冀，到今天"勤奋、严谨、求实、创新"的学风；从昔日"德、才、均、备、体、健、全"斋的厚重，到今日古典与现代建筑的完美交融，从沙滩红楼到未名博雅，北大人严谨务实的治学态度、追求真理的科学精神一直走到燕园，跨越历史，和锐意进取的时代精神一起，融入一代代北大学子的血液之中。

未名湖畔，"德、才、均、备"四斋低吟着前辈的期待；静园草坪弥漫着浓郁的人文科学气息；而现代化的理科教学楼群则被科学严谨环绕……走在北大校园，学子匆匆的脚步，课堂上求知的眼神，实验室里专注的身影是再普通不过的特写。教室里的灯光都会亮到熄灯那一刻，图书馆的自习室总是坐满了勤奋学习的北大学子。同学之间相互学习、相互促进、相互激励，共同进步。

在北大学生自己管理的校园 BBS 上，"学术动态"中有数十个版面专门讨论各类学术问题，集中跟踪和宣传最新的校园学术活动；"课程特区"中有近百个版面交流和研讨各门课程的学习情况，分享学习资源。此外，学生还自发组织了很多理论学习类社团和学术科技类社团。其中，青年马克思主义发展研究会、邓小平理论与实践研究会、乡土中国学会等社团自主开展了一系列颇具影响力的学术研究和理论探索活动，获得了社会的广泛关注和好评(图 9-10)。

沙滩红楼

AI 虚拟实验室

图 9-10

二、百家争鸣的学术交流与讲座

"大学的重要在其学术上的生命精神。"

进入北大,你就会发现,"学术"几乎成为最为流行的口头语之一:"我要学术""他真学术"。那么究竟什么才是北大人口中的"学术"?"究天人之际,通古今之变,成一家之言",此谓学术;"兼容并包、思想自由"是谓北大学术传统。

学术是北大发展的根本动力和力量源泉,也是北大建设世界一流大学的重中之重。除日常的课堂教学之外,学术讲座、学术报告活动已经成为北大校园文化生活中最为活跃的有机组成部分和一道亮丽的风景线。校内每年举办各类讲座逾千场,讲座内容涵盖了自然科学、人文科学、社会科学等各个学科领域。

"大学之大,非谓有大楼之谓也,乃谓有大师之谓也。"在这里,你会遇到最优秀的老师,先生言传身教,教导一代代北大学子何为知识,何为学术的魅力。侯仁之、厉以宁、袁行霈、林毅夫、丁肇中、斯蒂格利茨……国内外知名学者登台开讲,为北大学生提供了极为丰富的讲座资源。"北大的讲座"被誉为浓缩精华的"知识快餐",它是一个素质教育的开放课堂,是一次知识的饕餮之旅。这里有最广的知识领域,使学生了解其他学科的情况,激发他们的学习兴趣,引导他们更多地涉猎基本的人文社会科学和自然科学知识;这里有最快的信息来源,让学生把握当代科技的进展和社会经济发展中的热点,更好地认识社会,融入社会。由学校编辑的"北大讲座"系列丛书目前已经连续出版了 23 辑,同学们通过它,仿佛亲临现场听先生讲授,见证北大之"大"(图 9-11)。

经济学界泰斗厉以宁

1976 年获诺贝尔奖的丁肇中

图 9-11

三、异彩纷呈的文体活动

早在五四时期，当时的北大校长蔡元培先生就大力提倡美育和艺术教育，在北大组织"画法研究会""书法研究会""音乐传习所"，聘请一大批著名的艺术家到北大授课和指导学生的艺术活动，很快北大成为全国的美育和艺术教育的中心。自那时起，北京大学也就成了艺术教育的殿堂，这才使艺术与文化在水乳交融的氛围中，延续至今。

今天，北大以"主题鲜明、雅俗共赏、精品至上"的艺术教育理念为指导，建立了由四大学生艺术团(合唱团、舞蹈团、民乐团、交响乐团)和文艺类社团、独立创作团队及学生个体创作者构成的高水平、多样化的文艺活动体系。各团还多次为学校夺得荣誉，如首都大学生原创歌曲大赛一等奖、第五届全球华语大学生影视奖优秀实验片奖、第一届中国校园戏剧节中国戏剧奖、校园戏剧奖，以及第三届全国大学生艺术展演中合唱部分、舞蹈部分获得一等奖，民乐部分获得二等奖等(图 9-12)。

《燕园情》音乐会

舞蹈《足迹》

图 9-12

燕园已成为高雅艺术的殿堂，北大师生也已成为高雅艺术的知音。国内外很多艺术团体在这里举办专业水准的演出，取得良好的反响。以学生为参与主体的文化艺术活动，如新生文艺汇演、迎新文艺晚会、十佳歌手大赛、朗诵艺术大赛、"红色经典"爱国励志歌会、新年联欢晚会、主持人大赛、北大剧星、"北大之锋"辩论赛、毕业生晚会、毕业生歌会、"一二•九"文化节、"国际文化节"等，都已成为校园文化活动的品牌。以校园原创音乐集《未名》、原创音乐剧《一流大学从澡堂抓起》、毕业生系列电影《离骚》、原创电影《此间的少年》、原创 MV《转身之间》为代表的一批校园原创文艺作品，集中凸显了鲜明的北大特色和强烈的时代特征，展现了北大学生较高的艺术鉴赏力和创造力。

此外，健身竞技也是北大校园文化生活中不可或缺的一部分。北大重视德智体全面发展，历来提倡体育锻炼，并且举办各种各样的体育竞技活动。从 1986 年起，北大杯足球赛开赛，随后"新生杯""硕士杯"足、篮、排球赛也先后崛起。这些活动不但增强了学生的体魄和团队精神，也增强了北大的凝聚力，并和奥林匹克的宗旨"增强体质、意志和精神并使之全面发展的一种生活哲学"交相辉映。学校学生体育团队更是在各大赛事中屡夺桂冠，如浙江——湖州国际名校赛艇挑战赛 2000 米项目组冠军、第三届北大—清华赛艇邀请赛金牌、"京华杯"北大清华棋牌赛五连冠、2011 年巴黎公开赛个人和团体两个冠军等。2008 年奥运会乒乓球比赛在北大乒乓球场馆的成功举办，更使北京大学的体育活动向着更多彩、更健康的方向发展。

四、蓬勃发展的学生社团

从五四运动到西南联大，再到今天的北京大学，北大学子始终激情昂扬地站在时代的最前列，既有退守书斋的心性，又有改造世界的雄心。而北大的学生社团无疑是对北大学子的雄心与实干最好的见证。

北大社团已经有了100多年的历史，在一代代北大人的努力下，北大校园文化之繁荣蓬勃在国内堪称翘楚，使得这座百年名校无一时不焕发她的勃勃生机，无一时不散发她的无穷魅力。在北大丰富绚丽、包罗万象的校园文化中，学生社团无疑是一道亮丽的风景线。

新文化运动到五四运动期间，北大校园内出现了进德会、新闻学研究会、新潮社、社会主义研究会、马克思学说研究会、学生储蓄银行、消费公社、雄辩会、画法研究会等数以百计的学生社团。而今日的百团大战，更是吸引着人们的眼球(图9-13)。

北大的社团活动素有百"团"大战之称，成为活跃校园文化、传承北大精神不可或缺的力量。蓬勃发展的北大社团是"思想自由，兼容并包"成就的硕果。目前，北大共有学生社团260余个，每年参与社团活动的本科生有3万余人次，全校约75%的同学参加了社团。

北大学生社团在百花齐放、百家争鸣的繁荣发展中，也形成了一些全国知名的品牌。山鹰社的攀登科考活动、自行车协会的长途骑行实践、爱心社的爱心服务、阳光志愿者协会的阳光骨髓库的建立推广、中乐学社的专场音乐会等社团活动，不仅活跃了北大的校园文化生活，向国内外各界展示了北大学生的青春风采，而且在全国产生了示范带动作用。青年马克思主义发展研究会是首都高校学生理论社团学会理事长单位，并被团中央授予"全国优秀青年学习组织"称号，《北京日报》曾在第一版以"未名湖畔播撒信仰"为题报道他们坚持理论学习的突出事迹，在全社会引起了强烈反响。

北大社团，这个名字永远属于敢为天下先的北大人，它凝聚着北大人的雄心和热血、坚韧和勇毅，一代代北大人从多姿多彩的社团文化中汲取营养，在社团文化的舞台上一展才华，在社团文化的沃土中崭露头角。甚至北大社团已经内化为一种组织方式，一种人群单位，成为北大这个有机体的细胞之一。在北大的辉煌与光荣中，"北大社团"时刻焕发她的夺目光彩。

北京大学起床协会

山鹰社

图9-13

五、亚洲最大的高校图书馆

经过百余年的辛勤搜求和积累，北大图书馆已经建成以文理基础学科文献收藏为主，涵盖各学科、多语种、多种类型、多种载体、多种收藏级别的藏书体系。截至2009年年底，图书馆馆藏总量已达到800余万册。馆藏中以150万册(件)中文古籍为世界瞩目，其中16万册5—18世纪的珍贵书籍是中华民族的文化瑰宝，另有金石拓片近4万种，7.5万件。

图书馆由中心馆、30余个分馆、储存馆组成，总面积约90000平方米。北京大学图书馆目前的馆舍由1975年建成的西楼和1998年李嘉诚先生捐资兴建的东楼组成。2005年，图书馆西楼改造工程完成，馆舍面貌焕然一新，总面积近53000平方米，阅览座位4000余个。2009年建成的国内首例远程储存图书馆面积近5000平方米。

图书馆采用国际先进的自动化管理系统，利用因特网为读者提供足不出户的虚拟信息服务。通过图书馆门户主页(http://www.lib.pku.edu.cn)，读者可以检索书目、借阅书刊、浏览和下载电子资源、获取国内外文献资源，同时为学校教学科研提供深层次的咨询服务等。图书馆每周开馆时间为106.5小时，周借阅服务时间为85小时，系统与服务器基本达到每周7×24小时服务。年图书外借量保持在百万册次左右。2009年，图书馆主页的年点击率达2.34亿多次，年访问量为536万次，日均访问量近万次。电子资源数据库检索达2173万次，全文数据下载量为1281万篇次。其中本科生是最活跃的读者群，年人均借书量在30册左右，本科生入馆人次历年占所有读者的一半左右。

北京大学图书馆(图9-14)不仅以雄伟壮观的建筑跻身北京大学著名的"一塔湖图"三景，更以博大精深的丰富馆藏、深沉蕴藉的精神魅力吸引着无数知识的追求者。多少大师在这里读书思索，无数学子在这里徜徉书海。她见证了名师的学术辉煌，传承着北大的学术命脉，她已经成为北大人心中的知识圣殿。季羡林先生曾这样深情回忆道："我在北大五十多年的学术生涯与北大图书馆密不可分，我的学术成就的取得，得益于图书馆丰富的文献资料。"

图9-14　北京大学图书馆

六、四通八达的校园网

北京大学校园网是国内规模最大的校园网络之一，也是全国教育网的一个重要节点。自1989年参加"中关村地区示范网"建设伊始，已完成了学校多栋教学楼、办公楼、学生宿舍、教工宿舍的光纤互联，提供数万个有线信息点。2002年5月建成中国第一个校园无线局域网络，使校园网通达学校的每一个角落。目前，北大校园网主干网带宽已经超过1万兆，面向网内提供各种基础服务，也是目前国内试行IPv6的大型网络之一。此外，校园网不仅提供了各具特色的专业信息服务，还建有众多活跃的教学网站和学生社团网站，为学生提供丰富的资源和周到的服务。

七、丰富多彩的暑期社会实践

读万卷书，行万里路。风声雨声读书声滋润了校园之后，学子是不是该迈开脚步，将使命与爱心投入到社会之中？

暑期社会实践是连接大学生和社会的最佳纽带之一，也是大学生锻炼自我、丰富自我的一个难得的好机会。1982年，北大率先在全国开展了大学生暑期社会实践活动。在多年的发展历程中，北京大学秉承蔡元培先生"好学力行"的理念，弘扬"心系天下、知行结合、躬行实践"的传统，不断丰富实践主题、拓展实践途径，服务于青年学生的成长成才。至今，实践内容涵盖了社会调查、环境保护、"三农"问题、地方教育、红色之旅、情系四川、北京奥运、西部大开发、振兴东北老工业基地、中原崛起等诸多主题。除了暑期集中实践外，社区挂职、课余兼职、青年志愿者活动、社区援助活动等日常实践活动也蓬勃开展(图9-15)。近三年来，共有770支学生团队、师生累计10273人次参加社会实践活动。北大因杰出的社会实践活动，多次荣获"全国文化科技卫生'三下乡'先进集体""首都高校社会实践先进单位""大学生社会实践首都贡献奖"等荣誉称号。《人民日报》《光明日报》《中国教育报》、中央电视台、新华社等多家媒体对北大社会实践工作进行了广泛深入的报道，《教育部简报》也多次对北大社会实践工作给予高度评价。

图9-15　北京大学学生暑期实践活动

"深入社会和民生，进行深度观察"，这是北大团委提出的学生社会实践新口号，同学们走出校园，切身将自己融入社会的大课堂之中，始终怀抱着属于北大人的理想主义和时代使命，将爱心与责任切实落入社会基层，脚踏实地，仰望天空。

八、课外学术实践和创业活动

今天的燕园到处都弥漫着"崇尚科学，追求真知"的学术文化氛围和"勇于创新，融会新知"的创新创业风气。学校组织开展了五四学术文化节、生物医学论坛、"博士开讲"、研究生"学术十杰"评选、"素质教育一百讲"等品牌学术活动，在全校范围内营造了崇尚学术的良好风尚。此外，学校还建立起以"挑战杯"五四青年科学奖竞赛、"江泽涵杯"数学建模与计算机应用竞赛以及学生创业计划大赛为龙头、文科类大学生计算机设计大赛、跨学科学生课外学术科技作品竞赛以及ACM程序设计大赛、中文系原创文学大赛、哲学系"爱智杯"竞赛等一系列专项竞赛齐头并进的学生课外学术科研体系。学校通过举办创业沙龙，组织创业设计大赛，建立创业教育实践基地，为学生创业积极创造条件。

就业见习活动更为同学们提供了实践实习的广阔平台。校团委与上百家单位建立实习实践关系，为同学们建立了方便、快捷的就业实习渠道。通过暑期两个月的实习，你可以更为真切地体会校园与社会的不同，也可以更好地寻找自己未来的方向。

2004年6月，学校成立了北京大学学生创业中心(图9-16)，免费为学生创业活动提供场地和技术支持。课外学术实践和创业活动在开阔学生视野、培养创新思维、锻造科研能力等方面发挥了重要的作用，成为北京大学全面育人工作体系中不可或缺的重要组成部分。

图9-16　北京大学创业训练营

九、结束语

究竟什么是校园文化？也许初入燕园的学子会有如此疑问。校园文化，是湖光塔影，是"德、才、均、备"，是百"团"大战……更是每一个北大学子的青春。

北大的校园文化在传统精神中孕育着创新，保持着鲜活的生命力，"科学、严谨、求实、创新"是其最宝贵的精神内核。在"爱国、进步、民主、科学"精神传统的引导下，众多学术大师和莘莘学子活跃在校园文化的前沿，高举爱国进步的旗帜，弘扬民主科学的精神，传承着北大的百年传统。高速运转而又宽松和谐的生活节奏，极度竞争而又机会均等的学习热情，使北大人变得机智、善辩。北大自由的空气兼容了各种新奇的个性和新奇的思想。诚如著名科学家王选院士生前在谈及自己的科研成果和北大方正的事业时说："北大浓厚的学术氛围、严谨的科学作风、创新的精神和兼容并包的传统直接影响了方正的发展。我本人就是受了北大这种风格的影响，才有了今天的成就。"

"一塔湖图"的燕园，有春的繁花似锦、夏的枝繁叶茂、秋的银杏飘洒、冬的银装素裹，每一个季节都是如此美不胜收，恰似你将要留在这里的青春年华。

(资料来源：360文库 https://wenku.so.com/d/)

点题成金

(1) 请谈谈你对北京大学建设的校园文化的感受。
(2) 是否了解你所在学校的校园文化怎样发扬？

第十章　网　络　学　习

21世纪是信息大爆炸的时代，也是一个不断更迭"新"的概念的"新媒体时代"，科技发展的速度已经从简单的加法变成乘法，且正在从乘法向指数级增长的阶段迈进，Web3.0正在加速到来，这一切都极大地改变了我们的生活。而今的大学生是成长在网络中的一代，成长背景与新媒体的发展历程高度一致，遂有"网络原住民"一说。

根据中国互联网络信息中心(CNNIC)第50次《中国互联网络发展状况统计报告》显示，截至2022年6月，我国网民规模为10.51亿，互联网普及率达74.4%；在网络接入环境方面，网民人均每周上网时长为29.5个小时，网民使用手机上网的比例达99.6%，使用台式电脑、笔记本电脑、电视和平板电脑上网的比例分别为33.3%、32.6%、26.7%和27.6%。尽管网络普及率已达74.4%，但是提起网络，仍有不少家长频频摇头，由于网络发展速度极快、吸引力极强、具有极高的不确定性，再加上内容的海量性以及把关的滞后性，在家长心中，网络如同"洪水猛兽"一般，让自制力不强的青少年沉迷其中，成为"网瘾少年"，加深了家长对学生使用网络的排斥心理。相对于"网络原住民"的大学生而言，家长们更像是"网络移民"甚至是"网络难民"，原因是在他们接受能力最强、学习能力最强的青少年时期没有接触到作为新生事物的网络，这使他们对网络既敬又畏。事实上，网络并非"洪水猛兽"。传播学学者梅塞尼提出了技术中性论，即技术是中性的工具和手段，本身并没有善恶之分，只是使用技术的人使技术具有善或恶的属性。因此，网络只是一种与我们生活密不可分的工具，如果正确使用，就能把海量的知识和内容呈现在我们眼前，减少低效重复劳动，解放更多时间，从而给我们的学习、工作和生活方式带来便利。

那么，作为大学生我们如何充分利用网络进行高效学习呢？一方面，要了解网络学习的优点。网络学习具有较强的时空灵活性，可以利用电脑、手机等终端进行学习，提前缓存课程视频、自主把握播放速度，也可以通过网页学习论坛、APP或者小程序等刷题学习，能够充分利用碎片化的学习时间和多种学习场景，满足我们随时随地学习的需求；网络学习平台具有海量的学习资源，根据教育部2022年11月公布的数据显示，国家高等教育智慧教育平台上线慕课数量超过6.19万门，而我们在大学期间平均要修的课程只有30门，慕课数量早已超过我们所需课程量的上千倍，通过教育平台的搭建，不仅能降低信息之间的不对等、减少知识的壁垒，还能够满足我们的多元学习需求。另一方面，也要了解网络学习的缺点。网络的开放性强、自由度高、信息量大，同时也伴生着质量参差不齐的现状，分享知识的博主较多，但是知识的权威性和严谨性还不够高，不可避免地会出现鱼龙混杂、真伪难辨的情况，需要我们带着思考去学习，取其精华、去其糟粕。

作为大学生，我们还要知道如何正确地使用网络进行在线学习，从而形成良好的网络使用习惯；如何提高自己的媒介素养，从而在海量的信息中找到对自己有帮助的资源；如何根据自己的需要以及自身的学习阶段，有目的、有计划地进行学习，从而增强自控力，提高学习效率。本章将围绕网络学习的特点、大学生在网络学习中存在的问题以及如何培养大学生网络学习的能力等方面展开讨论。

第一节 网络学习的特点

一、国家和高校大力支持网络学习

网络学习是指通过计算机网络进行的一种学习活动，它主要采用自主学习和协商学习的方式进行。大学生网络学习(college students online learning)，指大学生通过电脑、手机、平板等媒介使用网络学习资源进行学习的一种行为。

我国是拥有全球第一大互联网用户群体的国家，网民总人数大、青少年网络使用率高；同时也是世界上最大的互联网市场，国际关注度高，国家高度重视互联网在教育领域的应用。2010 年 7 月 8 日，党中央、国务院印发了《国家中长期教育改革和发展规划纲要(2010—2020 年)》，首次提出："信息技术对教育的发展有革命性的影响，必须予以高度重视。"2012 年，作为互联网和高等教育结合的产物，大规模在线开放课程迅速在我国兴起，教育部大力推进教育信息化建设。高校作为培养大学生、为社会培养高素质人才的第一战线，也在积极响应国家和政府的号召，大力支持网络自主学习。这种网络学习模式打破了教育的时空界限和校园围墙，颠覆了传统大学课堂教与学的方式，极大地拓展了学生的自主学习资源。 2015 年，教育部印发了《关于加强高等学校在线开放课程建设应用与管理的意见》，提出要构建具有中国特色的在线开放课程体系和平台，以"高校主体、政府支持、社会参与"为方针，立足自主建设，注重应用共享，加强规范管理，推动我国在线开放课程的建设与应用。2018 年，教育部印发了《教育信息化 2.0 行动计划》，提出到 2022 年基本实现"三全两高一大"①的发展目标，教育正式进入信息化 2.0 阶段，网络学习空间的应用更加关注创新教育服务模式、重构教育生态体系。从 2018 年到 2020 年，教育部相继发布了《网络学习空间建设与应用指南》《关于加强网络学习空间建设与应用的指导意见》《关于开展 2020 年度网络学习空间应用普及活动的通知》等系列文件，高校也积极配合，不断推动"互联网+教育"②高质量发展，大力支持大学生网络在线学习，合力推进"三通两平台"③建设，拓展网络学习空间的应用广度与深度，致力于实现"一人一空间，人人用空间"的目标。

二、互联网为网络学习提供了平台

人工智能、大数据、虚拟现实等智能技术的发展为网络学习空间的建设与发展带来了

---

① 三全两高一大："三全"指教学应用覆盖全体教师、学习应用覆盖全体适龄学生、数字校园建设覆盖全体学校；"两高"指信息化应用水平和师生信息素养普遍提高；"一大"指建成"互联网+教育"大平台。
② 互联网+教育：即互联网科技与教育领域相结合的一种新的教育形式。
③ 三通两平台：即宽带网络校校通、优质资源班班通、网络学习空间人人通，建设教育资源公共服务平台、教育管理公共服务平台。

新契机,作为教育信息化 2.0 时代重塑教育生态环境的重要抓手,智能技术支持下的网络学习空间从简单应用发展到赋能变革,发生了质的转变。从 2012 年斯坦福大学两位教授创立 Coursera 在线免费课程,到 2013 年清华大学发起建立全球第一个中文慕课"学堂在线",到 2015 年教育部提出构建具有中国特色的在线开放课程体系和课程平台,再到 2016 年智慧教学工具"雨课堂"覆盖课前、课上、课后的每一个教学环节,慕课已成为教育领域的一个热门词汇。

近年来,我国慕课建设与应用呈现爆发式增长,教育部遵循"高校主体、政府支持、社会参与"的发展模式,支持各方建设了 30 余家综合类和专业类高等教育公共在线课程平台和技术平台。目前,我国慕课数量和学习人数均居世界第一,并保持快速增长的态势。特别是新冠疫情期间,全国高校利用慕课与在线教学开展了一场史无前例的大规模在线教学实践,不仅成功应对了新冠疫情带来的停教、停学危机,还掀起了一场高等教育领域的"学习革命"。

三、网络学习课程广泛、资源丰富

随着时代的发展和科技的进步,网络课程的覆盖面逐步扩大,新的网络学习形式和学习平台不断涌现,因地因校制宜、跨校跨区域的在线学习、"线上+线下"混合式学习以及翻转课堂等新型学习模式不断改变着学生的学习方式。在校大学生只需要一台电脑和网络连接,甚至只需要一部联网的手机,便可以免费学习到许多开放性网络课程。

当前,网络学习呈现出横向拓宽和纵向延伸的发展面貌。纵向延伸体现在课程体系不断完善,学生的网络学习得以循序渐进。在此基础上,一些平台推出了以专业或职业为单位的微型专业课程,如学堂在线和清华大学经济管理学院联合推出的互联网企业管理微专业;从课程层次上讲,它涵盖了高中、大学、研究生和博士生的一般课程和专业课程,也提供了提高专业技能和学习专业知识的课程,使学生可以从初学者慢慢成长为高级人才。横向拓宽体现在课程数量不断增多,课程范围愈发广泛,所涵盖的类别也更加丰富,几乎涵盖了所有一级学科。相较于传统学习而言,网络学习平台上的优质教育资源人人均等享有,大学生可以通过网络在线学习平台拓展很多"课外知识",也就是那些除了专业必修课以外的知识内容,极大拓宽了学生的知识面。

在互联网蓬勃发展的大背景下,优质教育资源共建共享体系建设不断完善,高等教育质量极大提升,尤其是远程教育和终身教育体系的构建,实现了优质教育资源的共享,让很多与名校无缘的求学者都可以有机会聆听名校名师的授课,极大地调动了求学者的学习积极性,缓解了资源匮乏和教育不对等的问题。大学生的网络学习也从初始探索阶段和系统推进阶段,步入融合创新阶段。

四、网络学习灵活性强、自由度高

在互联网应用和技术快速发展的时代,大学生可以利用小型化的无线便携移动设备(如手机、平板电脑、笔记本电脑等)进行移动式、交互式学习,移动设备能够为学习者带来一种随时随地学习的体验,使学习更具灵活性。当前,网络学习也顺应了新生代文化需求升级，正在向集体网络学习转型，部分网站已经实现了直播实时互动、组建了课程互动论坛，提高了学习者的集体参与感和群体认同感，满足了大学生个性化心理诉求，使学生在观看课程和论坛交流的过程中都能够进行学习，使学习更具灵活性和自由性。学习者可以不拘泥于教室里、电脑书桌前，而是可以根据不同的学习目标、学习场景选择自主学习的方式，学习的时间可以在一天里的任何时间段，也可以把一节课分割成几个不同的学习时间，因此，学生可以更好地利用碎片时间进行学习，更好地掌控时间。

除了时间和空间上的灵活性以外，学习者还可以在感兴趣的领域进行深入研究，获取大量的网络学习资源，针对不同的学科与课程进行自主学习，避免了传统学习方向单一、内容单一的束缚，提高了学习选择的灵活性和自由度。

第二节 大学生在网络学习中存在的问题

一、大学生网络学习资源利用率不高

(一)资源获取途径有待拓展

资源是网络学习空间的核心要素之一，包括基础性资源、校本资源、个性化资源、预设性资源、生成性资源和关系性资源等各级各类教育教学的资源。当前网络学习空间资源虽然较为丰富，但是实际使用率却不尽如人意。

调查研究发现，大学生最常用的搜索引擎处于排名第一位的是百度，在学习资源的获取过程中，多数学生会选择用搜索引擎作为获取学习资源的来源和途径，很少有人使用专业的知识检索平台。如果将搜索引擎与课程网站、电子期刊库、专业数据库、专业报刊网站做对比，多数学生仍会选择以百度为主的搜索引擎作为学习资源获取的来源和渠道。产生这一现状的原因主要因为：一方面，网络学习平台在使用时普遍需要注册登录，一些权威性较高的网络学习平台，比如专业的资源数据库、电子期刊库等，甚至需要通过校内 IP 或者需要通过图书馆资源等跳转程序才能登录，而一些大学生对于登录方式不够清楚，在操作上存在一定的困难，大学生在获取知识时往往有较强的迫切心理，没有充足的耐心，这就直接导致了网络学习空间虽然资源丰富，但是实际使用率低的现状。相比之下，搜索引擎不需要登录即可获取资源，且内容一般以问答为主，可以快速获取所需知识。但是问题也非常明显，尤其搜索引擎中大量的学习资源来自网友自发分享，往往不够权威，内容的可信度和准确度有待商榷。因此，尽管网络学习资源较为丰富，但是大学生获取资源的途径较为单一，获取资源的能力还有待提升，需要学校、教师做好引导工作。

(二)资源提炼能力有待提高

网络学习资源的实际使用率不尽如人意，还有一个原因是，大学生在获取学习资源的过程中，虽然能够找到自己心目中比较理想、合适的资料，但仍有不少学生在找到相关学习资源后不知如何学习总结、如何提炼知识。相对于需要提炼知识的网络学习平台而言，大学生更倾向于可以快速获得知识的搜索引擎，这样的知识通常是问答内容，能够以最快

的速度解答我们的疑问。尤其是网络学习资源虽然较为丰富，但是内容多为课程视频或论文形式，需要花费一定的时间去理解，理解以后才能总结提炼，而部分大学生长期依赖于以知乎为主的问答平台，习惯了"拿来主义"学习，久而久之很难形成自己的思维体系，极大地影响了优质学习资源的提炼能力。

(三)资源鉴别能力有待增强

网络学习资源因为具有海量性，因此也面临着把关的难题，这就需要学生有一定的鉴别能力。一种是对平台的鉴别能力，即如何分辨网络学习平台的权威性；如果能够固定在可信度较高的网络学习平台进行学习，就能够减少"低效勤奋"的问题，因为在质量高的平台中，每一类课程、每一种资源都需要经过平台的审核，出现问题的概率极低。另一种是对内容的鉴别能力，即在海量的学习资源中鉴别出优质学习资源，使学习达到事半功倍的效果，这就好比"淘金"，需要具备一定的素养，才能够分辨优劣资源。但是，多数大学生判断网络资源正确性的依据来源于网友、同学和老师等的意见，抑或是参考信息来源是否权威，而很少通过自己独立思考来判断网络资源的正确性。

在这里用一个"新闻反转"现象来予以阐释。新闻反转是指随着新闻事件不断披露与挖掘，后续被证实的真相与事件开始的报道内容截然相反，甚至互相矛盾，公众的反应和情绪随着新闻真相的不断发掘而出现逆转的一种新闻现象。这样的事件在当前"人人都有麦克风"的自媒体时代极为常见，主要原因在于，人们在看到内容的时候第一时间是表达情绪或是予以传播，而难以鉴别内容的真实与否，而这一现象在大学生群体中尤为常见。大学生一定程度上缺乏对网上学习资源的分析辨别能力，面对庞杂的网络资源缺乏理性辩证思考和真伪优劣鉴别能力。网络资源鱼龙混杂，学习资源也是如此，这些资源质量有高低，水平有差异，甚至思想上也有好坏之分。那么如何鉴定、辨别资源的好坏优劣，将成为一种不可或缺的能力。对于大学生而言，只有学习的内容越准确、越权威，学习的价值才越大、效率也就越高。

二、大学生网络学习主观能动性不强

(一)网络学习时间利用率不高

随着网络技术的快速发展，网络教学在高等教育领域被广泛应用。在进行网络学习时，学习者可以打破学习的时空界限，利用丰富资源不断提升自我，同时可以依据个人情况来安排学习的时间和地点，具有诸多优势。但是，移动互联网时代，手机和电脑占据我们的时间持续增长，且学习资源和娱乐资源是共同存在的，这就很容易出现专注力散失、学习情绪消极等现象，大学生很容易在看短视频、看影视剧、打游戏和聊天的过程中忘记时间、忘记学习，这些都极大地影响了网络学习的时间利用率，极大地分散了学生的注意力，削减了学生的注意力时长，产生了学习惰性。学习惰性是指学习者对学习活动的自动实施伴有不良情绪体验的心理状态。已有的文献数据显示，目前约90%的在校大学生存在网络学习惰性，且超过半数属于中度学习惰性，其中大约75%认为自己是惰性患者，50%的大学生反映他们一贯如此，即惰性已经成为了贯穿他们生活的问题行为。大学生网络学习惰性的主要表现形式为出勤率降低、网络授课时注意力不集中、边上课边从事与课程无关的活动、学习主动性不高、被动完成课程相关教学活动等，因此，利用上网在网络学习上花费的时间往往较为短暂，直接影响其网络学习的效率和效果，这就需要我们学会合理利用空闲时间，提高自我控制的能力，把有限的时间充分投入到无止境的学习提高上。

(二)网络学习全局规划性不强

学生网络自主学习的全局规划性不强主要表现在自主学习目标不明确和学习时间安排不妥当两方面。一方面，自主学习目标不明确。大学生进行网络学习时，只有少数有明确的学习目标；大部分学生学习的内在动力在于修学分、凑时长，存在一种"趋利"的心态，而不是为了"寻求知识"。另一方面，学习时间安排不妥当。我们经常说，无论做什么事，都需要有一个规划，长远的规划和短期的规划。长远的规划又是由多个短期规划组成。而大多数大学生在没有老师监控的情况下，难以合理有效地制定学习计划，在学习时间的安排上有所欠缺。上文也强调了，网络学习平台只是一个工具，至于如何利用，取决于使用者。在工具的使用过程中，不同的人以不同的使用方式会产生不同的效果。

对于大学生而言，由于个人能力素质以及使用方式等方面的差别，在使用网络学习平台的过程中会产生知识鸿沟，即能够运用网络挖掘学习资源的学生，有明确学习目标和清晰学习计划的学生，会在原有的基础上获得更多的优质资源，进而提升学习能力；而不擅长运用网络挖掘学习资源的学生，没有明确学习目标和清晰学习计划的学生，则会因为自身原因与前者产生差距，而这种差距会随着时间的推移不断增大，进而形成知识鸿沟，扩大学生之间的能力差异。

(三)网络学习自我控制力不足

大学生由于社会经验不足、心智不够成熟，面对眼花缭乱的网络信息，很容易沉迷于能够给自己感官带来愉悦的东西，比如看短视频、看影视剧、打游戏等娱乐活动，这些娱乐活动很容易让大学生忘记时间、迷失自我。比如，短视频刷了一条还想刷，游戏打完了一把还想打，热剧看了一集还想看，自我控制力的不足导致大学生在网络上耗费了大量的时间和精力甚至金钱，而不是把这些时间和精力用于网络学习、提升自我。

网络学习行为是一种需要自我控制的、相对独立的学习行为，尽管在网络学习平台中有着丰富的学习资源，但是真正能够主动去利用网络进行有效学习的学生并不多。主要体现在网络自主学习过程中参加讨论不积极、作业完成不及时、问题解决不彻底、学习笔记不完善等方面，这都是学生自我控制力不足的一种体现。事实上，是否能够主动上网学习是一方面；是否能够在网络自主学习的过程中充分发挥自身的主观能动性、把网络学习资源最大化利用又是另外一方面。有一句话很有道理：自律即自由。一个人只有足够自律，把时间和精力用在全方位的自我提高上，做一些对自己的学业、事业、前途有益的事情，最终才能实现真正的物质自由、精神自由、时间自由；反之，如果长期把时间花在一些有意思却没意义的事情上，会错失最好的成长阶段，早晚会在人生路上落后别人一大截。因此，互联网是一把双刃剑，大学生应该增强自我控制能力，学会利用网络学习。

第三节　如何培养大学生网络学习的能力

一、转变学习观念、增强内驱动力

基于互联网的信息化教学环境，借助丰富的网络资源和平台，使用移动学习设备，学生可实现自主化和个性化学习，教师由知识传授者变成活动的指导者和设计者，学习者由知识的被动接受者变成知识意义的主动建构者，这就需要转变学生的学习观念，增强自主学习的内驱动力，适应时代发展。

转变学习观念，培养大学生网络学习的积极性。研究发现，大学生的学习观念能够直接影响学习效果。那些带着愉悦放松等积极情绪进行学习的大学生，能够更积极地去获取、发现知识，并在生活中运用，进而获得更高的自我效能感，这种自我效能感使他们能够更自信地使用网络工具，适应网络学习环境，更快更好地融入到网络学习活动中，在这一过程中收获成就感，产生积极情绪，形成良性循环。消极的学习观念会使学生面对失误和困难时更容易灰心气馁，对自己在网络学习中的能力表现出怀疑。这一研究结果类似"马太效应"，即强者愈强，弱者愈弱的现象，这进一步说明，可以通过转变大学生的学习观念，提高大学生网络学习态度的积极性和学习控制感，激发内在学习动机，增强内驱动力，提高学习效率，增强学习效果。因此，在网络学习过程中，学生应尽量保持乐观积极的情绪，如若出现悲伤、厌倦、烦躁等消极情绪，可以通过适量的运动和娱乐活动来放松情绪，同时根据自身状况改善饮食结构、合理调整作息，达到劳逸平衡，使生理系统和心理环境都处于稳定状态。

增强内驱动力，培养大学生网络学习的自发性。除了转变学习观念外，强大的内驱动力也是保证学习效果重要因素。研究表明，自主学习是与传统的接受学习相对应的一种现代化学习方式。顾名思义，自主学习是以学生为学习主体，通过学生独立地分析、探索、实践、质疑、创造等方法来实现学习目标。网络学习相比于传统的课堂教学，最大的区别就在于学习方式。传统的课堂教学强调接受式、被动式的学习方式，而网络学习在这一基础上进一步强调了自主式、探索式的学习方式，增加了更多的主观能动性，倡导学生主动求知、深入思考。俗话说，观念往往是行动的先导。培养自主学习能力是社会发展的需要，是适应科学技术飞速发展形势的需要，也是适应职业转换和知识更新频率的需要。那么作为大学生如何增强内驱动力，学会自主学习呢？从学生层面来说，需要树立"转被动学习为主动学习"的理念，明白学习是自我发展的需要，大学期间的学习成效将直接影响毕业和升学时的道路选择。从学校和教师层面来说，需要让每一位学生找到能够驱动自己学习的学习习惯和方式方法，在整个学习过程中，可以利用微信、QQ、网络学习空间的交流讨论区与学生互动，了解学生的学习情况，锻炼学生的交流能力，同时也关注不同学生的学习兴趣和学习需要，结合他们个性化的学习特点，提供优质的解决方案，使学生能够主动地、有意识地建构知识，在课外能够主动运用网络平台服务于自己的学习目的，提高学习成绩。还可以在学习发生的不同阶段，根据具体情况为学生提供学习框架和思维导图，保证学生的思路清晰，进而找准努力方向，提高学习投入度。

二、制定学习计划、优化学习方法

自学能力主要包括：合理分配时间、科学安排课程，保证学习效率等。当前，大学生网络学习所暴露出的主要问题是网络学习资源利用率不高和网络学习主观能动性不强，而有效的解决方法就是做好学习规划、优化学习方法。

做好学习规划，充分发挥教师的引导作用和学生的主观能动作用。在学习的过程中，如果一次学习的效率得不到保障，则一定会对下一次学习产生负面影响，进而导致学习效率一而再，再而三地降低，学习时间被一再延长。如果教师可以在学生进行网络学习的初期，对学生所学的具体章节或课程做出时间上的规划和安排，及时提醒学生按时间、按任务节点完成网络学习，帮助学生养成把控"学习时间"的习惯，将会极大提升大学生网络学习的时间规划能力。日常的教学和引导也极为重要，它能够有效帮助学生养成做计划的习惯。在遵循规律的前提下，将科学化与个性化相结合，充分了解自身能力特点和大学期间不同阶段的学习任务，并在分析自己个性的基础上做出大学期间的整体学习规划；然后以此为总框架，以年度或学期等为时间段，分阶段做好学习规划，建立可量化、可评估、可调控的学习计划，能够有效提高大学生网络学习的时间规划能力。

优化学习方法，充分发挥校园论坛的作用和学生交流论坛的作用。大学生普遍存在网络学习资源利用率不高的问题，具体体现在难以获取高质量、有帮助的网络学习资源，导致自己网络学习体验效果不佳。因此，网络学习资源检索能力是否达标，是重要的检验标准。要想确保网络学习效果良好，就要在种类繁多的网络学习资源里做出正确的选择，这就需要优化学习方法，提升学习意识和系统学习思维。学校可以组织专门的网络学习科普讲座，向学生教授网络学习资源的检索方法和技巧。比如，"网络学习资源的检索方法""对网络学习资源质量的鉴别""正确评判网络学习资源的质量"等方面的内容，帮助学生建立对于网络学习资源的全面认识，提高大学生的网络学习资源检索能力，从而优化学习方法。学校还可以组织大学生网络学习经验交流会，通过自由度较高的学生交流，分享成功经验，同时吸取失败的教训，进而增强大学生的媒介素养，使得大学生能够合理使用各种网络媒介，方法优化有助提升网络学习效果。

三、强化过程监督、注重自我评价

大学生在网络学习的过程中，往往容易沉迷于娱乐资源，耽误学习时间、影响学习进度，有一个重要的原因就是缺乏过程监督和自我评价。

强化过程监督，做好结果反馈。我们可以把大学生网络学习的过程监督分为学前监督、学中监督和学终监督三步。学前监督中，就是定好要学习的任务和计划。学中监督，就是估计学习中的执行情况，考虑对目标的完成进度和实效来修正自己的行为。学终监督，就是通过对结果的自我检查、自我评价，查漏补缺，修正自身的行为。在过程监督中，还需要参考师长、学习同伴对自己的评价。不能太过自卑，认为自己没优势；也不能太自命不凡，故步自封，轻视他人。因为我们每个人都是生活在社会网络中的一员，需要通过他人对自己的评价来了解自己，就好比"镜中我"，即人的行为很大程度上取决于对自我的认识,而这种认识主要是通过与他人的社会互动形成的,他人对自己的评价、态度等,是反映自我的一面"镜子",因此,学生需要注重他人反馈,并通过这面"镜子"认识、把握和提升自己。

注重自我评价,做好阶段总结。合理公平地对主体进行全面的评价是得到有效评价效果的保障,自我评价就是在任课教师、学习同伴等评价之外的自我测评,需要学生对整个学习过程做出客观真实的评价,通常在学生完成过程监督以后撰写学习总结时,通过回顾学习历程、专业知识自我测评或者内省等方式进行。自我评价的衡量标准可以围绕是否在学习过程中主动提出自己的观点和见解,是否充分利用网络学习空间找到所需的理论和依据,是否对教师讲授的内容提出自己看法的质疑,是否认真听取、虚心接受教师以及学习同伴对自己表扬和批评,是否能够及时且有针对性地对自己的学习方式做出调整和改善,是否不断地完善自己的学习体系等多方面进行。

通过各个方面的自我评价能够综合地得到自己的学习测评结果,让学生能够对自身学习效果的好坏、学习方式的合理性、学习内容的准确性、学习目标的科学性有一个客观的认识,直观地了解本阶段网络学习的效果,同时为下一次网络学习规划的制定做准备。

四、及时反思巩固、提高学习质量

温故而能知新,及时反思巩固能有效提高学习质量。学习反思是对学生能力内化的一个过程,有利于提高学生的学习效率。网络学习空间的诸多优势,有利于大学生开展深度学习,比如利用网络学习空间中多样化的资源进行自主学习,从而建构和优化自己的知识体系;利用网络学习空间中的可视化工具,从而帮助自己理解复杂问题等,但这些都需要学生及时反思巩固,明确自己的学习目的,需要的网络学习资源是什么,学习效果怎么样以及有哪些困难,并据此做出优化调整,提高学习质量。

及时反思巩固,做好互动交流。要及时对学习内容和学习效果进行反思,思考方面主要有学习行为、学习问题、学习效果等;思考时间节点通常在一节课或一个阶段的网络学习结束后;思考途径主要有向内看和向外看两种途径;先向外看,即利用在线互动平台,通过与教师、学习同伴等多主体的在线交流,主动审慎思考,汲取有用经验,提炼学习内容,分享学习心得,进行有意义的学习。再向内看,通过总结和借鉴他人的学习经验,将学习成效进行对比,及时反思巩固,修改自身的不足之处。

提高学习质量,做好量化分析。对学习效果进行量化分析最有效的方法就是根据学习计划建立一个可量化表格,对自己学习过程的每一步进行量化打分,及时有效调控学习计划和学习方法。当然,网络学习本身就有一定的量化优势,可以通过学习的在线时长、任务节点的完成度、讨论次数以及阶段测评成绩等进行分析,呈现出可以量化的数据。通过对数据的分析以及横纵对比,即与以往的学习效果进行对比、与学习同伴地的学习效果进行对比,大学生可以直观清晰地了解自己的优缺点,及时解决存在的问题,并对整个学习过程进行综合思考,提高学习质量。

【知识拓展】

网络学习平台

网络学习平台是一个基于计算机网络和通信技术的软件系统，它可以为网络学习者提供一个功能强大的学习环境和全面的服务支持，是学习者进行网络学习和研究的重要载体。在国外，网络学习平台又被称为学习管理系统和电子学习平台，是指基于通用移动互联网技术构建的汇集海量学习资源，能够面向不同群体提供实时和非实时的网络教学服务，从而实现学习者个性化自我学习、管理监督、质量评估等的综合教学服务支持系统。根据网络学习平台的机构性质与建设主体的不同，可将网络学习平台划分为四种类型。

政府支持型。我国对网络学习平台的建设最早起源于教育部于2000年启动的"新世纪网络课程建设工程"，建立了开放式网络课件库、案例库、试题库，而后又逐渐启动了"国家精品课程建设工程"(2003年)和"国家精品开放课程建设工程"(2011年)，建设课程内容涉及面包含学历教育与非学历教育，到现在已建立了如国家精品课程资源网、中国教育资源公共服务平台等示范中心。

企业支持型。以腾讯课堂、网易云课堂、19课堂等为例，企业依据自身的互联网技术背景，捕捉市场需求，对网络学习平台进行运作模式和用户体验等方面的持续创新，他们更青睐于做K-12(小学至高中12年)阶段的分科教学以及职业考级应试学习以占据市场份额，获取更大经济利益。

高校支持型。以清华大学推出的"学堂在线"、上海交通大学推出的"好大学在线"为例，高校是此类网络学习平台建设的主要依托力量，高校自有的资源、公信力和教师、学生为网络学习平台的迅速发展和推广提供了便利，平台内容资源方面更倾向于高校公共课程、专业课程、校本课程与兴趣课程等。

校企合作型。此类平台融合了企业支持型和高校支持型网络学习平台的优势，让用户获得多重体验，目前来看，校企合作已成为网络学习平台的重要发展方向，如中国大学MOOC就是网易集团与高教社"爱课程网"合作的产物。

主要网络学习平台有以下几种。

1. 学习强国

"学习强国"学习平台是由中共中央宣传部主管，以习近平新时代中国特色社会主义思想和党的二十大精神为主要内容，立足全体党员、面向全社会的优质平台。2019年1月1日，"学习强国"学习平台在全国上线。"学习强国"学习平台由PC端、手机客户端两大终端组成。平台PC端有"学习新思想""学习文化""环球视野"等17个板块180多个一级栏目，手机客户端有"学习""视频学习"两大板块38个频道，聚合了大量可免费阅读的期刊、古籍、公开课、歌曲、戏曲、电影、图书等资料。PC端用户可登录网址或通过搜索引擎搜索浏览，手机用户可通过各种手机应用商店免费下载使用。该平台首次实现了"有组织、有管理、有指导、有服务"的学习，极大地满足了互联网条件下广大党员干部和人民群众多样化、自主化、便捷化的学习需求。"学习强国"学习平台，是贯彻落实习近平总书记关于加强学习、建设学习大国重要指示精神、推动全党大学习的有力抓手，是新形势下强化理论武装和思想教育的创新探索，是推动习近平新时代中国特色社会主义思想学习宣传贯彻不断深入的重要举措。

2. Moodle

Moodle 是 Modular Object-Oriented Dynamic Learning Environment(模块化面向对象的动态学习环境)的缩写，是一个在线的学习平台，Moodle 的教育理念是社会建构主义，师生之间可以进行交流和讨论，发现并且解决问题。在与他人或与教师的互动过程中，他们能够创造出一个在其中可以产生沟通的崭新世界。Moodle 不但能够对传统课程进行补充，而且 100%适合在线课程。学生之间可以通过 Moodle 课程设计模块将自己的课程设计模块相互进行测试、沟通、提交和批阅。用户可通过多种方式来发表自己的意见，一起开发、寻找和利用网络上的教育资源，从而最大限度地发挥网络在教学上的作用；Moodle 拥有所有 e-Learning 平台的功能；它具有良好的扩展性，很容易创造出新的功能模块，而且操作简单，Moodle 的系统结构是模块化的，便于修改和扩充。它还支持多种语言。它是一个针对学生自主学习(如课前预习、课后复习、相互交流)的学习平台；Moodle 平台采用 PHP 技术来进行开发和设计。

3. 学堂在线

学堂在线是由清华大学研发出的在线教育平台，是教育部在线教育研究中心的研究交流和成果应用平台，于 2013 年 10 月 10 日正式启动，面向全球提供在线课程。任何拥有上网条件的学生均可通过该平台，在网上学习课程视频。学堂在线运营了来自清华大学、北京大学、复旦大学、中国科技大学，以及麻省理工学院、斯坦福大学、加州大学伯克利分校等国内外一流大学的超过 3000 门优质课程，覆盖 13 大学科门类。2020 年 4 月 20 日，学堂在线国际版正式发布。该平台所有课程都遵循慕课的教学特点和规律进行设计和制作，以保证课程的质量和教学效果。此外，学校网络平台也积极利用网络教育资源，促进混合式教学模式的创新。混合教学旨在通过更有效、更灵活的学习，充分利用并结合线上和离线学习的不同特点，提高学习效果。

4. 爱课程

"爱课程"网是教育部、财政部"十二五"期间启动实施的"高等学校本科教学质量与教学改革工程"委托高等教育出版社建设的高等教育课程资源共享平台。旨在利用现代信息技术和网络技术，推动高校的教育教学改革，提高高等教育质量，以公益性为本，构建可持续发展机制，为高校、师生和社会学习者提供优质教育资源共享和个性化教学服务。自 2011 年 11 月 9 日开通以来，相继推出三项标志性成果——中国大学视频公开课、中国大学资源共享课和中国大学 MOOC，受到学习者广泛好评，已成为国际领先、国内最具影响力的高等教育在线开放课程平台。

5. 超星学习通

超星学习通是由北京世纪超星信息技术发展有限责任公司于 2016 年开发的一款集移动教学、移动学习、移动阅读、移动社交于一体的免费应用程序，是一款适应教师移动教学和学生移动学习的综合性移动学习产品。其支持 Android、iOS 和 HarmonyOS 三大主流操作系统，同时满足手机、平板电脑智能移动终端使用。超星学习通包含六大子系统："移动课堂互动系统""移动修学分系统""移动阅读系统""移动开放课程""移动教务系统""移动社交系统"。超星学习通实现了学生随时随地在线学习、做作业、课程讨论、小组讨论、答疑、笔记、消息推送、考试、通知和成绩查询等诸多学习功能。在课堂互动中可以进行签到、抢答、投票、投屏等互动功能，同时在移动端的学习进度要自动同步到 PC 端，学生在任何终端上，都可以实现学习记录的持续性。学习通内包含各种教与学相关的微应用，用户可以在学习通上自助完成图书馆藏书借阅查询、电子资源搜索下载、图书馆最新资讯浏览，学习学校专业课程，进行小组讨论，查看本校通讯录，同时拥有超过百万册电子图书，海量报纸文章以及中外文献元数据，为用户提供移动学习服务。

（资料来源：作者根据知网、百度百科整理。）

点题成金

(1) 你对网络学习平台有过了解吗？你使用过哪些网络学习平台？
(2) 除了文中提到的几个平台，你还使用过其他网络学习平台进行学习吗？
(3) 你觉得哪种网络学习平台更适合自己？打算如何利用它来提升学习效率？

第十一章 心理健康

第一节 健康与心理健康

一、健康与心理健康新概念

传统的健康观是"无病即健康",近年,世界卫生组织(WHO)关于健康的概念又有新发展,该组织认为所谓健康就是一个人在身体上、精神上、社会适应上完全处于良好的状态,而不是单纯的指没有疾病或病弱。也就是说,健康至少包括躯体健康、心理健康、社会适应能力良好和道德健康等方面(图 11-1),综合起来叫身心健康,其中身体健康是健康的基础,心理健康是健康的核心,现代人的健康观是整体健康。

生理健康是指人的身体能够抵抗一般性感冒和传染病,体重适中,体形匀称,眼睛明亮,头发有光泽,肌肉皮肤有弹性,睡眠良好等。生理健康是人们正常生活和工作的基本保障,达不到这一点,就谈不上健康,更谈不上长寿。

心理健康是指人的精神、情绪和意识方面的良好状态,包括智力发育正常,情绪稳定乐观,意志坚强,行为规范协调,精力充沛,应变能力较强,能适应环境,能从容不迫地应对日常生活和工作压力,经常保持充沛的精力,乐于承担责任,人际关系协调,心理年龄与生理年龄相一致,能面向未来。心理健康同生理健康同样重要。据医学家测定,良好的心态,能促进人体分泌出更多有益的激素,能增强机体的抗病能力,促进人体健康长寿。

道德健康也是健康新概念中的一项内容,主要指能够按照社会道德行为规范准则约束自己,并支配自己的思想和行为,有辨别真与伪、善与恶、美与丑、荣与辱的是非观念和能力。

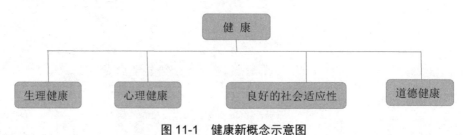

图 11-1 健康新概念示意图

【知识链接】

健康是人的基本权利,是人生最宝贵的财富之一;健康是生活质量的基础;健康是人类自我觉醒的重要方面;健康是生命存在的最佳状态,有着丰富深蕴的内涵。

生理健康具体标志看能否做到"五快",即"吃得快、便得快、睡得快、说得快、走得快"。心理健康的具体标志概括为"五有":即"有正常的智力、良好的社会适应能力、和谐的人际关系、稳定的情绪、健全的个性。"一个人最大的敌人是自己,最大的胜利是战胜自己,一个成功的人生,是不断认识自己,战胜自己,完善自己的一生。

二、心理健康状态自我评估

评估下自己当下的心理状态:
(1) 我已经两个月以上无法摆脱自己的情绪困扰了。
(2) 我时不时地就情绪低落,觉得生活没有意思。
(3) 我总是担心未来会发生什么不好的事情。
(4) 我经常处于焦虑,忧心忡忡,紧张不安的状态。
(5) 我总是担心自己身体有病,到处寻医问药,医生却说没什么问题。
(6) 我有时候突然觉得很不舒服,甚至有种濒死感。
(7) 我经常回避社交,工作效率下降,自我封闭。
(8) 我常常反复地做某事,想某些东西,摆脱不了。
(9) 我总觉得自己身体虚弱,有种无力感。
(10) 经常无缘无故地出汗,感到不自在。
(11) 我经常失眠,入睡困难、早醒,精神状态差。
(12) 我经常胃口不好,肠胃不适,颈腰椎疼痛。
(13) 我时不时就头晕、胸闷,感到很不舒服。
(14) 我有时候身体出现颤抖,坐立不安。
(15) 我对性没什么兴趣,出现性功能障碍。
(16) 我会听到别人听不到的声音,看到别人看不到的东西。
(17) 我觉得有人要害自己,跟踪自己,感觉自己被监控了。

如果你有以上的心理症状,请你继续往下看,或许你会找到一些方法来帮助自己。如果你没有,也请你继续往下看,学习点心理健康知识,对你今后的成长大有帮助!

三、心理健康的标准

通常来说,心理健康没有一个一成不变、绝对的标准,不同的学者有不同的定义。从不同的角度、不同的时代、不同的文化环境来看,心理健康的标准是不尽相同的。在这里,我们认为心理健康的标准表现为以下 8 个方面。

(一)智力正常

智力是以思维为核心的各种认识能力和操作能力的总和,包括观察能力、记忆能力、思维能力、想象能力和实际操作能力。正常的智力水平是人们生活、学习、工作最基本的心理条件,是心理健康的首要标准。

(二)心境良好

情绪是反映人心理健康与否的标志之一。健康的情绪是指愉快情绪多于负性情绪,乐观开朗,富有朝气,对生活充满希望;情绪较稳定,善于控制与调节自己的情绪,既能克制又能合理宣泄;情绪反应与环境相适应等。

(三)意志健全

表现为自觉性高、意志坚韧、有毅力、心理承受能力强、自制力好,具有克服困难、排除干扰、坚持不懈的奋斗精神。

(四)完整人格

完整统一的人格是指在气质、性格、能力、兴趣、爱好、需要、理想、信念等方面完整统一,平衡发展。

(五)人际关系和谐

人际关系和谐是心理健康的重要标准,良好的人际关系是事业成功与生活幸福的前提。和谐的人际关系表现为:在人际交往中,互相接纳、尊重,而不相互排斥、贬低;对人情感真诚、善良,而不冷漠无情;积极的交往态度多于消极态度;交往动机端正等。

(六)适应能力正常

适应能力正常包括适应各种环境的能力、人际关系的适应能力以及处理、应对家庭和社会生活的能力正常。

(七)心理行为与所属年龄段大致相符

一个人心理行为的发展,总是随着年龄的增长而发展变化的。一般情况下心理特点与所属年龄段的共同心理特征大致相符。如果一个人经常严重地偏离其年龄特征,有可能是心理异常的表现。

(八)自我评价正确

能清醒地认识目前所处状态和环境、自我未来的发展方向,并能正确地认识和客观地评价自己,有自信心、自尊心,能够自觉地发展自己。

心理压力小测试

1. 活动内容

同学们请回想一下自己在过去一个月内是否出现过下述情况。
(1) 觉得手上工作太多,无法应付。
(2) 觉得时间不够用,所以要分秒必争。
(3) 觉得没有时间休闲,终日记挂着工作。

(4) 遇到挫败时很容易发脾气。
(5) 担心别人对自己工作表现的评价。
(6) 觉得上司、家人都不欣赏自己。
(7) 担心自己的经济状况。
(8) 有头疼、胃痛的毛病，难以治愈。
(9) 需要借烟酒、药物、零食等抑制不安的情绪。
(10) 需要借助安眠药帮助自己入睡。
(11) 与家人、朋友、同事的相处中常发脾气。
(12) 与人倾谈时，常打断对方的话题。
(13) 上床后思潮起伏，牵挂很多事情，难以入睡。
(14) 觉得工作太多，不能每件事都做到尽善尽美。
(15) 空闲时轻松一下也会内疚。
(16) 做事急躁、任性，事后常感内疚。
(17) 觉得自己不应该享乐。

2. 计分方法

从未发生——0分，偶尔发生——1分，经常发生——2分

3. 测试结果

0—10分：精神压力程度低，但可能生活缺乏刺激，比较简单沉闷，动力不大。可适当增加压力。

11—15分：精神压力程度中等，虽然某些时候感到压力较大，但仍可应对。

16分或以上：精神压力偏高，应反省一下压力来源并寻求解决方法。也可求助于心理救助。

第二节　常见的心理困扰及求助方法

每个人在成长过程中都会遇到这样或者那样的挫折和烦恼，总会有伤心、难过的时候，抑或打击大了点，感觉自己出现了心理问题；也有可能你经历了常人没有经历的，给你的身心带来了巨大的伤害，你一直还在与心理困扰做斗争；那么，今天我们就来聊聊抑郁症应该如何求助。

一、轻度心理困扰问题(轻度抑郁症)

如果现在的你是这样的：

当你出现心理困扰时，你首先要对自己的情况进行一个适当的评估，评估的内容包括：困扰的时间、困扰的原因、困扰的关键点是否泛化、学习生活是否受到影响、是否有躯体症状、自己是否可以控制等。

假设导致你目前症状的原因不那么强烈(如和恋人吵架了、考试不及格了、宿舍关系不好了、父母吵架了、事情没做好自责了、被人误会了、遇到一些小困难了),你现在的处境还可以,自己完全知道自己目前的情况,也能控制自己的情绪,只是有时候不太舒服,情绪有些差,有些难过;你的这种情况困扰时间还不到 2 个月;你还能正常地学习生活,只是效率有所下降;你的症状没有泛化,还是停留在当初的事件上,不会因为其他不相干的事情也引起你同样的情绪表现;目前,并没有出现较为严重的躯体表现,只是有些失眠,没什么胃口,精神差点。

这时候,你可以这样求助

(1) 找个地方宣泄一下情绪,把心理的憋闷发泄出来,特别建议你去运动,每天坚持 40~60 分钟,坚持一段时间,你会看到不一样的效果,当然,宣泄方式可以根据自己的生活状态不同,做出不同的选择,总之是要发泄出来。

(2) 用一张 a4 纸,分两格,把自己的烦恼写下来,其中一边写烦恼,另一边写应对方法,认真分析下自己的每一个烦恼,并在另一边写出自己的应对措施,一条一条解决,这时,你要给自己一点积极暗示,然后,开始积极行动,你会发现很快就走出来了。

(3) 找个知心朋友聊聊心里话,倾诉下自己的烦恼,把自己困惑和难受统统说出来,如果你不想让朋友知道,你可以找学校心理中心的朋辈或者咨询老师倾诉,也可以通过线上系统与老师倾诉,说完后,你就轻松了一半。

(4) 你还可以试着去做一些事情来转移注意力,千万不能因为心里难受,就选择呆在房间或者什么都不去做,这样只会加重你的心理负担。所以,越是难受,越要去做点事情,转移注意力,可以让你忘掉或者淡化心理的困扰。做一件很有意义的事情,来转移自己的注意力。

(5) 当然,最重要的是你自己对自己要有信心,并且愿意改变,愿意付诸行动,愿意相信自己是有这个能力和潜能治愈自己的。

(6) 也可以找自己的父母或者亲人诉苦,寻找心理支持,让自己的心更有点安全感。

二、中度心理困扰问题(中度抑郁症)

如果现在的你是这样的:

假设导致你目前症状的原因很强烈(如失恋了、家庭变故了、可能要被退学了、人际关系发生重大冲突了、面临重大选择了、身体受到重伤了、得了重大疾病了、发生特殊性行为了、遇到较大的挫折了等)。遇到这些生活挫折,你现在的处境面临一定的困难,自己很难去面对和处理,情绪难以控制;这种情况,已有 2 个月以上,半年以下;你的学习、生活受到较大的影响,甚至回避正常的社会交往;你的症状已经泛化,烦恼的事情不仅是当初的那个事情了,很多相关或者不相关的事情都会引起你的烦恼;经过自己的努力,好像没办法走出来。

这时候,你可以这样求助

(1) **预约学校心理中心的专业心理老师为你提供帮助**,心理老师会为你做详细的评估,如果心理咨询能解决,老师会有自己的技术和方法帮助你,如果心理咨询无法解决,老师也会为你提供建议，进行更进一步的心理治疗，学校心理咨询老师会严格遵守保密规定。懂得求助是一种智慧的表现。

(2) 如果你确实不想让学校知道，不想在学校寻求帮助，你也可以寻求**校外的专业心理咨询机构提供帮助**，但是，校外咨询费用很高，也有可能遇到不专业的咨询师。当然，现在全国都开通了很多心理公益热线，也可以寻求公益热线支持。

(3) 你也可以**找自己的辅导员**，或许他能为你解决很多困难，当很多困难得到解决时，你的心理困扰也会随之减轻，要特别说明的是，大学里的辅导员是你在学校的家长，他们是最能帮助你的人，当然，辅导员也会为你的事情保密的，所以你不用太过担心，更不用担心自己的心理问题被辅导员知道后，会不会另眼相看，他们只会为你提供更多的支持和帮助。

(4) 在寻求咨询的这段过程中，你要相信老师的专业和能力，并配合**老师的建议，积极行动起来**，这样才能有效果。另外，你一定要动起来，让运动来改善你的情绪，为你增添动力。

(5) 要开始走出去，**积极参与人际交往**，努力去尝试完成自己该做的事情。你的社会支持体系很重要，主动与朋友、同学、老师、家长、亲戚等沟通有助于你缓解症状。

(6) 这时，你**一定要有信心**，要积极配合专业人员的建议，心理康复需要一定时间，不要着急，时间会帮助你走出人生的低谷。

三、严重心理困扰问题(严重抑郁症)

如果现在的你是这样的(这里要分三类)：

第一类是疑似神经症。

第一类主要由以上中度心理困扰发展而来，时间将近半年，心理症状不断泛化，情绪症状不断出现，无法解决。有明显的内心冲突并且冲突本身没有现实意义或道德色彩，但是病程、严重程度等都未达到神经症的诊断标准。这类问题参照中度心理困扰的方法做。

第二类是神经症性质的。

你的症状已经比较严重，时间长达半年以上；症状极大地影响到了你的正常学习生活，甚至你无法完成基本的学习生活任务；这些症状或者行为你自己可以意识到，也可以表述清楚，甚至经常寻求帮助，到处诉说自己困扰，而且你自己明明知道不要这样，但是你就是控制不了自己这样做，你想摆脱就是摆脱不了，有明显的内心冲突；情绪的出现往往不是因为某些事情发生，在没有任何刺激的情况下也可能发生；你出现的这些情绪和行为常人很难理解，都认为你根本不该有这种情绪和行为，你的情绪和行为也没有道德判断标准；你还出现了不少躯体的症状，如胸闷、头晕、头痛、脖子不舒服、胃肠不舒服、出汗、两腿无力等。

第三类是精神病性质的。

你已经出现了幻觉、妄想(看到别人看不到的东西、听到别人听不到的东西、想根本不存在的事情、认为有人要害你、针对你)等症状，自己对自己的问题已很难自知，各种躯体症状不断呈现，甚至出现语无伦次、行动诡异等症状。

这时候，你可以这样求助

(1) 二类问题出现时，假如你经过努力也无法好转，建议你尽快寻求医院的心理科或者心理专科医院帮助，这个时候一定要到正规的医院，同时，请你的监护人一同前往医院寻求帮助，尽快告知辅导员，让辅导员知道你的情况并为你提供必要的帮助；三类问题出现时，立即告知家长和辅导员送医治疗，这类问题一定要进行规范化的心理治疗。

(2) 可能需要配合**药物治疗**，这里特别提醒大家，精神类药物吃药初期，大概一周到两周左右的时间会出现较强的副作用，躯体反应比较明显，过后会慢慢缓解。这种**药物需要长期按照医嘱服用，切不可擅自减药、停药**。

(3) 在吃药过程中也可以配合心理咨询，特别是疑似神经症和神经症类的疾病。

(4) 同样，面对这些心理困扰时，你的**信心**是非常重要的，你对疾病的认知和对治疗方案的认同也非常重要。

(5) 疑似精神病性类的疾病建议到规范的甲级医院进行确诊后，**住院规范治疗**；不要随便在网上进行一些心理测试及网上就诊，请做健康责任第一人，更要做对自己负责的决定，记得请专业人做专业事，求助也得找专业的人。

(6) 轻度情绪困扰和中度情绪困扰的方法，也适用于正在康复的人群。

第三节 疫情后大学生常见的心理问题

新冠疫情虽然已定性为"乙类乙管"，但绝不是放开不管，新冠肺炎病面临新形势、新任务，工作重心从"防感染"转向"保健康、防重症"。同学们都经历了三年的防疫工作，正处于青春生理心理发育的关键时期，也是抑郁、焦虑等精神心理问题的敏感时期。你们长期处在线上学习，缺乏运动，宅家或宅屋内，从实际情况看，疫情引起的身体状况、学习方式和家庭关系的改变产生或激化了学生的心理问题。下面简单总结了 10 种常见心理困扰。

1. 抑郁情绪

疫情期间同伴交流和户外活动减少，容易产生抑郁情绪。受疫情影响，在外部环境出现不确定性、原有生活(包括服药、治疗、社会支持等体系)被打乱时，患有抑郁症、双相情感障碍等心理疾病的学生内心痛苦增加，出现自杀等危机事件的风险显著加大。

2. 疑病状态

有的学生出现轻微身体不适就幻想可能患有相关疾病并"真实"地感受到类似症状，急于求诊求治，有的甚至会出现过度服用药物等行为。一部分同学过度关注疫情信息，或者怀疑自己没有消毒干净，反复对自己的用品和接触过的物品进行消毒，如果不反复消毒，自己总是不放心。

3. 恐阳心理

在周围师生或亲友感染病毒影响下,有的过度担忧感染风险引发焦虑和恐慌,出现足不出户、回避社交、频繁检索病毒信息、过度服用药品或保健食品等行为,有的还会发生睡眠困难、饮食障碍等症状,影响学习生活。有的因为学校调整学习考试等安排,造成心理应激,心生怨念,感到不满、埋怨甚至愤怒。

4. 盲目从众

在学校因疫情调整校园管理措施时,有的学生捕风捉影、添油加醋,在网络上发布不当过激言论,甚至听从别有用心者煽动网上跟帖或线下聚集,有的出现"夜爬"等表达方式。这些既给学生学习生活造成不良影响,同时也给学校管理服务带来挑战。由于国内疫情好转,部分人可能放松预防措施,过早地开始旅行、聚餐等活动,出现盲目乐观情况。这有可能造成疫情反扑。

5. 长期应激

患有慢性疾病、基础疾病以及痛苦水平较高的身体疾病学生,受疫情影响身心长期处于应激状态,容易诱发心理创伤和适应障碍,进而增加危机事件风险。

6. 学业压力

线上教学的开展,虽保证了同学们按时学习,但是面对新的授课方式、学习方式,各种学习软件的应用,有些同学感到力不从心。有的学生对于学业压力难以调节,特别是疫情形势下学生居家学习后,担心线上网课学习质量及期末线上考试不公,持续产生负性压力感受,易导致严重心理问题。

7. 就业焦虑

受当前就业形势影响,毕业生就业焦虑持续增加。染疫学生担心恢复得太慢,未染疫学生担心染疫后影响就业面试、考公、考研等,产生焦虑和恐慌等消极心态,难以调节。

8. 人际障碍

因疫情长期居家或生活在小空间内,易出现亲子关系紧张、宿舍矛盾冲突。学生出现与家人相处时的矛盾激化,或因疫情人际交往受限导致心理宣泄渠道缺乏,缺乏归属感,极易产生不安全感和孤独感。

9. 网络沉迷

学生因为疫情期间现实社交活动的缺失而长期沉迷于网络游戏、短视频、网上社交活动,缺乏现实生活体验,对于真实世界丧失兴趣。

10. 校园欺凌

校园欺凌对未成年学生心理影响较大,但在大学校园也时有发生,但都比较隐蔽,很难发现,对于有些性情软弱学生容易被欺凌,从而容易产生焦虑、抑郁、孤独感甚至自杀想法等,同学们记住要学会求助就是对自己最好的保护,学校会对相关学生求助、需要会及时给予心理辅导、教育和引导。

第四节　心理健康自我调适方法

在困难时期，谁能好好地安抚、肯定自己，谁就能在心理战中夺得先机，同学们，让我们掌握自己的先机，做好自我心理调适吧！

1. 走出对心理健康的误区

在日常生活中经常有人会这么认为："我怎么可能会有心理问题，我没必要学习心理健康知识""有神经病的人才去看心理医生。我又没病，我了解心理咨询干什么！""医生，我觉得自己不行了，我得了抑郁症！能治疗吗？""得了心理疾病是丢人的事情，一定不要让别人知道了。""心理问题，自己扛一扛就过去了，没必要寻求帮助。""我妈妈告诉我不能让学校老师和同学知道我有心理问题""一旦有了心理问题就再也治不好了，要终身吃药。""心理疾病的药物副作用太大，不能随便吃，更不能长期吃。"你是其中的一种人吗？大家都要知道身心是相互影响的，心理健康是你维持正常学习、工作、生活的基础保障。每个人都需要了解心理健康的基本常识，这是一个认识自我的过程，而且这些常识都会在某个时期用得上；日常生活中的烦恼、焦虑不一定是什么心理问题，是正常人的正常心理表现，正确看待，正确评估很重要；不能总是给自己心理暗示，心理问题的发生很多与自我暗示有关；有心理问题了不需要隐瞒，一定要积极地寻求帮助，就像是身体上有不舒服我们要去求医问药一样，懂得求助是有智慧的表现。

2. 面对心理困境，行动起来是关键

面对心理困境有些人选择退缩、逃避、抱怨，有些人选择积极面对，行动起来。抱怨没有任何意义，只会让自己更加消极，其实，我们总是在羡慕别人，总是看不到自己的优势，总是行动不起来。因此，我想说的是，当出现心理困扰时，我们应该积极行动起来。

第一，接纳和面对现在的困难，不再去抱怨，不再去寻找各种原因，既然事情已发生，无法改变，那就学着去接纳，学着去认可和合理化；

第二，行动起来，允许自己有一段时间的情绪困扰期，然后开始制定计划，并按照计划一步一步地执行，当你真正行动起来以后，你会发现你的生活变得越来越有样子，这种正向的价值能量就会影响你的其他各个方面，形成良性循环；

第三，把自己的生活过得井井有条，这是非常重要的一步，比如：规律的作息时间，适时适当的健身运动，找个合适的时间和地点旅游一下，合理的生活计划，今日事今日毕，学会即时解决问题，一定时间的休闲娱乐，这些都可以很好地改善你的情绪；

第四，行动起来，主动进行社会交往，结交一些可以交心的朋友，经常分享生活的经历，也是改善情绪的一种好方法。

3. 运动是改善心理困扰的法宝

《黄帝内经·素问·上古天真论》："上古之人，其知道者，法于阴阳，和于术数，食饮有节，起居有常，不妄作劳，故能形与神俱，而尽终其天年，度百岁乃去"，"形"

即形体，指人的生理，"神"即精神意识，指人的心理。形与神，指人的形体和精神，形神关系，实际上就是生理和心理、物质与精神的关系。也就是说，身心是相通的，身体健康是心理健康的基础，心理健康又能促进身体健康。运动有利于改善情绪，运动可以提高自我效能感，运动有利于人们改变消极的自我概念、有效地增加人际互动，提升个人的人际关系，运动对很多心理疾病有很好的改善和治疗作用。

运动有利于改善情绪。有大量的研究显示，运动给人带来的好处不仅是生理上的，适当的规律性运动还能促进大脑分泌内啡肽，而在内啡肽的作用下，人的身心可以轻松愉悦。对于已有心理问题的同学，长期坚持规律运动具有很好的治疗作用，对于心理健康的同学来说，长期规律运动可以缓解心理压力，提升心理素质，为未来的学习和工作打下良好的基础。运动还可以提高自我效能感。运动有利于人们改变消极的自我概念、有效地增加人际互动，提升个人的人际关系。**运动要适度**。内啡肽的分泌需要一定的运动强度，如：跑步、登山、游泳、骑自行车、健身操、舞蹈等中等偏上的运动强度和半小时以上的运动时间，才能促使内啡肽分泌出来。所以，每周锻炼应该在 3～5 天，每天应不少于 40 分钟，但又不能太过，要根据自己的身体适宜程度选择，这样既有利于提高身体机能，又利于恢复体力；运动锻炼要循序渐进，持之以恒才能产生效果。如果能参加集体性运动，效果更佳。

4. 接纳不完美的自己

我们都知道每个人的成长环境和成长经历都是不一样的，也因此，造就了不一样的我们，有些人的成长环境缺少爱或者过分溺爱，有些人经历了曲折的人生，甚至心灵受到重大创伤，还有的人家境不好，长相不好，或者天生就有一些缺陷，于是出现了自卑心理，总是觉得自己不够好，所以不敢和别人接触交往，害怕走出自己的世界，让别人了解你，不想让别人看到你的弱点。我们总觉得越长大越孤单，越长大越不安，越不快乐，而事实上，我们的心态决定了我们的幸福指数，也就是说快乐其实是可以选择的，我们必须要学会为进入我们生命中的人、事、物负起责任，学会接受自己的不快乐，也接受人生的不完美。生活中我们总会抱怨为什么，为什么是我，为什么事情不能如我所愿，当怀着受害者心态去和现实较劲不仅得不到一个满意的结果，反而会越挣扎陷得越深，人生不可能一帆风顺，更不会有人十全十美，不如顺其自然地去接纳令你不开心、不满意的事情，面对它，处理它，放下它，学会接纳不完美的自己。

5. 换种思维方式生活

我们总是抱怨生活的压力太大，工作、学习、家庭、金钱、孩子、房子，甚至爱情，本来是生活的常态，是生活的快乐所在，却变成了背上的枷锁，总觉得社会不公，给你压力太大；习惯面无表情地生活，习惯让自己的心很硬很硬，甚至忘记了这个世界上还有一种东西叫幸福。其实，幸福很简单，如果你不那么匆匆，如果你拥有饱含爱的目光，如果你有足够的宽容，如果你能用一种发现美的眼光寻找幸福，幸福真的离我们很近；我们常说引起我们现在的情绪和行为的不是事件本身，而是每个人对事件的不同看法，看法不同，观念不同，导致的情绪和行为结果就不同，所以，日常生活中要学会换种思维看待问题，你会突然觉得其实自己过得还不错！我们应该学会用赞美和欣赏的眼光看待身边的人，时刻记得发现别人的好，而不是记得别人的不好，交往过程中也要学会尊重和换位思考，心中有阳光，哪里都温暖！

6. 理解痛苦和快乐都是生活的常态

很多同学希望无忧无虑，快乐永恒，但从生命的本质而言，正如叔本华所说："痛苦是生命本身产生的，而生命又是意志的现象。"也就是说，只要生命存在，每个人注定要在追求一个又一个目标中付出努力，承受压力，抑制渴望，忍受痛苦，简而言之，痛苦就是常态。痛苦是有正面价值和意义的。痛苦会通过不同的情绪体验表达出来，比如：愤怒、焦虑、恐惧、失望、内疚等。很多同学会害怕这些消极的情绪体验。但其实，我们要感谢自己不压抑这些情绪，因为正是它们的到来，才使我们敢于面对自己，从痛苦的内在根源找寻自我完善的动力。当你知道痛苦是生活的常态后就要学会乐观生活，乐观就是学会解释，当坏事情发生时，悲观者倾向认为坏事情发生在他身上的原因是会永久存在的，乐观者则相信导致坏事情的原因只是暂时的，既然是暂时的就有改变的空间。乐观就是要学会接受现实。当遇到问题时，我们要客观合理地分析问题，把人和事情分开，就事论事。有时外界的客观条件是不因我们的意志改变的，我们只有放松心态，不怨天尤人才能有另一番天地，在这方面苏东坡就是典范。

7. 学会管理、宣泄情绪

情绪就像一年四季的气候变化，有时这样有时那样，每个人的情绪都是不断变化发展的。在我们的日常生活中，都会经历喜怒忧思悲恐惊的情绪体验，当我们喜悦时，自然欣喜欢愉，当我们面对负面情绪时，总感觉那简直糟透了。其实，负面情绪有时是一种善意的提示，提醒我们本性中爱的流动被阻碍了！我们要学会觉察情绪，学会分解情绪，接纳正常的情绪；健康情绪并不是指时刻处于阳光状态，而是你所表现出的情绪应与你所处的情境呈现出一致性。了解负面情绪的正面价值，例如，痛苦—很有用，它告诉我们这条路走不通，建议你换个方向；恐惧—很有用，它告诉我们这个事情很危险，建议赶紧逃跑；焦虑—很有用，它告诉我们这个事情有点麻烦，需要引起高度重视，同时也提示我们也许某些时候过于关注结果。我们应该充分利用语言的作用对自身进行暗示，在遇到失意时，告诉自己："这次不太好，下次努力就不会这样了"。保持良好情绪也不是要求你凡事都要保持开心的情绪状态，还希望你尽量保持规律的生活习惯、培养至少两项兴趣爱好、结交几个知心朋友；善于在生活中寻找乐趣，即便是干些家务也不应视为负担，而是带着情趣去干，比如做饭，不断尝试新花样，享受烹饪的乐趣；以谅解、宽容、信任、友爱等积极态度与人相处，会得到快乐的情绪体验，尤其是被人误解的时候，要亮出高姿态，待对方晓知真相后更会佩服你的宽容。关心别人也有利于营造好心境；遇到不顺心的事，别闷在心里，要善于把心中的烦恼或困惑及时讲出来，使消极情绪得以释放，从而保持愉悦心情总伴你左右。当然，学会宣泄情绪非常重要，宣泄情绪可以运动、可以大喊、可以出游、可以谈心、可以写日记、可以健身、可以有很多方法。当然，找朋友倾诉或者寻求专业心理咨询帮助也是不错的选择。

8. 建立适度的学习生活目标

《素问·上古天真论》曰："恬淡虚无，真气从之，精神内守，病安从来。"这句话充分说明了"神"在个体健康中的重要性，从本原上来讲，神生于形，从功能上来说，神是形的主宰，神可御形。"恬淡虚无"更是给我们指明了保持心理健康的方向。《素问·汤液醪醴论》也说："嗜欲无穷，而忧患不止。"可见，欲求过度带来的忧患不止是造成精神困扰的重要因素，也因此说明了节欲守神的重要性，那么如何节欲守神呢？也就是说心理养生不仅要看到外界环境对个体的影响，更要注重自身精神的修炼，学会控制自己的欲望，减少主观欲望的需求，保持内心平静，保持身心健康。现代人总是想法太多，都希望自己"一夜暴富"，给自己定了很高的目标，一定要这样那样，一定要自己达到某种程度；还有的人总是喜欢和别人比较，希望自己也能和那些牛人一样，有时候有目标、有想法、有榜样是好事，这样可以促使你前进。但是，想法太多，目标太高，比较太多就会给自己平添很多烦恼，内心就无法平静，也会伤神。因此，建议大家根据自己的实际情况，制定适合自己的学习生活目标，从小目标开始一步一个脚印。也要知道，其实人生健康快乐才是最重要的。

9. 让自己的心中始终有爱的能量

生活到了一定阶段的时候，你突然会发现，工作、事业、金钱等都没那么重要了，家庭的和谐幸福是人回归心灵之本。所以，用你的智慧去营造和谐家庭，这时你会发现，不管你的生活多么累，遇到多少困难，回到家里，看到其乐融融的一家，你的内心会是那么的安稳，那么的温暖，一切的烦恼将烟消云散。《素问·上古天真论》："所以能年皆度百岁而动作不衰者，以其德全不危也。"古人认为：道德日全，就没有危险，道德不全，身体四处就容易有危险，所以我们要告诫大学生时刻恪守道德标准，以身作则，用德来修身，以此来保持身心健康；所以建议大家多做好事善事。助人为乐，是一种高尚美德，其作用不仅使被帮助者感受人间真情，解决一时之难，也使助人者感到助人后的快慰。经常帮助别人，就是使自己常处在一种良好心境中，感受到自己存在的价值，把自己的爱献一点给需要帮助的人。而感恩，是人际关系里最好的沟通方式。父母的养育之恩，师长的育才之恩，我们的周边有很多值得我们感恩的人或事。时怀感恩之心，人才会以更加宽容、更加热情的态度，投入到生活中来，也能更好地保持心理健康；爱人者，人恒爱之，敬人者，人恒敬之。

10. 你需要建立适度的社会链接

我们都知道健康的模式是：生理、心理、社会；适度的社会链接是你保持心理健康的重要支持体系。人是社会性动物，不能把自己封闭起来，因为精神需要与外界接触，这一方面可以丰富精神生活，另一方面可以及时调整自己的行为，以便更好地适应环境；另外，人需要建立几段积极正向的社会关系，这是必要的社会支持体系。当然，人际关系中最有价值的是与父母的关系，所以，不管怎样都要学会与父母关系和解，因为你们的最大心安来源于家庭，如果你确实无法与父母关系和解，我也建议你要与其他亲近的人建立良好关系。在与人交往时有正向积极的关系，也有负向消极的关系，而人际关系的协调与否，对人的心理健康有很大的影响，选择健康的朋友，设置良好的界限，并参与积极的互动将有助于你保持良好情绪，与他人互动激活了大脑中不同的领域，也可以帮助他们获得良好的感受。因此，学会处理人际关系非常重要。怎样才能处理良好的人际关系呢？当你学会尊重、理解、倾听、关心时，好的人际关系会自然生成。适度的社会链接还需要你有限度地发挥自己的才能与兴趣爱好，通过这种方式获得心理愉悦！

🔗 **特别注意：**

懂得求助是你智慧的表现

有调查发现，70%的人无法识别自己的心理问题，68%的人知道自己可能有心理问题后不懂得、不愿意求助，认为自己的问题自己能解决，不需要让别人知道，也不需要专业帮助。这样就导致很多人本来一开始心理问题并不严重，因为不求助、不处理导致问题加重，甚至出现轻微症状导致精神分裂。国家卫健委发布的心理健康素养十条中，有一条明确说明，懂得求助是一个人智慧的表现。所以，大家要根据自己的情绪表现和症状特点，适时适当求助，不要隐瞒疾病，也不要扩大疾病的症状，及时寻求专业帮助。求助的方法有很多，学生可以求助学校的心理中心，社会人可以寻找专业的咨询机构或者医院的精神科。当然，如果问题较轻，求助你身边信赖的人也是一种非常不错的方式，问题较重的话建议大家一定要求助专业人员，以免导致更加严重的后果。

特别推荐认识一下河南经贸职业学院心理健康教育中心

心理健康教育中心位于我校图书馆一楼北侧，占地600多平方米，设有学业咨询室、个体咨询室、心理测评室、音乐放松室、心理沙盘室、智能宣泄室、身心反馈室、智能减压室、团体辅导室及督导培训室等十八个功能室(图11-2)，服务于全校师生。

心理健康教育中心

西区接待大厅　　　　　　　　学业咨询室

图11-2　心理健康教育中心

音乐放松室

心理沙盘室

智能宣泄室

基础宣泄室

心理咨询室

团体辅导室

督导培训室

图 11-2　心理健康教育中心(续)

中心秉承"育心、立德，健心、树人"的工作理念，完善软硬件师资设施，正逐步形成"以二级辅导站资源为依托，营造多方共建的工作格局""以辅导员队伍为中坚，构建五级联动的工作网络""以心理咨询技术为手段，拓展以心育德的工作渠道"三大特色的心理健康教育工作模式。进一步提高全校师生的心理素质，营造健康、积极、向上的校园氛围，创建经贸独特的校园文化。

五级联动的工作网络如图11-3所示。

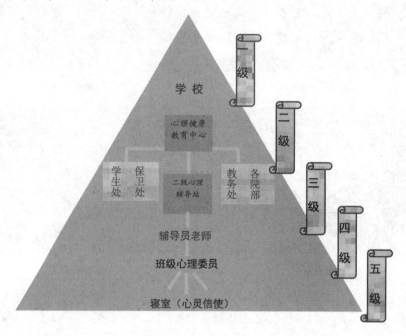

图11-3

服务宗旨

呵护每一个心灵，追求生存、健康、快乐以及爱与被爱的权利，让身体与心灵融合，做最好的自己，绽放生命。

核心价值

(1) 帮助自己：越来越有能力帮助自己。

(2) 帮助他人：越来越有能力帮助他人。

(3) 帮助自己、亲人与朋友：越来越有能力察觉、抉择、发展、享受自己、亲人与朋友的生命。

心情不好，心理困惑记得联系我们：

采取预约制：面对面一对一咨询，专业咨询师与你心与心交流，面对面解惑，陪你走出心灵阴霾，伴你成长。

电话预约：心理帮助热线86670910，86670917。

网上"河南经贸职业学院"微信平台预约，进入智慧校园-学生登录-心理健康，进行线上预约咨询。

中心微信公众号：hnjmxlzx（河南经贸心理中心）。

中心网站平台：http://xljk.hnjmxy.cn。

电话咨询服务电话：0371-86670910　86670917。

全国免费24小时心理危机干预热线：4001619995。

最后，再次温馨提醒：保持心理健康，需要你有良好的身体素质，要记得规范自己的作息时间，加强营养物质摄入，不熬夜；最最重要的是一定要记得，常常晒太阳，常常走进大自然；有空看看花，赏赏月，静静地坐着，欣赏周围的美丽事物，释放压力。当然，每个人保持心理健康的方法不一定一致，只要是对自己有用的都是好方法，寻找适合自己的情绪调节方式，做心理健康的主人，健康第一责任人。

第十二章 平安是福

大学生活对于每一个莘莘学子来说都是一段美好而又难忘的时光。而这一切从头开始的基础就是安全。安全是什么？安全是一个大学生完成学业的重要保证，是每一个大学生健康成长的基本条件。安全是我们共同的追求，人们无时无刻不在盼望和祈祷着国家平安、社会平安、亲人平安、自己平安——平安是家人的期盼，平安是事业的起点，平安是生活的真谛，平安是幸福的源泉。

第一节 政治安全

一、维护国家安全，人人有责

国家安全是国家的根本所在，国家利益高于一切，维护国家的利益和安全，是每个公民的神圣义务，任何情况下都不得做有损国家安全的事情，并自觉与一切损害国家安全的行为作斗争。习近平总书记指出："坚持总体国家安全观，统筹发展和安全，坚决维护国家主权、安全、发展利益。"我国宪法第五十四条、《国家安全法》第三条中都明确规定："中华人民共和国公民有维护国家安全、荣誉和利益的义务，不得有危害祖国安全、荣誉和利益的行为。"

作为新时代的大学生，维护国家安全是义不容辞的责任，是党和国家对每个大学生的基本要求。随着对外开放步伐的不断加快，我国在政治、经济、科技、文化等各领域都有了飞越式发展，境外一些间谍情报机关和各种敌对势力把中国作为他们进行颠覆、渗透和破坏的主要目标，从没有停止过危害我国安全的活动。他们一方面打着"人权""民主"等各种各样的旗号，持续对我国进行政治思想渗透；扶植、资助境内外敌对分子企图颠覆我国家政权，甚至煽动支持"台独"及其他民族分裂势力，破坏祖国统一；另一方面，他们正在并将继续利用我国扩大开放的机会，以公开的、合法的身份，通过各种渠道和途径，广泛收集、窃取、刺探我国经济、科技等情报，从事危害我国国家安全和利益的活动。

【案例】

卢某某，某高校在校学生。卢某某家境贫寒，在大学期间曾多次在校园论坛上发布求职信息。2013年5月，卢某某接到一封S主编的来自境外的电子邮件。邮件中，S主编自称主办一份学术刊物，需要卢某某协助查找某方面的资料，并许诺给予重酬。卢某某以从事学术研究为名，通过其导师和图书馆馆长的帮助，在图书馆借阅了大量内部刊物，并将有关内容拍成照片发给S主编。卢某某从中获取报酬16000元，主要用于购买手机、电脑、学习驾驶，以及支付学习期间的生活费。

2013 年 8 月，卢某某被国家安全机关抓获。因卢某某归案后如实供述自己的违法行为，有悔罪表现，其行为尚未造成严重危害，国家安全机关决定对卢某某予以警告处分，并没收其作案工具和非法获取的报酬。

【案例解析】

国家安全就在你我身边，我们一定要把眼睛睁得大大的，要弄清楚哪些事能做、哪些事不能做，不能被眼前的高额利润所诱惑，而忘记作为中国公民的使命和责任。要了解关于国家安全的相关知识和政策。

(一)危害国家安全的行为

国家安全听起来离我们十分遥远，其实不然，我们要明白哪些行为会危害到国家安全。权威解释：《反间谍法》所称危害国家安全的行为，是指境外机构、组织、个人实施或者指使、资助他人实施的，或者境内组织、个人与境外机构、组织、个人相勾结实施的下列危害中华人民共和国国家安全的行为。

(1) 阴谋颠覆政府，分裂国家，推翻社会主义制度的。

(2) 参加间谍组织或接受间谍组织及其代理人的任务的。

(3) 窃取、刺探、收买、非法提供国家秘密的。

(4) 策划、勾引、收买国家工作人员叛变的。

(二)维护国家安全的方式

每位大学生都应当成为国家安全和利益的自觉维护者，具体应该怎么做呢？

(1) 要始终树立国家利益高于一切的观念。邓小平同志指出："国家的主权、国家的安全要始终放在第一位。"国家安全涉及国家社会生活的方方面面，是国家、民族生存与发展的首要保障。科学技术和知识是没有国界的，但知识分子不能没有自己的祖国。所以，把国家安全放在高于一切的地位，是国家利益的需要，又是个人安全的需要，也是世界各国的一致要求。

(2) 要努力熟悉有关国家安全的活动、法规。我们应该弄清什么是合法，什么是违法，可以做什么，不能做什么。对遇到的法律界限不清的问题，要肯学、勤问、慎行。

(3) 要善于识别各种伪装。现实生活中有的间谍采用五花八门的手段，套取国家秘密、科技政治情报和内部情况。如果丧失警惕，就可能上当受骗，甚至违法犯罪。识别伪装既难又易，关键就在淡泊名利，对发现别有用心者，要依法及时举报，进行斗争，绝不允许其恣意妄为。

(4) 要克服妄自菲薄等不正确思想。再富有的国家也不可能应有尽有，再贫穷的国家也不可能一点没有别国羡慕的东西。中国是发展中国家，但又是不可小视的国家。所以，作为中国人要挺直腰板，决不妄自菲薄、悲观失望。要看到我们也有许多世界第一的"中国特色"，有一系列国家秘密和单位秘密。对这一切，如果没有正确的认识，就可能在许多问题上产生错误的看法，乃至做出令亲者痛仇者快的事情来。

(5) 要积极配合国家安全机关的工作。当国家安全机关需要大家配合工作的时候，在工作人员表明身份和来意之后，每个同学都应当按照《国家安全法》赋予的七条义务的要求,认真履行职责。尽力提供便利条件或其他协助,如实提供情况和证据,做到不推、不拒,更不以暴力、威胁方法阻碍执行公务,还要切实保守好已经知晓的国家安全工作的秘密。

二、认清邪教本质,正确对待宗教信仰

作为一名大学生,对于宗教需要知道以下事项。

(一)宗教的本质

宗教的本质是宗教学最基本的理论问题,古往今来,不同宗教学派都对这个问题做出过各自的回答。恩格斯在《反杜林论》一书中科学地回答了这个问题。恩格斯指出:"一切宗教都不过是支配着人们日常生活的外部力量在人们头脑中幻想的反映,在这种反映中,人间的力量采取了超人间的力量的形式。"

(二)共产党员、共青团员不能信仰宗教

宗教信仰自由是宪法赋予公民的权利,但不是说共产党员就可以信仰宗教。共产党员不同于普通公民,信仰的是马克思列宁主义,坚持辩证唯物主义世界观,主张无神论,毫无疑问,共产党员不应该信仰宗教和参加宗教活动。《中国共产党章程》明确规定:共产党员不得信仰宗教,不得参加宗教活动,长期坚持不改的要劝其退党。《团章》规定,共青团员是党的助手和后备军,坚持以马列主义、毛泽东思想为行动指南,共青团员在加入组织时就已经做出了信仰的选择,成为无神论者,因此,共青团员同样不能信仰宗教和参加宗教活动。学生党员和共青团员要树立辩证唯物主义和历史唯物主义的世界观,不信教、不传教。

(三)大学校园里不允许传教

教育部 21 号令《普通高等学校学生管理规定》第四章第四十三条:任何组织和个人不得在学校进行宗教活动。除经批准的宗教院校外,各级各类学校一律不得进行宗教活动,不得在学校成立带有宗教背景或宗教意图的社团组织,不得强迫、引诱学生信仰宗教,更不得在学校内从事任何发展教徒的活动。在校学生不准参加任何宗教团体组织的宗教活动和培训班,不得拉拢引诱其他不信教学生信仰宗教,不得开展各种包含宗教内容的集会活动,不得利用互联网、手机等现代通信手段进行宗教传播活动。

(四)认识和防范邪教

1. 认清邪教

邪教是冒用宗教、气功或其他名义的标榜,神化首要分子,利用制造、散布迷信邪说等手段蛊惑、蒙骗他人,发展并控制成员,危害社会的非法组织。世界上的邪教五花八门,名称各异,但它们却有着共同的特点:借用宗教的一些名词术语来编造歪理邪说,散布迷信思想;在宣传世界末日、制造恐怖气氛的基础上,神化教主,鼓吹只有忠诚于教主才能在世界末日来临时获得拯救或成神成仙,推行狂热的教主崇拜;对信教徒通过洗脑、

恐吓、诱骗等手段实施严酷的精神控制；建立严密的组织并进行秘密的结社活动；不择手段疯狂敛取钱财等。这些特点决定了邪教的邪恶本质，使邪教成为地地道道的社会邪恶势力。

2. 大学生如何防范邪教

——不要相信有"活神"

但凡邪教，都有一个被吹捧出来的"活神"。这个"活神"是邪教教主自我吹嘘、自我神化的结果。

作为大学生，如果有人劝你加入他们的组织，而他们这个组织的首领都是"转世"的"活神"或者"活佛"，那么你一定遇到了邪教，千万不要被他们的花言巧语迷惑和欺骗。

——不要相信伪科学

邪教打着科学的旗号，冒充科学，歪曲科学，兜售唯心主义和形而上学的伪科学。邪教教主个个都有"特异功能"和"神通"。他们不但能"挥手治病"，用"手把病根给抓出来"，而且还有"法身""救命符""避灾咒""护身符"来保护弟子。这些唯心主义的伪科学被他们称为"超常科学"。只要念他们给出的"真言"一切问题都解决了。

邪教教主们个个都是鼓吹伪科学的高手，他们利用伪科学神化自己，把伪科学说成是玄奥的、超常的科学来欺骗民众，以此骗人、唬人。如此浅薄的唯心主义的玄学神话，很容易把喜欢探索未知世界的大学生骗进他们的邪教组织。

——不要乱交冤枉钱

邪教是个吸款机，是一个让你花大头钱、花冤枉钱的组织。凡是邪教都有名目繁多的收款项目。如果你遇到了以下这些收款项目，那么你就是加入邪教了。

让你交"奉献款"。你交的"奉献款"越多，得到"神"的保佑越多，越能远离灾难。

让你交拜师费。拜师费从几千元到几万元不等。同时，还要花钱买僧衣，给师父包一个几千元的红包，才完成拜师仪式。

让你交培训费。培训费有的交 50 元或 100 元，有的在几千元左右。

让你交供养费。每每到了师父的生日，即所谓的"佛诞日"，弟子们都要出钱供养师父。神让常人供养真是天下奇观。

其他交费敛财项目。但凡邪教让信徒交费的项目都名目繁多。如交"慈惠粮"，买法器，买教义，出售师父的洗澡水、毛发等，数不胜数。如果让你交这些冤枉钱，那么你一定是遇到了邪教。

——不要签订"保证书"

比如加入全能神必须签订一份"保证书"。全能神的"保证书"写得极其恶毒，什么"一旦泄密，全家死光，本人遭殃"，不仅如此，还要遭到"神"的惩罚和击杀。

不要被所谓的"好事"蛊惑。但凡邪教都用所谓的好事来蛊惑人，以此来吸引人加入其邪教组织。什么"信主能治病""信教才能躲过灾难""有病不用治""修炼能延年益寿""能长生不老""能升天成神仙"等。如果有人把这些所谓的天上掉馅饼的"好事"摆在你面前，那么这个人一定是邪教信徒。即使劝你加入他们组织的是你的父母和亲人，你也不能相信，也不能加入邪教组织。

三、注重网络安全，做文明网民

【案例一】

2005年10月8日晚，××大学费某接到其同学的短信称：某特钢厂有暴动发生，还有人死亡。于是在该校BBS论坛Chungking版发了标题为："某特钢厂暴动"的帖子。喻某听到同学说在网上看到有关某钢厂暴动的帖子，喻某没有经过证实，便在该校BBS论坛发了题为"重钢惨案"的帖子。费某、喻某两位同学在BBS上散发不实言论，引起骚动事件，造成了公众的恐慌，被公安机关进行了警示教育，学校针对以上事件，给予费某、喻某两名同学记过处分。

【案例点评】

当下网络是网友们获取信息的重要途径，由于网络的方便性、快捷性、广泛性，各种虚假信息能够在短时间内被迅速、广泛地传播，产生极其恶劣的影响。警醒同学们：无中生有、传播虚假信息，不仅会对当事人造成恶劣影响，更是对自己言行不负责任的表现，我们应引以为戒。

【案例二】

××大学学生张某在2011年7月参加军训期间，于7月3日在天涯论坛上发表了题为《大学军训期间死了三个了》的不实帖子，严重扰乱了学校的正常秩序，在社会上造成了不良影响。该生利用网络发布虚假信息，散布谣言的行为违反了计算机网络管理的相关规定，属于严重违纪。

事后，该生如实陈述违纪事实，积极配合调查，对所犯错误认识深刻。为严肃校规校纪，教育本人及广大学生，该学校决定，给予学生张某记过处分。

【案例点评】

作为一名大学生应该爱校、护校、荣校。捏造事实，胡乱散布谣言，严重损害学校的形象和声誉，是极不负责、极不道德的行为，属于严重违纪，望同学们引以为戒。

【案例三】

犯罪嫌疑人贾某，家住山东，案发前是××高校计算机专业大四学生。2008年汶川发生地震后，贾某于5月29日20时30分许，抱着恶作剧的心态，利用所学的计算机知识，进入省地震局网站信息发布页面，编造并发布了标题为《今晚23:30××地会有强烈地震发生！》的虚假恐怖信息，这条虚假恐怖信息发布后，10分钟内有700余人次点击，引起上百名群众的恐慌，群众纷纷拨打××地震局电话询问，案发后，××警方将犯罪嫌疑人贾某抓获，该省法院公开审理此案后认定，贾某对该省地震局网站进行黑客攻击并故意传播虚假恐怖地震信息，一审被判处有期徒刑一年零六个月。

【案例点评】

网络是交流观点、发表看法、交流感情、认识世界、探索未来的重要工具，我们应该合理合法地利用网络资源，严禁制造谣言。案例中贾同学已构成编造、故意传播虚假信息罪，倡导广大同学做一个文明发帖、文明回帖的优秀网民。

随着网络的快速发展，人们获得信息的渠道大大拓宽，速度迅速提高。然而，遗憾的是，有些同学不能够正确使用网络，甚至天真地以为可以在网上随意自我发挥，发表任何言论而不会受到惩罚！从某种角度说，这是一种法律意识淡薄的行为。网络世界虽然是虚拟世界，但更是一个真实的公共信息交流平台，我们上网的每个人都是真实地存在于网络这个平台，要对自己的言行负责任，甚至是法律责任。因此，网络应该成为广大学生交流思想，获取知识的园地，成为校园文明建设的阵地，而绝不能让它变成加速人们精神家园荒芜的毒剂！正确合理地使用网络是每一位经贸学子义不容辞的责任！

(一)大学生必须了解的网络安全法规

(1) 为了保障互联网的运行安全，对有下列行为之一，构成犯罪的，依照《中华人民共和国刑法》有关规定追究刑事责任。

① 侵入国家事务、国防建设、尖端科学技术领域的计算机信息系统。

② 故意制作、传播计算机病毒等破坏性程序，攻击计算机系统及通信网络，致使计算机系统及通信网络遭受损害。

③ 违反国家规定，擅自中断计算机网络或者通信服务，造成计算机网络或者通信系统不能正常运行。

(2) 为了维护国家安全和社会稳定，对有下列行为之一，构成犯罪的，依照《中华人民共和国刑法》有关规定追究刑事责任。

① 利用互联网造谣、诽谤或者发表、传播其他有害信息，煽动颠覆国家政权、推翻社会主义制度或者煽动分裂国家、破坏国家统一。

② 通过互联网窃取、泄露国家秘密、情报或者军事秘密。

③ 利用互联网煽动民族仇恨、民族歧视，破坏民族团结。

④ 利用互联网组织邪教组织、联络邪教组织成员，破坏国家法律、行政法规实施。

(3) 为了维护社会主义市场经济秩序和社会管理秩序，对有下列行为之一，构成犯罪的，依照《中华人民共和国刑法》有关规定追究刑事责任。

① 利用互联网销售伪劣产品或者对商品、服务作虚假宣传。

② 利用互联网损害他人商业信誉和商品声誉。

③ 利用互联网侵犯他人知识产权。

④ 利用互联网编造并传播影响证券、期货交易或者其他扰乱金融秩序的虚假信息。

⑤ 在互联网上建立淫秽网站、网页，提供淫秽站点链接服务或者传播淫秽书刊、影片、音像、图片。

(4) 为了保护个人、法人和其他组织的人身、财产等合法权利，对有下列行为之一，构成犯罪的，依照《中华人民共和国刑法》有关规定追究刑事责任。

① 利用互联网侮辱他人或者捏造事实诽谤他人。

② 非法截获、篡改、删除他人电子邮件或者其他数据资料，侵犯公民通信自由和通信秘密。

③ 利用互联网进行盗窃、诈骗、敲诈勒索。

(5)《全国人民代表大会常务委员会关于加强网络信息保护的决定》规定，任何组织和个人不得窃取或者以其他非法方式获取公民个人电子信息，不得出售或者非法向他人提供公民个人电子信息。

(二)文明上网

(1) 争做网络文明使者。我们要认识网络文明的内涵，懂得崇尚科学、追求真知的道理，增强网络文明意识，使用网络文明语言，倡导文明新风，营造健康的网络道德环境。

(2) 遵守《全国青少年网络文明公约》，争做网络安全的卫士，我们要了解网络安全的重要性，合法、合理地使用网络的资源，增强网络安全意识，监督和防范不安全的隐患，维护正常的网络运行秩序，促进网络的健康发展。

(3) 正确处理好上网与工作、学习、生活的关系，自觉以工作、学习为重，善于利用网络资源提升自身素质，怡情怡趣，张弛有度，反对长时间沉迷于网络世界，反对沉迷于网络游戏、网络聊天。

(4) 提倡诚实守信，摒弃弄虚作假，促进网络安全可信；人类最珍贵的基本权利之一是思想与言论自由，但是这并不意味着任何信息的发布都可以不受约束。要坚持客观、公正、自由，发表客观、真实的信息，拒绝虚假新闻和有害信息在网上传播。

(5) 提倡社会关爱，摒弃低俗沉迷。互联网应该是宣传科学理论、传播先进文化、塑造美好心灵、弘扬社会正气的阵地。我们要坚持传播有益于提高民族素质、推动经济社会发展的信息，努力营造积极向上、和谐文明的网上舆论氛围。

第二节 人身安全

【案例一】

2011年6月15日傍晚，××高校学生徐某在××度假区外东侧非游泳区游泳时溺水身亡。

当天下午课后，徐某与同班黄某、钟某两位同学到××度假区东侧"非游泳区"海边游泳。由于当时风大浪急，三人被海浪卷拖往深海。随后黄某自救，飞跑向游泳区的救生塔求助。救生队赶赴现场，将钟某安全营救上岸。徐某在溺水失踪10多分钟后，在大浪中被找到，经救护队和医院医护人员抢救无效，最终死亡。

【案例点评】

该生私自到非游泳区游泳，造成严重后果，令人痛心，也给了我们警示。我们在日常安全教育的时候，签订的安全承诺书中有一条就是不到非游泳区游泳，就是为了杜绝这种安全隐患，确保我们的人身安全。

【案例二】

××航空公司的空姐李某，2018年5月5日晚乘滴滴打车时遇害；2011年2月1日凌晨，广州××高校女教师刘某回老家过年，在乘坐出租车回家途中，被出租车司机抢劫后杀害；2012年10月2日，北京22岁女孩小桑凌晨4时许搭乘出租车，司机用电棍威胁小桑，并用手铐将她的双手反铐后，拉至出租屋内，将小桑强奸后杀害，并将尸体肢解后掩埋。

【案例点评】

网约车等交通方式的兴起给我们带来了很大的方便，但是带来的安全问题不容我们忽视，作为大学生在乘坐交通工具的时候，一定要有安全意识，女生不单独深夜乘车、不乘坐有安全隐患的车。

【案例三】

1994年7月，湖北××高校学生放暑假后，7位老乡约好一起乘一辆车回家。途中要经过一个汽渡码头，按安全管理规定汽车过汽渡码头，乘客必须下车。但乘客认为上车下车麻烦，就没有下来，司机见他们都不想下来也没有再坚持。汽渡船离岸后，由于江面上风大浪急，加上汽车制动不灵、车轮下又没有塞三角枕木，停在尾部的汽车从汽渡船上滑入江中。车上45名乘客，25人死亡，3人下落不明，只有17人获救，7位学生无一生还。

【案例点评】

大学生离校、返校，外出旅游、社会实践、寻找工作等都要乘坐各种长途或短途的交通工具。全国各地高校大学生因乘坐交通工具发生交通事故的情况时有发生，有时甚至造成群体性伤亡，教训十分惨重，所以出行时一定要注意交通安全。

一、交通安全

(1) 提高交通安全意识。不管是校内还是校外，发生交通事故最主要的原因是思想麻痹，安全意识淡薄。乘坐交通工具，应该依次上下，不挤不抢。车辆行驶中不得把身体伸出窗外，乘坐长途客车、中巴车不能贪图便宜，不要乘坐车况不好的车，不要乘坐"黑巴""摩的""网约车"。乘坐火车、轮船、飞机时必须遵守车站、码头和机场的各项安全管理规定。

(2) 自觉遵守交通法规。除提高交通安全意识，掌握基本的交通安全常识外，还必须自觉遵守交通法规。在道路上行走，应走人行道，无人行道时靠右边行走。走路时要集中精力，"眼观六路，耳听八方"；不与机动车抢道，不突然横穿马路、翻越护栏，过街要走人行横道。不闯红灯，不进入标有"禁止行人通行""危险"等标志的地方。

二、消防安全

【案例】

2021年12月7日下午，××高校一学生与同班同学打篮球至晚上6时许，由于天气较冷且出汗较多，故使用违章电器——"热得快"在宿舍烧水洗澡。然后室友提议外出吃饭，该同学忘记将"热得快"的电源拔下，致使热水瓶烧坏，差点引起大火，酿成大错。

【案例点评】

在日益强调安全重要性的今天，该同学忽视了存在于身边的安全隐患，违规使用大功率电器，差点导致火灾等恶性安全事故。杜绝安全隐患，保障学生们的安全就是高校严查违规电器和宿舍抽烟的出发点。

【提示】

如果着火了，怎么办？发生火情，同学们一定要保持镇静。火灾初发阶段，一般是很小的一个火点，燃烧面积不大，产生的热量不多。这时只要随手用沙土、干土、浸湿的毛巾、棉被、麻袋等去覆盖，就能使初起的火熄灭。如果火势十分猛烈，正在或可能蔓延，切勿试图扑救，应该立刻逃离火场，打119火警电话，通知消防队救火。

(一)火灾的预防

(1) 防止发生火灾的关键，是做好火灾的预防。《中华人民共和国消防法》和各级政府、各级公安消防部门制定的消防条例和规定，以及学校的各项安全管理制度，是同学们必须遵守的准则。这些法律、法规和安全管理制度，都是火灾事故教训的总结，要预防火灾，就必须认真学习掌握、严格执行、自觉遵守。

(2) 在教室、实训室学习时，要严格遵照各项安全管理规定、操作规程和有关制度。使用仪器设备前，应认真检查电源、管线、火源、辅助仪器设备等情况，如放置是否妥当，对操作过程是否清楚等，做好准备工作以后再进行操作。使用完毕应认真进行清理，关闭电源、火源、气源、水源等，还应清除杂物和垃圾。涉及使用易燃易爆危险品时，一定要注意防火安全规定，按照规定一丝不苟地进行操作。

(3) 在宿舍，应自觉遵守宿舍安全管理规定，不乱拉乱接电线；不使用电炉、热得快、电热杯、电饭煲等电器；不在宿舍使用明火；不将易燃易爆物带进宿舍；不在宿舍内焚烧物品；发现不安全隐患及时向管理人员或有关部门报告；爱护消防设施和灭火器材，不随意移动或挪作他用；室内无人时，应关掉电器和电源开关等。这些似乎都是老生常谈，但却是防患未然的基本防火常识。

(二)遇到火灾时如何逃生

(1) 火灾袭来时要迅速疏散逃生，不可蜂拥而出或留恋财物，要当机立断，披上浸湿的衣服或裹上湿毛毯、湿被褥勇敢地冲出去，但千万不要披塑料雨衣。

(2) 如遇到身上着火，可就地打滚，或用厚重衣物覆盖压灭火苗；如遇到在浓烟中避难逃生，要尽量放低身体，并用湿毛巾捂住嘴鼻。

(3) 大火封门无路逃生时，可用浸湿的被褥衣物等堵塞门缝，泼水降温，呼救求援；火灾袭来时，身处楼上的人员应判清火情，保持镇静，不可盲目跳楼，可用绳子或把床单撕成条状连起来，紧拴在门窗框和重物上，顺势滑下。

(4) 当被大火围困又没有其他办法可自救时，可用手电筒、醒目物品不停地发出呼救信号，以便消防队及时发现，组织营救。

第三节 财产安全

一、防盗窃

【案例】

2012年4月,××高校保卫处通过调查,将盗取同学存折后取走现金的关某抓获。在审讯时,关某还交代了曾五次到附近寝室"串门",趁门未锁而室内无人之机,共盗走手机两部、现金1300元、随身听一部的犯罪事实。另外,关某还交代了一次在寝室正欲实施盗窃时,该寝室回来人而盗窃未遂,便借口"串门"稍做交谈后溜走。

【案例点评】

作案分子都是采取溜门的手段作案,如果这些寝室门已上锁,案件便不会发生。大学生宿舍,几个人同住一室,相互间有很大的依赖性,在安全防范上大多数有麻痹的心理。同学们为了避免自己和他人的财产不受损失,要养成随手拿钥匙、随手锁门的好习惯,也要有一份责任感,对自己负责、对他人负责。

(一)关于财产安全,在宿舍防盗方面的几点建议

(1) 要养成最后离开的随手关、锁门的习惯。据调查,有不少学生在暂时离开(到其他宿舍去借资料或聊天等)时往往是不关门、锁门的,大演"空城计",而盗贼就可能在此时乘虚而入。

(2) 不要留宿他人。教育部明确规定,不得在学生宿舍留宿他人。留宿他人,是极为不妥的,一来违反教育部的规定,二来为自己乃至整个宿舍的安全埋下隐患,给大家造成不应有的损失。

(3) 对形迹可疑的陌生人应格外提高警惕。外来人员有的是兜售物品的商贩,如果是房门大开没有人,往往会顺手牵羊偷走衣物、现金、贵重物品等。还有人打扮成学生模样,在宿舍里到处乱窜,一有机会就下手盗窃。我们一定要提高警惕。

(4) 一定注意保管好自己的钥匙,不要随便借给别人。要时时防范,事事小心,防人之心不可无。

(5) 注意保管好自己的物品。尽量做到"物品入柜",不随意将贵重物品置于桌上等显眼处,放假离校、实习期间应将贵重物品带走或交同学保管。现金应存入银行,尤其是数额较大时要及时存入,切不可贪图方便而将现金放在宿舍里,存入时应加密,最好能不定期更换密码,身份证不与存折放在一起。

(二)学生宿舍里发现可疑人时的应对

如果在宿舍里发现可疑的人,怎样才能做到处理适宜,既不冤枉好人,造成矛盾,又不放过坏人,导致损失呢?

(1) 发现可疑人应主动上前询问或秘密观察。询问时态度应和气，但问得应细致些。如果来人确有正当理由，一般都能够讲清楚。如来探亲访友的多半能说出他要找的人的姓名及所在院系、年级、班级等基本情况，如果支支吾吾什么也说不出，应特别注意，并进一步盘问，必要时还可帮其找人，以便进一步证实。

(2) 如果来人经盘问疑点很多，不肯说出真实身份或身边携带疑似赃物、作案工具等物品，应一面设法将其拖住，一面马上打电话报告学校保卫部门，由保卫部门尽快来人查处。

(3) 盘查时要注意几个问题。一是态度始终要和气，即使可疑人气愤争吵，也应按宿舍管理规定与之说理，切不可动手；二是不能随意进行搜查，因为非法搜身是违法的，必要时可请可疑人自己将口袋或包中物品拿出来看一下；三是如果可疑人真是盗窃分子，还要防止其突然行凶或逃跑，在盘问过程中一定要注意人身安全，防止出现嫌疑人因心虚急于逃窜而做出伤害学生的行为。

(三)猝遇盗贼时的应对

(1) 因地发挥集体力量。宿舍里绝大多数情况下或多或少总留有一部分同学，不管认识与否，只要听说宿舍里进来小偷，大多是会挺身而出的。在宿舍里发现盗贼，要根据当时的具体情况设法尽快告知同学们，并及时采取防止盗贼逃脱的有效措施。如果盗贼未被惊动，应一面守住门或通道(包括后窗)，一面就近叫同学帮忙，来个瓮中捉鳖。如果盗贼已被惊动，则应大呼抓小偷，但要做好自我保护。

(2) 要鼓足勇气，以正压邪。盗窃分子做贼心虚，在学生宿舍这种寡不敌众的特定环境中，绝大多数盗贼是不敢轻举妄动的。如撞见盗贼正在作案应克服畏惧心理，鼓足勇气，尽快拿起手边可以用于自卫的工具，如棍子、凳子等，堵住盗贼逃跑的出路，大声呵斥、警告之，对其形成威慑，同时大叫捉贼招来同学援助。如果盗贼胆敢行凶，在自保的情况下可进行正当防卫，一般只要拖延一两分钟，同学们和门卫值班人员就会纷纷赶到。

(3) 要随机应变，注意安全。在援兵未到之前，要和盗贼保持一定距离，谨防狗急跳墙行凶伤人，以能防止盗贼逃跑为目的。万一盗贼夺路而逃，应紧追其后盯住目标，同时呼叫"抓贼"！校园里师生众多，只要盗贼不脱离视线，就有机会抓住他。如遇两个以上的盗贼结伙作案，在他们分头逃跑时，要集中力量抓住其中一个。团伙作案被发现后，行凶伤人夺路而逃的可能性更大，应随机应变，注意安全。

(4) 要沉着冷静，急而不乱。突遇盗贼正在作案一定要沉着冷静，采取对策。有时盗贼虽能冲出宿舍，但不一定能逃出，现在学生宿舍大多只有一个出口，如果同学们闻声出来得快，来不及逃走的盗贼往往会溜进厕所、阳台、空房等处躲藏，这时首先要尽快安排同学守住宿舍出口和所有能够逃走的通道，如后窗、可翻越的围墙等。防止盗贼趁机逃跑。在追赶和搜寻盗贼过程中要注意盗贼"贼喊捉贼"蒙混过关。

(5) 抓住窃贼，妥善处理。一旦抓住窃贼，最好的办法是一面采取强制措施将其控制住，一面通知学校保卫部门来人处理。必要时可直接扭送学校保卫部门。

(四)被盗后应注意的问题

(1) 保护现场，立即报案。发现宿舍被盗窃，先报给辅导员老师，同时报学校保卫部门。保护现场应注意以下几点。
① 封锁现场不准任何人进入，并迅速向学校保卫部门报告。
② 不得翻动窃贼可能接触过的任何物品，切不可心急去查看物品丢失情况。
③ 若现场在室内，对于窃贼可能留下痕迹的门、柜子、窗户等处不得触摸。
(2) 全面、客观地回答前来调查的保卫人员提出的问题。
(3) 积极主动地向保卫人员提供线索。
(4) 如发现存折或银行卡被盗或可能被盗，应尽快到银行挂失。

二、防诈骗

【案例一】

王某通过寝室姐妹认识了一位风流倜傥、谈吐不俗的邻校大学生周某，之后周某经常约王某到市内一些娱乐场所游玩，经常请王某吃饭并给王某买小食品和衣物，两人很快就坠入爱河。过了一段时间后，周某突然对王某说家里发生了一些事，向王某借钱，王某很爽快地答应了。一次、两次……半年内，周某共从王某处借走了6000多元，王某越来越觉得不对劲，就去找邻校的周某，结果见到他正和另一个女孩亲亲热热。王某哭着跑回寝室后对同学说明了情况，在同学的鼓励下，王某向公安机关报了案。公安机关经过查证，周某说的家里有事是骗王某的，周某通过这样的手段曾与几个女孩建立了恋爱关系并骗得钱财。

【案例点评】

周某因涉嫌诈骗受到了法律的严惩，这给同学们留下的是很好的警示：谈恋爱要理智，谈恋爱是心灵的沟通，而不是经济上的互通有无。无论男女同学，在和对方确立恋爱关系前一定要充分地了解对方，不要盲目追求浪漫，在恋爱时也不要有较大金额的经济往来，以免被骗后，给自己身心带来伤害的同时造成财产的损失。

【案例二】

2013年3月，陈某到学校保卫处报案称：前几天收到一条手机短信，内容是陈某的手机号在某公司举行的某抽奖活动中获得了一等奖，有丰厚的奖品让他通过所留下的咨询电话(手机)与该公司联系领取奖品的事宜。在陈某与对方联系时，对方告诉他中的是一台电脑，公司将按所提供的地址给陈某邮去，但要先将邮寄费、个人所得税等费用共计1000元汇到公司的账号上，收到汇款后即邮寄电脑。陈某信以为真，便往对方提供的账号上汇了1000元，过了两天，当陈某打电话询问是否收到汇款时，对方告诉陈某，由于公司职工弄错了，他中的是特等奖，奖品是一辆价值30余万元的汽车，让他补交邮寄费、个人所得税等几项费用26000元，款到发货，陈某向同学借钱再次汇了款。但等了一段日子也没有收到货，当陈某再打电话询问时，对方手机已经停机。陈某才觉得可能上当被骗，遂决定报案。

【案例点评】

目前手机在大学生中的使用相当普遍，短信业务也成了手机业务的重要组成部分。一些不法之徒乘机经常大量地往别人手机里发送代办文凭、证照及中奖之类的短信息，有些社会经验不足的同学便轻易相信，一步一步地走入犯罪分子事先设置好的陷阱中。俗语说"天上不会掉馅饼"，商品经济社会也不会有那样的好事发生，同学们在遇到类似情况时，千万不要相信，更不要去理会这类短信息。

(一)常见诈骗类型

1. 防诈骗之中奖型

借公司庆典或新产品促销抽奖为由，通过拨打电话或发送短信的形式通知手机用户中了大奖，一旦回复，便称兑奖必须另外缴纳所得税或手续费等相关费用，否则不予兑奖。按照法定的相关中奖程序，个人所得税或相关公证费用都应当是主办方直接在中奖金额内予以代扣代缴的，不存在由中奖人事先缴纳的问题。

2. 防诈骗之勤工俭学型

利用学生勤工俭学的心理，以招聘、代售为名，骗取学生介绍费、押金、报名费等相关费用。由于大学生社会经验少、法律意识淡薄、存在急于赚钱补贴生活的心理，常以公司名义、真实的身份让学生为其推销产品，事后却不兑现诺言和酬金，使学生上当受骗。

3. 防诈骗之银行卡消费型

其手法一般是通过手机短信提醒手机用户，称该用户银行卡刚刚在某地(如××百货、××大酒店)刷卡消费多少钱等，如用户有疑问，可致电××××号码咨询，并提供相关的电话号码转接服务。如用户回电，则在不同的阶段以银行服务中心或公安局金融科的名义谎称该银行卡可能被复制盗用，要求用户到银行 ATM 机上进行所谓的更改数据信息的操作，或是根据电话指示进行操作，实际上是进行转账业务，将受害者卡内的款项转到犯罪分子指定的账户。

4. 防诈骗之网络诈骗型

(1) 微信集赞行骗大行其道，主要分两种情形：一是积满了消费要求的"赞"，去兑换礼品或领取免费消费卡时，发现拿到的奖励"缩水"。二是商家发布"点赞"信息时留了"后手"，并不透露商家具体位置，而是留下电话，要求参与者将电话和姓名发过来，一旦所征集的信息量足够多，这种"皮包"网站会自动消失，因为它的目的是套取更多的人的真实信息。

(2) "在网上帮淘宝网店刷信誉，坐在家中就能轻松赚钱……"许多人都希望在闲暇时间赚钱，一些骗子抓住人们这一心理大肆行骗。不少人因轻信掉入陷阱。通常的诈骗手法是在前几次的操作中，对方会正常退款支付佣金，取得信任后再利用所谓的系统故障支付不成功让受害人继续刷单进行诈骗。

(3) 诈骗分子利用钓鱼网站进行诈骗。建立域名或网页内容都与真正的网上银行系统，网上购物交易平台极为相似的网站，往往只有一个字母之差，不仔细辨别很难发现，以骗取受害者输入银行卡和密码,以便于再将被骗者的资金转移到自己的银行卡内。

(4) 拒绝安全支付。骗子以种种理由拒绝使用网站的第三方安全支付方式工具,比如谎称"自己的账号最近出现故障,不能用安全支付收款"或"不能使用支付宝,因为要收取手续费,可以再给你算便宜一些"等。

5. 防诈骗之编事故冒名诈骗型

这类信息内容以绑架、交通事故、住院、日常生活费等不断翻新防不胜防的信息内容骗取钱财,你亲属的手机可能被盗,通信信息泄露,或者犯罪分子掌握了你的家庭成员信息,进行反复的骚扰或是进行某种手段致使你的亲属手机关机,利用你亲属手机关机这段时间以医生或警察的身份向你或你的家人打电话谎称你的亲属生病或是因车祸住院抢救,来赚取一笔不少的费用,甚至谎称遭到绑架,骗你汇钱到指定的账户上实施诈骗。

6. 防诈骗之借手机型

犯罪嫌疑人驾车辆在校园周边流窜,遇到路过的学生,以问路、手机没电为名借你的手机,后乘其不备,骗得手机后驾车逃离,由于大学生生活相对单纯,对他人的戒备心不强,遇到别人有困难时,喜欢给予别人帮助,故成为犯罪分子作案的重点对象。

7. 防诈骗之"掉地捡"诈骗型

犯罪分子通常是 2~3 人,他们事先掉下钱物设好陷阱,等有人去捡其钱物时,便上前提出见者有份,要求平分钱物,然后再伺机诈骗受害人的钱财。

8. 防诈骗之廉价伪劣物品型

诈骗分子通常宣称是某公司招收校园代理,有丰厚的利益,以与市场较大的差价(并有赠品)与学生达成销售协议,学生先交纳几千元,回去后发现产品是廉价伪劣物品,才发现上当受骗,可作案人早已离开。

9. 防诈骗之传销型

以高回报为诱饵,借助传销、变相传销等非法营销手段,从事实质性的诈骗活动,犯罪分子一般以公司的名义,以业务员的身份通过打电话、发传单、送娱乐报刊的途径,吸引学生来参加他们组织的营销活动,诱使不明真相的人上当受骗。

10. 防诈骗之冒充熟人借钱型

诈骗分子声称自己是某某老师、领导或是朋友、多年未见的"老同学"打电话或以其他方式联系你,由于自己急需送礼未带钱或卡向你借钱,让你到指定的地方等他,却又不见其人,让你把钱交给某某人或支付宝、微信转账给他,信之则上当。

11. 防诈骗之冒充警察办案行骗型

冒充警察办案,恐吓受害人涉嫌诈骗,犯罪分子冒充外地公检人员打电话给受害人,谎称在案发地发现受害人的身份证或开户的银行卡,涉嫌为犯罪分子洗钱,需要将其身份证开户的所有的银行卡冻结,进而要求受害人将存款转入骗子指定的账号上,以达到诈骗的目的。

12. 防诈骗之信息链接型

此类诈骗往往采用发送信息到用户手机，声称以下链接事关家人或自己的相关信息，如以下是您的孩子或朋友参加某某活动的照片或视频，想要观看，只需点击链接，该链接一般都是木马程序，可以盗取用户绑定在支付宝或者微信上的银行卡，同时还具有拦截短信的功能，你的手机收不到银行卡消费的短信提醒。

(二)校园诈骗作案的主要手段

(1) 假冒身份，流窜作案。诈骗分子往往利用假名片、假身份证与人进行交往，有的还利用捡到的身份证等在银行设立账号骗款。骗子为了既能骗得财物又不暴露马脚，通常采用游击方式流窜作案，财物到手后立即逃离。还有人以骗到的钱财、名片、身份证、信誉等为资本，再去诈骗他人、重复作案。

(2) 真实身份，虚假合同。利用假合同或无效合同诈骗的案件，近几年有所增加。一些骗子利用高校学生经验少、法律意识差、急于赚钱补贴生活的心理，常以公司的名义、真实的身份让学生为其推销产品，事后却不兑现诺言和酬金而使学生上当受骗。

(3) 借贷为名，骗钱为实。有的骗子利用人们贪图便宜的心理，以高利集资为诱饵，使部分教师和学生上当受骗。

(4) 以次充好，恶意行骗。一些骗子利用教师、学生"识货"经验少又苛求物美价廉的特点，上门推销各种产品而使师生上当受骗，或者利用网上购物的方式达到"不见面也行骗"的诈骗效果。

(5) 招聘为名，设置骗局。为了减轻家庭负担，勤工俭学已成为不少大学生谋生求学的重要手段。诈骗分子往往利用这一机会，用招聘的名义对一些急于求职的学生设置骗局，骗取介绍费、押金、报名费等。

(6) 骗取信任，寻机作案。诈骗分子常利用一切机会与大学生拉关系、套近乎，或表现得相见恨晚而故作热情，或表现得十分感慨以朋友相称，骗取信任后再寻机作案。

(7) 编造谎言，骗取钱财。在车站、校园内，经常发现一些青年人假冒从外地来本地实习的学生，装出一副可怜相，借口与同行的老师和同学失散，而学校又急电让其乘飞机返校，借此骗取大学生的钱财，且屡屡得逞。有的还以学生发生意外或生病急需用钱治病为由，骗取学生家长的钱财，也往往容易得逞。

(三)诈骗案件的预防措施

(1) 要有反诈骗意识。要积极参加学校组织的法制和安全防范教育活动，多了解、多掌握一些防范知识，对于自己有百利而无一害。在日常生活中，要做到不贪图便宜、不谋取私利；在提倡助人为乐、奉献爱心的同时，要提高警惕性，不能轻信花言巧语；对于任何人，尤其是陌生人，不可随意轻信和盲目随从，遇人遇事，应有清醒的认识，不要因为对方说了什么好话，许诺了什么好处就轻信、盲从。不要把自己的家庭地址等情况随便告诉陌生人，以免上当受骗。上当受骗后更要及时报案、大胆揭发，使犯罪分子受到应有的法律制裁。

(2) 不要感情用事。诈骗分子的最终目的是骗取钱财，并且是在尽可能短的时间内骗走。因此，对于表面"讲感情、哥们儿义气"的诈骗分子(特别是遭受不幸的"落难者"、新认识的"朋友""老乡"),最好能对比一下在常理下应做出的反应,如认为对方的钱财要求不合实际或超乎常理时,应及时向老师或保卫部门反映,以避免不应有的损失。交友要谨慎,避免以感情代替理智。交友最基本的原则有两条:一是择其善者而从之,二是对于熟人或朋友介绍的人,要学会"听其言,察其色,辨其行"而不能"一是朋友,都是朋友"。对于"初相识的朋友",不要轻易"掏心窝子",更不能言听计从、受其摆布利用,以避免给犯罪分子创造作案条件。

(3) 对过于主动夸自己"本事"或"能耐"的人,或者过于热情地希望"帮助"你解决困难的人,要特别注意。那些自称"名流""能人"的诈骗分子为了能更快地取得你的信任,以达到其不可告人的目的,大多都会主动地在你面前炫耀自己的"本事",说自己是如何了得,取得了什么成就,而且他正在运用他的"本事、能耐"为你解决困难或满足你的请求。当你遇到这种人时,你应当格外注意,因为你面前的那个"能人"很可能是一个十足的诈骗分子,而且他正试图取得你的信任,此时你的反应在很大程度上决定了你此后是否上当受骗。

(4) 切忌贪小便宜。对飞来的"横财"和"好处",特别是不是很熟悉的人所许诺的利益,要深思和调查。要知道,天上是不会掉馅饼的,要尽可能克服贪小便宜心理,对突然到来的"好处"应保持警惕。

(5) 同学之间要相互沟通,相互帮助。同学之间加强沟通,相互帮助,不仅能增进同学们的友谊,营造良好的同学关系,与此同时,由于相互间沟通、帮助的增多,更能从同学之间得到"参谋"意见,避免出现"当局者迷"的情况。

(6) 服从校园管理,自觉遵守校纪校规。服从校园管理,减少一些图谋不轨的外来人员进入宿舍;自觉遵守校纪校规,也有利于减少接触到骗子的机会,降低受骗的可能性。

总之,诈骗分子行骗的过程可分为两个阶段:一是博取信任,二是骗取对方财物。对于行骗者和受害者来说,第一阶段都是最重要的,也是行骗者行为表现得最为突出的阶段。虽然行骗手段多种多样,但只要我们树立较强的反诈骗意识,克服内心一些不良心理,保持应有的清醒,做到"三思而后行、三查而后行",在绝大多数情况下是可以避免上当受骗的。

三、防传销

【案例】

××学校里的大一女生,在数月前有一个朋友对她说,他舅舅在南方开了一家公司,并称那里有很多高素质人才,很适合大学生发展,现特意邀朋友去锻炼锻炼。此后,这位朋友还多次打电话并在 QQ 上留言,描绘了美好的发展前景,鼓励她放弃学业"发展事业"。这名女大学生禁不住诱惑,匆匆南下,加盟到朋友的公司。

所谓的公司,实际上是一家打着直销旗号的传销黑窝点。她说:"从此我过着非人的生活,每天的饭菜是白米饭、没油水的白菜冬瓜汤,晚上睡觉则在地上铺一张席子。而我见到的所谓'高素质人才'仅仅是用谎言和虚伪包装起来的。他们的工作是用欺骗的方式把价值几百元甚至一文不值的假冒伪劣化妆品以 3350 元或者 3800 元的价格卖给下线。"

她还透露,在她待过的那个传销窝点,有来自某地的大学生 100 多人,大部分是民办高校和正规大学的自考生。

【案例点评】

每年假期都有一部分大学毕业生因为找工作而被传销组织以"高薪、好工作"等美丽的幌子所欺骗。而在校的大学生也会被同学朋友以"旅游、老乡会、同学聚会"(甚至网友见面)等借口欺骗。非法传销组织是利用人与人之间的亲情、友情、爱情和人与人之间的信任来进行欺骗活动,把人与人之间的感情当作工具。而亲人与亲人、朋友与朋友之间,或许就是这份信任,让你们没有防备,被亲人朋友以"善意的谎言"(旅游、包食堂、开饭店、开服装店……)等借口邀约。被洗脑之后的人会认为,把亲人骗来,是为了他好,内心无负罪感。

(一)认清传销的特征

传销的欺骗性很强,而且作案方式越来越隐蔽,手段越来越狡猾。识别传销时可参考如下"特征"。

(1) 经营者通过发展人员、组织网络,从事无店铺经营活动,参加者之间上线从下线的营销业绩中提取报酬。

(2) 参加者通过交纳入门费或认购商品等变相交纳入门费的方式,取得加入、介绍或发展他人加入的资格,并以此获取回报。

(3) 先参加者从发展的下线成员所交纳的费用中获得收益,且收益数额由其加入的先后顺序所决定。

(4) 组织者的收益主要来自参加者交纳的入门费,或以认购商品等方式变相交纳的费用,而并非真正以推销商品为经营的方式来获取利润。

(5) 组织者利用后参加者所交纳的部分费用支付先参加者的报酬,维持运作。

(6) 组织者承诺在一定时间内返还参加者高于其所交费用数倍的回报。

(二)认清传销的谎言

传销组织编造的很多谎言,和社会上的很多现象结合起来看,似乎很有道理。但是,谎言就是谎言,其实破绽是不计其数的。只要我们稍微认真思考,稍微多了解其他方面的情况,稍微征求另外一些人的看法,稍微听听反面的意见,上当受骗是完全可以避免的。对那些编造的谎言,归纳一下,列举出最流行的一些谎言提供出来,希望大家以后听到这样的话,千万不要相信,也不需要再去证实了。

(1) "直销、传销、连锁销售等是××领导引进的。"胡说。从来没有什么人会去引进企业的经营方式。这样说是为了与领导的名声捆绑在一起。

(2) "直销、传销等是国家暗箱扶持的。"更是大胆地胡说。把地方管理部门的腐败或者不负责描述成国家支持,那是骗人的。甚至还有什么国家要利用人际网络团队的说法,他们这种编造简直就是信口开河。

(3) "中国加入世贸要开放多层次直销。"故弄玄虚地胡说。中国已经在 2001 年入世,也已经根据入世的谈判制定了《直销管理条例》和《禁止传销条例》,已经对直销进行了开放，根本不存在传销组织说的开放多层次直销。这样说是为他们抓住行骗机会找借口。

(4) "安利公司为直销和中国政府打官司，签订了50年的协议。"根本没有的事情。这是拿外资企业说事，煽动民族情绪。

(5) "三商法是先进的经营方式。"纯属编造。除了传销组织的人，谁也不知道三商法是个什么东西。一个不存在的东西让他们说神了。

(6) "新市场营销计划。"他们说的新市场营销计划其实就是所谓的五级三阶制。那根本不是什么新市场营销计划，而是存在了几十年也不被国际直销界认可的所谓制度。在中国就是违法的。

(7) "××公司是国家扶持抗衡外资企业的。"地地道道的编造。这是传销组织惯用的伎俩，把一个正规的公司捆绑在一起，再编造政府的谎言，加上民族情绪，很好骗人。

(8) "所谓直销发展的四个阶段。"可笑的编造。原来人们都没搞清楚这个编造有什么骗人的作用，后来才知道，传销组织把现在定义为第二阶段，是用来鼓励新人加入的。

(9) "传销教材是浓缩了几个月的课程成为3个小时的。"最有文化味的编造。其实看看那些所谓的课程，不过就是编造的集大成。他们自己把这些玩意儿往大学课程上贴，只可惜很多大学生竟然也相信。

(10) "直销在国外发展得很好，是商业的主流。"无知地编造。其实直销只是一个非常小的营销方式，在国外也是一样，在市场中的份额极小，甚至不值得一提。所以，它永远不可能是什么商业主流。

(11) "传销组织并不限制人的自由，还能学到很多东西。"最迷惑人的编造。其实，传销组织要的是钱，不是你的人身自由。如果不限制人身自由就能迷惑人，当然他们就乐于做。所以，为了骗取人们的信任，传销组织可以演出各种各样的戏。

(12) "国家打击传销是因为怕所有人都来做、不干别的工作了，是要维护生态平衡。"最离奇的编造。其实这样的编造只是为社会对传销的打击找骗人的理由。

(13) "只要你拉两个人就可以了，是最轻松的，不像××企业是金字塔形状的。"白日做梦的编造。谁相信这一点，谁就相信在家里可以等到天上掉下钱包。也因为没有人相信，所以传销组织才会说要用善意的谎言把别人的钱先骗到手再说。居然骗也可以堂而皇之地成为一种技巧，这是什么样的组织不就昭然若揭了吗？

(14) "我们公司是和××公司合作的。"最狡猾的编造。这种话在传销组织中很流行，通常他们说的公司还是有名的公司。其实，他们借用这种说法欺骗人，他们知道大多数人没有可能去证实。

(15) "我们不是传销，而是连锁销售。"这是最赶形势的编造。连锁经营的确是商业发展的主流。但是，连锁经营和直销、传销没有任何关系。现在很多地方的传销组织开始称自己为连锁经营了，为的是隐藏欺骗性。他们只要是要求你拉人来一起参加什么赚钱事业的，告诉你拉几个人你就可以发大财的，这种行为必是传销无疑，无论它叫什么，因为他们还可以叫自己是网络经营、人际网络、资本投资等。

其实，传销组织的洗脑策略归结起来就是一句话，简单问题复杂化，把你搞蒙。其实关于传销的问题，有法律法规在那里，问题其实很简单。所以，希望接触这些谎言和编造的人，一定要反其道而行之，就是复杂问题简单化，他越是说得复杂，你应该越简单，只要了解正规渠道的信息，就能很容易识破他们的编造。传销穿上"马甲"，难掩骗人本质。

当前，一些传销活动为了掩盖欺诈本质，增强隐蔽性，往往打着各种旗号，借用各种名义，穿上各种"马甲"，来美化自己，误导群众，骗取钱财。传销的"马甲"多种多样，归纳起来主要有以下几类。

一是披着"合法公司"的马甲。一些传销组织披着合法公司、企业的外衣，以销售商品为掩护，以高额返利、高额回报为诱饵，通过发展加盟商、业务员等形式从事传销活动。

二是披着"直销""特许经营""连锁加盟"的马甲。传销组织往往宣称自己从事的是直销、特许经营或连锁加盟，在经营活动中通过发展人员、复式计酬来推销商品或者传"人头"，骗取群众钱财。

三是披着"消费返利"的马甲。一些传销组织以"消费返利"为幌子从事传销活动，消费者购买一定数额的商品后，可以成为优惠顾客或取得经销商资格等，并可以推荐他人消费产品，从被推荐的消费者消费金额中获得利益。他们还大肆宣扬"消费者也能成为资本家"和"消费资本化理论"，误导群众。

四是披着"电子商务""网络营销""网络互助"的马甲。一些传销组织以"电子商务""网络营销""网络直销""网络加盟、代理""网上学习""网游、网赚""金钱游戏、馈赠互助"等名义，通过互联网发展人员，从事传销，骗取群众入会费、加盟费。

五是披着"资本运作""投资理财"的马甲。一些传销组织以"资本运作""虚拟经济模式""私募基金""慈善基金""网络基金""股权投资"等名义，并创建"资本运作理论"及"五级三阶制""双轨制"等传销制度体系，引诱群众投资，组织层级网络，发展下线人员，骗取群众钱财。

六是披着"国家试点、开发、宏观调控"的马甲。一些传销组织打着"国家搞试点""西部大开发""地方政府暗地支持""中国第四个经济特区""国家特批民间融资试点""国家宏观调控"等旗号，增强欺骗性，诱骗不明真相的群众参与传销。

不管传销组织穿上何种"马甲"，都难掩其骗人本质。无论其"马甲"怎么换，要辨别传销的真面目，只需要看三个特征。

第一，是否需要认购商品或交纳费用取得加入资格。

第二，是否需要发展他人成为自己的下线，形成层级网络。

第三，是否以直接或间接发展人员的数量或销售业绩为依据计算报酬(奖金)。

只要符合这三个特征，就肯定是传销，需要注意防范。

(三)如何防传销

(1) 不要相信天上掉馅饼。传销组织最常用的话是"让你在消费的同时赚钱"，这是鬼话，消费就是消费，赚钱就是赚钱。把消费当作职业，永远也别想赚钱。

(2) 不见兔子不撒鹰。所有传销组织都是为了一个"钱"字，你凭什么给他钱，一定想清楚：是他有你需要的产品？还是他有你需要的服务？都没有，只是为了他能给你一个事业。如果是这样，那么，就该你问他要报酬。

(3) 商业界有一规矩，那就是一切关系的建立都要签订合同。合同是保证双方平等互利的必要工具。特别是公司与个人发生劳资关系，《中国劳动合同法》规定，是一定要签订合同的，正规公司都会主动与你签订合同的。如果对方丝毫不谈合同，甚至拒绝签订合同，那他一定不地道。

(4) 不要感情用事。传销组织一般是熟人找熟人。有句话叫，朋友不言商。这话有一定的道理，不要因朋友感情害了自己。有的人，只要朋友邀请，就什么都不问，不明不白地跟着干，结果是陷入迷局，不能自拔。

(5) 审查资质。参加一家公司也好，接受一家公司的推销也好，首先，应了解该公司的资质和信誉。当我们自己独立接受一家公司时，你就必须靠自己来了解它的资质。一般可以结合以下方式来证实。

① 从网上查询。
② 从其营业地的工商部门查询。
③ 要求对方出示营业执照和组织机构代码证书。
④ 要求对方出示开户许可证书。
⑤ 要求对方出示税务登记证书和代理授权书。

(四)陷入传销组织时的应对

(1) 要冷静面对，不要急躁害怕，控制自己的情绪，利用技巧与传销人员周旋。降低传销人员对你的防备心，找理由逃离传销组织。如果遇到 24 小时有人"跟踪陪伴"软监视你，你可以借机向路人求助，或者见到当地的交警、巡警、派出所、工商局、检察院，立即寻求帮助或者在钱币或者纸条上写上求助原因后扔向窗外。

(2) 重点提示：在中国广东东莞一带，有些带有黑社会性质的传销组织，这些传销组织手段极其恶劣。一旦没有被"洗脑"成功，他们会威胁逼迫，强制让你通知家人给你汇款，一般都是几千元。你只有交了钱，他们才能放你。他们会把你独立地关在一间房子里，有 2~3 人 24 小时监视你，控制你的手机不让你与外界联系。

万一遇到这样的传销组织，首先不要恐慌。利用技巧迷惑传销人员，让他们放松对你的警惕。然后透过窗外记下详细的路牌路号，骗取信任拿回手机向家人求助。或者用钱币、纸条写出原因，扔到楼下，寻求路人帮助。其次，趁传销人员麻痹之际，迅速逃离。向街上警察寻求帮助或者直接拨打 110，见到行政机关单位躲藏进去寻求帮助。

(3) 深陷传销，不要急躁、胆怯。传销只是想骗钱，不会做出伤害你的事情。

(4) 不要急于逃脱。在最近的新闻报道里，很多大学生、民工被骗入传销组织里，因为惧怕，从楼上跳下，造成终身残疾，甚至死亡。

【知识拓展】

青年陷入传销后用钱裹求助纸条顺利逃脱

广西某地青年姚某，因轻信朋友被骗入传销组织，在失去了两个多月人身自由后，终于通过传递纸条的方式求人报警，于 2013 年 2 月 26 日晚被丰城警方成功解救。

2012 年 11 月底，家住广西某地 24 岁的姚某来到另一城市，陷入了传销组织。坚决不愿加入传销组织的姚某几次试图逃走，结果都被传销人员发现并抓回来。传销人员还逼迫姚某从银行卡中取出 2800 元上交，算是加入传销组织的费用。姚某冷静下来后，假装对传销感兴趣，每次听课也很积极，其实只是在暗中寻找机会报警，他偷偷地将自己被控制的房间的方位图等信息记在一张纸条上。

2013 年 2 月 26 日下午，逃脱的机会终于来了。姚某请求到楼下小超市购买日常用品，传销组织头目安排两名成员跟随他一起去。到超市后，姚某趁二人不注意时，用一张 10 元钱包裹着写好字的纸条塞到收银员手中。收银员看见纸条后立即报警，警方按照纸条上所画的方位图成功地解救了姚某，并一举捣毁了这个传销组织。2 月 27 日上午，姚某父亲将儿子接回家。

点题成金

(1) 请思考，如果你出门在外遭遇类似上述事件，应该如何脱离危险？
(2) 如果你试图用类似的方式报警被发现并失败，还会选择什么方式逃脱？

参 考 文 献

[1] 林娜，林业江. 高校校园文化建设成果文库——传承红色文化 培育旅游英才[M]. 北京：光明日报出版社，2022.

[2] 贾立平，郭跃军，祝大勇. 校园文化建设与社会主义核心价值观实践教育研究[M]. 北京：人民出版社，2019.

[3] 杨金辉. 校园文化建设和学生管理工作的互动机制[M]. 北京：中国原子能出版社，2020.

[4] 毕结礼. 文化素质教育与校园文化建设[M]. 北京：高等教育出版社，2023.

[5] 李文喜，张玉龙. 校园文化品牌建设新视野：以滨州医学院"三个校园"建设为视角[M]. 北京：新华出版社，2021.

[6] 贾立平. 校园文化建设与社会主义核心价值观实践教育研究[M]. 北京：人民出版社，2023.

[7] 王洪军. 特色校园文化建设[M]. 北京：世界图书出版公司，2019.

[8] 白永生. 新时代高校文化育人研究[D]. 广西师范大学，2020.

[9] 曹一鸣. 新时代大学生思想政治教育载体运用研究[D]. 南昌大学，2022.

[10] 李琪. "三全育人"背景下中学校园文化载体建设研究[D]. 喀什大学，2022.

[11] 徐伟诣. 红色文化融入高校校园文化建设研究[D]. 吉林建筑大学，2021.

[12] 文雯. 红色文化融入高校校园文化建设研究[D]. 长安大学，2021.